英語と日本語の深層を探る

（下）

開拓社
言語・文化選書
91

英語と日本語の深層を探る（下）

品詞を比較する

平出昌嗣 著

開拓社

は し が き

　英語は光の言語であり，日本語は霞の言語である。すなわち，英語は対象に光を当てるように，言いたいことを，全体として，細かいところまで明瞭に表現しようとする。一方日本語は，すべてをさらけ出すことを嫌い，対象を霞ませるように，言いたいことだけを言葉にして浮かび上がらせる。これは西欧は個の文化であり，和の地盤がないから，はっきり言わないと相手に真意が伝わらないからであり，一方日本は和の文化であり，共通の地盤があるから，はっきり言わなくても伝わるからである。そういう文化的雰囲気があるから，英語では自分の言いたいことを積極的に言おうとし，日本語では話す相手を意識して話し方を加減する，場合によっては真意を隠すことにもなる。言葉の仕組みとしては，英語は文の構築性が高く，SVO といった全体の骨組みを定め，そこに語彙を当てはめ，肉付けをする。文が独立しているから，文だけで理解ができる。しかし日本語の場合は文の構築性よりも言葉の暗示性や情緒性が強く，その言葉のふくらみで相手に言いたいことを伝えようとする。和の文化ではそのふくらみにある心情のほうが重要になる。

　この下巻では品詞を扱うが，上記のような特徴はどの品詞にも現れる。動詞では，英語は他動詞文が多く，日本語は自動詞文が多い。「花が揺れる」と「風が花を揺らす」の違いで，一方は目に映るままの現象を，一方はその現象の因果関係を捉えており，思考の情緒性と論理性へとつながる。形容詞も，「悲しい」と言うときは，日本語はただ自分の気持ちを言っているが，英語で I am depressed と言うときは，受身表現だから悲しむ原因を念頭に置いた言い方になる。代名詞では，自称は英語では I の一語しかないが，日本語では，わたし，わたくし，おれ，ぼくなどと多様に言え，職場ではわたし，家ではおれといったように状況に応じて使い分け

る。これは自我意識のあり方と係わり，英語ではアイデンティティがしっかりと確立しているが，日本語では状況に応じて柔軟に自我のあり方を変える。冠詞についても，英語では a か the かといったことを明確に定めて名詞を本体に接続する。名詞には必ず数の意識を伴い，本一冊なら a をつける。しかし日本語ではそういう客観的な捉え方はせず，むしろ本か御本かという言い方の区別になる。ただ本に「御」をつけるだけで，それがどういう本か，どういう人がしゃべっているかの推測さえついてしまう。日本語文の最後につける「ね」とか「よ」といった終助詞は，内容的に必要というものではないが，日本語では相手に対する話し手の気持ちを伝えるものとしては重要な意味があり，その文全体の色調を決めさえする。英語の付加疑問にはそれだけの雄弁さはなく，あくまでも客観的な表現が重んじられる。

　このように英語と日本語はその性質がずいぶん異なる。当然のことながらその違いはその言語を話す人間のあり方にも影響を与えよう。言葉がそれを話す人間の性質をある程度決めるということは避けられない。人が言葉を操るのではなく，言葉が人を操ることになり，それは国民性の問題にもつながるであろう。この巻では以上のような問題を含めて，各言語の品詞の特徴を見ていく。

　2021 年 3 月

平出 昌嗣

目　　次

第1章　動　詞

1.　自動詞と他動詞

　動詞は目的語を取る他動詞と，目的語を取らない自動詞に分けられる。他動詞は何かに働きかける発想であり，自動詞はその事態が生じるという発想である。同じ出来事でも二通りに表現できる。「新しい会社ができた」「赤ちゃんが生まれた」と言えば出来事の発生に焦点を置いた言い方，「彼は新しい会社を作った」「母が赤ちゃんを生んだ」と言えば人の行為に焦点を置いた言い方になる。しかしながら，言語はどちらかの発想を好む。英語の語彙は自動詞より他動詞のほうが圧倒的に多く，表現も他動詞文のほうがずっと多い。日本語は逆に，語彙は自動詞のほうが圧倒的に多く，表現も自動詞文のほうが多い。つまり英語は人の行為を重んじ，日本語は物事の発生に重きを置く。自然現象でも，「花が散る」「雪が溶ける」は目の前の様子をありのままに見ており，「風が花を散らす」「太陽が雪を溶かす」はその現象の背後にある原因を述べている。自動詞に傾く日本語は行為や現象を感覚的に捉えることを好み，他動詞に傾く英語は論理的に捉えることを好むことになる。

　英語の他動詞とは動詞の後に目的語を従える動詞のことだが，日本語の場合は，燃やす，起こす，切る，といった動詞の形で他動詞と分かるので，目的語は必ずしも必要ではない。同じ理由で，主語

も必要ではない。目的語を示す場合は「を」という格助詞をつけるが，同じ格助詞でも「と」や「に」がつく動詞は自動詞になる。また「を」がついても，歩く，通る，飛ぶといった移動の動詞につく「を」は場所を示すもので，行為の向かう対象（目的語）を示すものではない。したがって，「彼と会う」（I meet him），「質問に答える」（I answer the questions），「部屋に入る」（I enter a room），「壁にさわる」（I touch the wall），「国を去る」（I leave my country），「川を越える」（I cross the river）など，対応する英語は他動詞だが，日本語では自動詞になる。「と，に，を」といった格助詞は動詞に対して補足的な説明を付け加える語で，英語なら with, in, from, over などで表現されるものである。しかも，「を」のついた目的語は，前置詞を必要としない英語の目的語ほど際立った存在感を持たない。「を」もまた「へ，と，に」といった，いくつかある格助詞の一つであり，文中の機能としては他の格助詞と対等である。実際，他動詞であっても，「もう食べた？」のように目的語を省いたり，「夕食はもう食べた」のように，「を」を「は」に変えたりすると，自動詞的になってしまう（「夕食を」とすると他動詞の目的語だが，「は」は「〜については」の意だから機能としては副詞となる）。あるいは，「話し合う」は他動詞で「を」を導くが，「〜について話し合う」のように連語を用いてぼかして使うことが多く，自動詞化している。同じ表現を比較したときも，「傷つく」「驚く」「失望する」という日本語の自動詞の文は，英語ではそれぞれ，I am wounded, I am surprised, I am disappointed と，受け身の表現になる。受け身とは他動詞から作られる文だから，何か原因があって「傷つけられる」「驚かされる」「失望させられる」という発想になるが，日本語ではそういう言い方はせず，あくまで自動詞になる。だから日本語の動詞は，自動詞と他動詞というよりも，自然に起こるという自発の動詞と，何かをするという人為の動詞に大別される。

　英語も古英語の時代には自動詞のほうがずっと多かった。enter

も，日本人はよく enter into the room と書いて間違うが，中英語ではもっぱら自動詞として使われていた。しかし時代と共に他動詞のほうが優勢になり，今では enter も enter the room と他動詞扱いになっている（enter into conversation のように抽象的な場合は自動詞）。他動詞の発想とは，人を主体にし，目標を定めて，それに向かってある行動を仕掛けるというものである。その狩りをするような目標追求型の積極的な発想が西欧人の精神でもある。だから分類上は自動詞でも，前置詞がついて他動詞的に使われるものも多い。たとえば I see a tree. と I look at a tree. を比較したとき，see が自然に知覚されるのに対して，look at 〜 はそうしようという意図を持って対象に向かう行為になる。訳とすれば，see が「見える」，look が「見る」になる。これは I hear a bird. と I listen to a bird. の場合も同じで，自然に「聞こえる」に対し，耳を澄ませて「聞く（聴く）」になる。だから，I listened and soon I heard footsteps coming upstairs.（耳を澄ますと〜が聞こえた）のように使い分ける。つまり行為者の意志という点では，他動詞よりも「自動詞＋前置詞」のほうがその度合いが強くなる。

　実際，at や to という前置詞は，行為を表す動詞と結び付くと，その行為を向ける目標あるいは標的をはっきりと定める役割を果たす。at は点であり，「〜を狙って」という感覚，to は方向で，「〜に向かって」という感覚になり，動詞的な要素を含んでいる。したがって日本語の「と」や「に」といった補足的な格助詞とは違い，動詞の行為の向かう先を強く焦点化する働きをする。この前置詞が，他動詞と自動詞，どちらの形もある動詞に使われる場合は，目的語が動詞の支配を直接受けず，前置詞によって引き離されるため，意味が微妙に変わる。She grabbed the biscuits. は「ビスケットをつかんだ」だが，at が入り，She grabbed at the biscuits. とすると，at は目標を一点に定めるから，「ビスケットをつかもうと手を伸ばした」となる。あるいは strike だと，I struck him down. では「彼を殴り倒した」だが，I struck at him. では「彼に（向かって）

4

殴りかかった」で，行為が焦点化され，その結果どうなったかは分からない。beat, catch, hit, kick, knock, pull, push, shoot といった類の動詞がこの形を取る。同様に reach, feel はそれぞれ「手を伸ばして取る」「手探りで知る」だが，for がつくと，「～を求めて」の意なので，「手を伸ばして～を取ろうとする」「手探りで～を探す」の意になり，やはり行為に焦点が置かれて，結果は示されない。climb (up) the mountain では，up（前置詞）がないと登り終えているが，up があると登っている最中ということになり，頂上まで登ったかどうかは分からない。これは移動を表す動詞で二重目的語を取る場合もそうで，I brought him a book.（彼に本を持っていった）だと，彼はその本をもらっている。しかし I brought a book to him. だと，to は方向を示すだけなので，彼が受け取らなかったという可能性も出てくる。日本語では「燃やしたけど燃えなかった」とか「説得したけど（起こしたけど，切ったけど）だめだった」と言うが，英語では burn, persuade, wake, cut は「自動詞＋at」の形はなく，直接目的語しか取らないので，その行為が完了したことを示している。日本語を忠実に訳す場合は I tried to burn …（but …）とする必要がある。

　この目的語という英語の文法用語に対して，日本の学校文法ではその言葉は使わず，連用修飾語，つまり述語となる用言（動詞・形容詞・形容動詞）を修飾する語の一つとして位置づけている。この場合，連用修飾語のうち，格助詞「を」のつくものは客語（主に対する客），「に」「と」がつくものは補語と区別するが，学校文法では区別していない。実際，先に見たように，「を」の働きは英語と比べると弱く，省略や「は」への置き換えをよく受ける。主語でさえ連用修飾語と見なす立場もあり，日本語では述語が優位にあって，ほかのすべての品詞を従える。「わたしは昨日，小さな店で弟とたらふくトンカツを食べた」だと，「わたしは」が主語で，「昨日」，「小さな店で」，「弟と」，「たらふく」，「トンカツを」はすべて修飾語として動詞に掛かる。文の骨格は「主語＋述語」，つまり「誰

は（が）・どうした」「何は（が）・どうなった」で，それにいろいろな修飾語がつくことになる。

　一方，英語は主語，動詞，目的語が文の主要要素になる。主語はsubject，目的語はobject で，対の関係になり，動詞がその二者を結び付け，その関係を示す。[1]他動詞は標的に矢を放つイメージであり，まず行為者がおり，次に矢を放つという行動があり，そして最後にその矢が当たる目標が示される。だから，「誰（何）が・何（誰）を・どうした」という行為者の意志を示す発想の文になる。この行為者が対象に向けて積極的に働きかけるということが英語の基本的な発想になる。

　さらに「SVO＋to 不定詞」の構文は対象への働きかけをさらに強め，その対象をある行為や状態へと導く。She told him to go away., I asked her to give me back my book., He encouraged me to study harder. で使われる to は，もともとは go to Tokyo の to と同様，「～に向けて」という方向を示す前置詞であった。だから対象（目的語）を定め，それをある行為に向けて（to）押し動かすイメージになる（古英語では不定詞は -an という語尾を取るが，to に続くときは，to が与格（間接目的語）を要求するから，-enne，-anne という語尾を持つ与格不定詞，つまり名詞相当語となった。その後，こうした語尾が消失したため，不定詞と同一になった）。この構文は多く that 節に言い換えられるが，たとえば She asked him to go away. を She asked that he (should) go away. と言い換えた場合，that は接続詞だから「～と（いうことを）頼んだ」となり，to に示された「～に向かって」行動を起こすというイメージは

---

[1] subject は「下に投げられた（もの）」(thrown under) の意で，話し手が設定する主題・主体・主語のこと，object は「前に投げられた（もの）」(thrown against) の意で，主体の（行為）の前に置かれた客体・対象・目的語のこと。動詞 verb は「言葉」の意で，動詞が言葉の中で一番重要なもの，いわば言葉の中の言葉であることを示す。

消えてしまう。さらに，ask は that 節のときは間接目的語を必要としないので，必ずしも彼に頼んだことにはならず，誰かに頼んで彼が立ち去るようにしたという可能性を含める。つまり to と that では ask の強さが変わってしまう。to に in を足し，into とすると，I persuade him into going away., He forced me into driving a car. のように，相手を追い込んで強制的にある行為をさせるという感じが出てくる。動名詞は名詞なので，いわば堅い箱の中へ相手を押し込む感覚になる。

2. 英語の文型

　日本語の文は「誰が・どうした」という自動詞型の発想で，二分節が基本であり，修飾語はその間に入る。一方英語は，「誰が・何を・どうした」という他動詞型の発想で，三分節が基本になる。学校文法では 5 文型を区別する。それは英語らしい分析的分類ではあるが，しかしその土台は SVO，つまり「主語＋動詞＋目的語」であり，どの文型もその三分節の形を基本的発想としている。

　この目的語という言葉は，本来は名詞を指すが，ここでは単語だけではなく，文法的に名詞に相当する to 不定詞句や that 節も含める。I intend to visit him. では to visit him が「彼を訪れること」で名詞句を成し，intend の目的語となる。I feel that you are right. では，that you are right が「あなたは正しいということ」となって名詞節を成し，feel の目的語となる。

　第 1 文型「主語＋動詞」（SV）から見ていくと，この型は Tom walks., She sleeps. のように 2 語だけで成立し，その後に何の語句も必要としない。だから最も簡単な型だが，実際に使われるときは，自動詞はその行為を限定する何らかの副詞（句）を必要とする。Tom walks. だけでも文は成立するが，実際の文脈の中では fast, pleasantly, along the road, in the rain などの語句がついてはじめて具体的な意味を成す。とりわけ They lived happily ever after.

（それから二人はずっと幸せに暮らしました）や My mother lies in her grave.（母は墓に眠っている）などは，They lived. や My mother lies. だけでは不自然かつ不完全であり，happily や in her grave という副詞（句）に限定されて初めて意味を持つ。Her eyes are streaming with tears.（目から涙が流れていた），The road is running with rain.（道は雨水で覆われていた）といった進行形も，with ～ がなければ，なんのことか分からない。The car collided もそれだけでは不完全で，with a truck がついて意味を成す。だからこの構文は「主語＋動詞＋副詞（句）」という三分節の構文として定式化することができる。「主語＋動詞」で成り立つ文は副詞（句）の省略されたものということになる。「子供がいた」という場合も，A boy was. では不自然で，There was a boy. という三分節の形にした。英語は三分節を基本とするため，「主語＋動詞」だけではぎこちなく，使いにくいのである。この自動詞文は基本的には受身にはできない。主語にすべき目的語がないからだが，He depends on his parents.，Everybody laughed at him. のように前置詞によって対象の示された文は受身にできる。受身にできる自動詞とは古英語で属格や与格の名詞を目的語として取っていたもので，その格が「前置詞＋名詞」という形で今日に及んでいるため，その名詞を主語にして書き換えられる。He lives near me. のような文では near me が動詞に追加された副詞句なので受身にはできない。

　第2文型の「主語＋動詞＋補語」（SVC）という構文では，I am happy. や He becomes a doctor. のように，主語＝補語となり，動詞は自動詞となる。つまり，わたしは幸せという状態で「ある」という言い方になる。日本語の場合，「わたしは幸せ（だ）」となって，「主語＋形容詞（形容動詞）」の形を取り，動詞を必要としない。ここが英語と日本語の大きな違いである。ではなぜ英語は be 動詞を必要とするのだろうか。そこには他動詞的な発想が働いている。少なくとも形の上からは，日本語のように「主語＋形容詞」という二分節ではなく，他動詞のように三分節になるから，二分節の自動詞

文 (Tom walks.) よりは他動詞文のほうに近い。なるほど，自動詞である限り，他者（目的語）への働きかけではない。しかし動詞だけでは完結せず，どうしても補語を必要とするから，その動詞を主語そのものへの再帰的な働きかけとして理解することができる。つまり，動詞は，イコールと同じ意を表し，主語に働きかけて，主語が持つ性質を外へ引っ張り出す役目を果たす。その結果，その性質が引っ張り出されて，補語として動詞の後に示される。たとえば I am happy. なら，am という動詞は，イコールとして I に働きかけ，I と同じものを要求して，happy という状態を外へ引っ張り出すことになる。このように，形容詞（名詞）を目的語にするという意味で，自動詞といえども，機能としては，やはり他動詞的なのである。さらに I'm sure of his innocence. や He is acutely conscious of his failure. のような文では，内容的に be sure of, be conscious of で句動詞を構成して目的語を取る。この種の形容詞は古英語では属格などの形で目的語を取っていたものだから，「主語＋be 動詞＋補語＋前置詞＋目的語」＝「主語＋句動詞＋目的語」となる。ただし，目的語は I am glad of your company. のような名詞だけではなく，to 不定詞句 (I am glad to be with you.)，あるいは that 節 (I am glad that you are with me.) も取る。of (it) の省かれた形になろう。

　第 4 文型の「主語＋動詞＋間接目的語＋直接目的語」(SVOO) の場合，二つの目的語はそれぞれが独立した別個のものではなく，動詞が向かう一つのまとまった対象，つまり二重目的語として理解できる。I gave the boy an apple. だと，「与える」という行為は，その行為の性質上，「誰かに」「何かを」という二つの対象を同時に要求する。どちらか一つだけでは不完全で，二つがそろって初めて意味を成す。実際，「リンゴをやった」とすると，必然的に，誰にという疑問が湧くし，「少年にやった」とすると，やはり何をという疑問が湧き，不完全になる。つまり二つの目的語は，「与える」という行為の方向と対象を表すから，二つの別個の目的語ではな

く，一つのまとまりとして捉えられる。この二重目的語を取る動詞は物の移動を表す動詞に限定される。I eat an apple. や I catch the ball. は自分だけの行為であり，行為の方向性はない。しかし give, hand, lend, offer, pay, sell, send, show, tell, teach といった動詞は相手の存在を前提とし，方向性を持つから，目的語は二つに分解して二重になる。その時の目的語の順番は「人＋物」，つまり「方向＋対象」として固定されている。その語順は古英語では与格と対格として語尾が異なっていたのでかなり自由だったが，語尾消失の結果，中英語の時期に「間接目的語（与格）＋直接目的語（対格）」として固定された。その本来の語順ではなく，方向を強調したい場合には，方向を示す前置詞 to をつけて，I gave the book to him. のように表すことになる。ask（語源は「求める」で二つの対格目的語を取った）の場合は to ではなく，ask a favor of him で，of は out of の意で，引っ張り出す感覚になる。一方，buy, cook, find, get, make, order のような動詞は先の動詞とは違い，SVO が基本で，そこに間接目的語が追加されて I bought my mother a bunch of flowers. となる。目的語の語順を入れ替えるときは for という利益を受ける対象を示す前置詞を追加して，I bought a bunch of flowers for my mother. となる。古英語では利害の与格として位置づけられていたものである。また中間型として bring, leave のように to, for どちらの前置詞も取れるものもある。

　この文型の直接目的語の位置には名詞だけでなく to 不定詞や that 節も来る。He told me the truth. は SVOO だが，the truth の代わりに He told me to be honest. とか He told me that he would leave for Tokyo. と言うこともできる。ただし I met her to discuss the problem. のような文では，I met her はこれだけで独立しており，to discuss the problem はそこに追加されたもので，なくてもよいものなので，この型には入らない（文型としては SVO になる）。

　第 5 文型の「主語＋動詞＋目的語＋補語」（SVOC）の場合も，I

found her dead. は，her dead で表されている状況が found の目的語となっており，her だけでは意味を成さない。この文を言い換えれば，I found it: that she was dead. ということであり，her dead で一つのまとまりを成している。したがって I found that she was dead. と言い換えられるが，ただしこの場合は焦点が her ではなく，that 以下の彼女に関する状況になっている。それに伴い，find も，直接知ったのではなく，「（〜であることが）分かった」の意になり，伝え聞きなどで間接的に知ったことになる。I found her to be dead. とした場合は直接的な体験と間接的な体験の中間型になり，her に直接焦点が当たるが，dead との間に to が入ることで間接的になる。同様に，I will make you happy. は，I will make it: that you are happy. となり，you happy で一つのまとまり，They elected him chairman. も，They elected（＝decided）it: that he should be chairman. となり，him chairman で一つのまとまりを成して，elected という行為が向けられる対象となっている（chairman は人ではなく役割なので無冠詞）。したがって，大きな構文として捉えれば，やはり SVO の変形になる。

　知覚動詞（see, hear, feel）や使役動詞（make, have, let）の文における原形不定詞（to のつかない不定詞）も第5文型に準じて補語相当の語と見なすことができる。I saw him laugh. は，その土台にあるのは I saw it: that he laughed. という文であり，him laugh で一つのまとまりである。日本語でも見る対象は「彼」ではなく「彼が笑うこと」であり，「彼が笑う」で一つのまとまりになる。I saw that he laughed. も可だが，焦点が him ではなく，that 以下で示された光景全体になり，saw の意も「見る」ではなく「分かる，気づく」になる。この知覚動詞が取る補語は原形不定詞だけではなく現在分詞や過去分詞もある。I saw him（　　）a drink. のカッコの中には offer, offering, offered のどれでも入る。offer は「提供する」のを，offering は「提供しようとしている」のを，offered は「提供される」のを見たことになる。I will make him go. につ

いても，I will make it: that he goes. のように書ける。ただしこの構文は I will force him to go. とは違う。force は必ず to を必要とするが，to があると，him と go が引き離され，係わりが間接的になる。したがって文型とすれば SVOO になる。しかし make のときは to がないことで係わりが直接的で，いわば目的語に密着する。知覚動詞や使役動詞が to なし不定詞を取るのは古英語から一貫している。中英語には「make＋O（人）＋that 節／to 不定詞句」の形もあった。諺の Money makes the mare to go.（地獄のさたも金次第）（to は略せるが，あったほうが強弱のリズムがつく）がその古い形だし，小説などでも，You were always making me to be not my-self. (D. H. Lawrence, "The Shades of Spring")（あなたといると，いつも自分が自分でないような気にさせられた）のような形で出くわすことがある（to be は省ける）。しかし今は to は消え，動詞の支配が直接的になっている。ただし受身のときは He is made to go. のように to が現れてくる。help も使役動詞に準じ，He helped me (to) carry the bag upstairs. のように言う。to は任意だが，つけば〜に向けて助けるということでその行為は間接的な援助（たとえば助言）になり，つかなければ me carry が目的語になるので直接的な援助になる。

　この型の変種として，SVO で完結する文に，さらに結果を表す形容詞がつく場合がある。knock the man unconscious（殴って気絶させる），sweep the floor clean（床を掃いてきれいにする），shoot a deer dead（鹿を撃ち殺す），shout oneself hoarse（叫んで喉をからす）といった文で，形の上では SVOC だが，先と同じ考え方では SVO に還元できない特殊型になる。一例目の文だと，He knocked the man., He became unconscious. という二つの文が合成されている。だから He knocked the man, who became unconscious. としてもいいところだが，二文に分けるのではなく，核となる動詞を一つにして一文にまとめるなら，この SVOC の構文になる。冗長さがなくなり，簡潔な文になる。この文は行為に対して結果がつく

形だから，意味上，burn the witch to death（焼き殺す），tear a letter to pieces（びりびりに破る），sing the baby to sleep（歌って寝かす）のような副詞句をつけた形と同じになる。Sue went into the workroom and cried a Japanese napkin to a pulp.（O. Henry, "The Last Leaf"）（日本製の紙ナプキンがぐしゃぐしゃになるまで泣いた）も同じ発想であろう。kick a hole in the wall（蹴って壁に穴をあける），cry many tears（泣いてたくさん涙を流す）は結果が目的語として示される例になる。

　最後に SVO の特殊な形を考えてみる。この文型にも，それだけでは完結せず，副詞句を必要とする動詞がある。She put a dish on the table. とか Cows supply us with milk., He banged his fist on the door., The man robbed a girl of her bag. といった文で，SVO だけでは成立せず，その後の「前置詞＋名詞」の副詞句があって初めて意味を成す。これは put や supply という動詞が方向性を持ち，「〜に」「〜を」という二つの要素を必要とするためである。SVOO の構文を取る動詞は「間接目的語（与格）＋直接目的語（対格）」の順であれば前置詞なく二つの目的語を並べられた。しかしそれができるのは，多くは昔から日常的に使われてきた平易なアングロ・サクソン語に限られる。それ以外の動詞は，対格はそのままとしても，与格についてはその失った活用を after, at, by, from, of, on, to, with などの前置詞で補う必要がある。ただし前置詞を必ずしも必要としない動詞もある。If I can stop one heart from breaking, I shall not live in vain.（Emily Dickinson）（もし誰かを失意から救えたら，我が人生も無駄でなし）という文の場合，from breaking がないと心臓を止めることになり，意味が逆転するのでその副詞句は不可欠だが，前置詞については省略が可能で，ついていれば係わりが間接的になるのでこれから起こる行為を指し，つかなければ直接的になるので今起こっている行為を指すことになる。ラテン語などの外来語の場合は，promise, offer, prepare, order などの日常語は例外になるが，基本的に二重目的語は取らない。特に多

音節の語，たとえば admit, communicate, contribute, confide, deliver, introduce, narrate, recommend, present, purchase, submit, suggest などは目的語は一つしか取れず，I'll explain the matter to you. とか She suggested to me that I (should) meet him. のように必ず to などの前置詞を必要とする。アングロ・サクソン語でも put などは SVOO となってもよさそうだが，「（物を）〜へ置く」と場所を指定するため，put books on the desk のように副詞句を必要とする。日本語でも「道を歩く」は「を」がついても，場所を示すものは目的語とはならなかった。英語でも同じで，send も人に物を送る場合は send him a parcel だが，ある場所へ送る場合は，send Tokyo a letter では不可で，場所は send a letter to Tokyo と前置詞をつけて示す必要がある。ただし場所でもそこに直接的な働きかけが行われる場合は目的語にもなる。spread gasoline on the floor はガソリンが直接目的語だが，場所に焦点を当てれば spread the floor with gasoline となる。この場合，床が直接目的語なので，ガソリンは床の一部（on the foor）ではなく，床の全面（over the floor）に広がっている。同様に load gravel onto the truck は load the truck with gravel, spray paint on the wall は spray the wall with paint となる。また tell は二重目的語を取れるが，say は取れない。これは，tell は「人に物を告げる」ことに焦点があり，人と物のどちらも必要になるのに対し，say は告げる内容に焦点があり，人は必ずしも必要でないためで，人は追加的に to me のように示す。speak, talk は声を出すことに焦点があるから自動詞が基本になり，ほかの情報は，speak to us about the accident のように前置詞で示す。話すのは，speak の場合は一人，talk の場合は複数になる。

　この5文型のうち，どの文型が多く使われるかは，会話か文章か，どんな内容で，送り手・受け手は誰かといった要素で変わる。しかし一般に SVO が圧倒的に多く，全体の五割近くはいき，ついで SVC，そして SV で，その二つを足したものはやはり五割近く

にいく。SVOO と SVOC は特殊で，合計してもほんの数%にすぎない。したがって中心となる文型は SVO，SVC，SV で，それは日本語の他動詞文，名詞・形容詞文，自動詞文と重なる。日本語も会話か文章か，どんな内容かなどのほか，日本語特有の省略の多い文をどう分類するかで割合はかなり変わるものの，一般に自動詞文が一番多く，ついで他動詞文，名詞・形容詞文となる。

3.　日本語の動詞

　日本語は自動詞が優勢の言語であった。だから「何が・どうなる」の構文が基本である。たとえば，I hear a bird. は，「わたしは鳥の声を聞く」ではなく，「鳥の声が聞こえる」になる。英語を受身にしたときの，A bird is heard.（鳥の声が聞かれる）の述語の部分を自動詞にした形と考えればよい。もちろん英語にはその自動詞形はなく，日本語特有になる。同様に，I have a fever. は，「わたしは熱を持つ」ではなく，「熱がある」，I gain weight. は「体重が増える」，I find my book. は「本が見つかる」，I get the answer. は「答えが出る」となる。自分が何か意見を表明する場合でも，英語では I think that ～ だが，日本語ではよく「～と思われます」という遠まわしな言い方をする。それは自分が自主的に考えるというのではなく，対象なり考えなりが向こうから自然にこちらの意識に現れてくるという感覚になる。英語で言えば，I think that ～ ではなく，It occurs to me that ～，あるいは It comes into my mind that ～ である。英語には古い時代には非人称構文というものがあった。自然にこうなるという発想の文で，今では methinks という古語でしか残っていない。その本来の形は me thinks that ～（think＝seem）で，主語はなく，me という与格を取って，「わたしには～と思われる」という文になった（Methinks I see my father.（*Hamlet*））。この発想は日本語の「思われる」と同じだが，英語ではこの非人称構文はとうの昔に消滅し，I think という形に変わって，すべて人間主体

の発想になっている（ただし方言では I be-thought me to look out. (Mrs. Gaskell, "The Old Nurse's Story")（外を見ようと思いついた）とか I think me I have killed many more than one. (Haward Pyle, *Otto of the Silver Hand*)（一人どころかたくさんの人を殺したように思える）という中間型で残る）。

　日本語には，「わたし」ではなく，「わたし」の中にある何かを主語にする言い方が多い。たとえば I have a headache. は，「わたしは頭痛を持つ」ではなく，「頭が痛い」となる。この場合，痛いのは，わたしではなく，頭である。I get angry. も，「腹が立つ」と言うが，今度は自分の腹が，興奮のあまり，わたしからは独立して，立ち上がっている。同様に，歯がうずく，鼻が高い，口が重い，目がない，ほっぺたが落ちる，腹が減った，足が重い，目が覚める，足がすべる，耳が遠い，など，すべて，わたしではなく，わたしの体の一部が主体になっている。さらには，「腹の虫がおさまらない」や「虫が好かない」では，自分の体の中にいる虫が主体になっている。それらは，英語では，当然のことながら，すべて自分を主語にした表現になる（英語にも I have a sweet tooth.「甘いものに目がない」のような比喩表現があるが，主語は I）。

　自分に関して言う「手を切る」「足を折る」「目をつぶす」は，自分の意志で行った行為ではないが，かといって自然に生じたものではなく，事故や不注意によるものなので他動詞形になる。「手が切れる」「足が折れる」だと，何もしないのに自然にそうなったという感じになる。英語でも I broke my leg., I cut my finger. は，故意でも事故でも，ただ事実を述べている。一方，「熱を出す」「発作をおこす」「腹を立てる」は，自分についてはあまり使わず，「熱が出た」「発作が起きた」「腹が立った」のような自動詞表現になる。意図せず自然にそうなってしまったという感覚である。しかし同じ状態でも，自分以外の人の場合は，「子供が熱を出した」とか「お客さんが発作をおこした」などと他動詞表現になる。その行為を外から眺めるためであろう。英語では「熱が出る」は「熱を出す」と

16

同じで，I run a fever., 発作も I developed an attack of acute appendicitis.（急性盲腸炎の発作をおこした）のように言うが，使われる動詞は，走らせる，発達させる，といった直訳できない他動詞になる。

　日本語の特徴として，日本古来の和語においては，同じ語幹を持ちながら，自動詞と他動詞の形が明確に区別されている語が多い。日本語が英語のような文型を必要としない理由の一つはそのためである。たとえば「あっ，燃えてる」「ちゃんと燃やしとけ」という動詞の形で意味が分かるので主語や目的語は不要である。しかし英語では burn だけでは何のことか分からない。主語や目的語を明示して，SV や SVO の構文にして示す必要がある。例を挙げる。

（1）　出る−出す，壊れる−壊す，直る−直す，消える−消す，落ちる−落とす，上がる−上げる，閉まる−閉める，残る−残す，つながる−つなげる，始まる−始める，終わる−終える，死ぬ−死なす，静まる−静める，荒れる−荒らす，逃げる−逃がす，つかまる−つかむ，流れる−流す，煮える−煮る，現れる−現す，隠れる−隠す，離れる−離す，助かる−助ける，帰る−帰す，破る−破れる，動く−動かす，満ちる−満たす

　このように，和語のほとんどの動詞には，自動詞に対応する他動詞がある。中には，「馳せる」のように，「走る」の他動詞形だったものが自動詞化したり（今の他動詞形は「走らす（走らせる）」），すわ（座）る−す（据）える，のように異なる漢字を使うものもある（sit と set も同根）。

　古語には自動詞・他動詞共通の語もかなりあった。他動詞の「育てる」は古語では「育つ」で下二段の活用をした。四段の活用だと自動詞で，今の「育つ」の意味になる。しかし歴史的に下二段が下一段となり，他動詞の終止形が変わることで，「育つ−育てる」の形に分化した。同類の語では，開く−開ける，切る−切れる，傾く

－傾ける，痛む－痛める，付く－付ける，抜く－抜ける，向く－向ける，止む－止める，入る－入れる，などがある（入るは「はいる」とも読むが，その読みの元は「這入る（はひいる）」）。「慰む」も自・他両方があったが，自動詞は消滅し（「なぐさみ」という名詞で残る），「慰める」という他動詞のみになる。自動詞として使うときは「慰め・られる」のように「られる」という助動詞を付ける。「打つ，知る，千切る」も同じタイプになる。「おもむく」も自・他両方あったが，今は自動詞のみで，他動詞として使う場合は「おもむか・せる」のように「せる」で補う。同じタイプには「違う，たわむ，たなびく，含む，立つ，なつく」などがある。英語は昔は自動詞だけだったものが多く，他動詞としても使われるようになった。日本語の場合は自・他両方に使われていたものが分化するようになる。

　英語の場合，動詞の形は同じで，それに目的語がつくかどうかで自動詞か他動詞かを分ける。A plate smashed on the floor.（皿が落ちて床で砕けた），He smashed a plate on the floor.（彼は皿を床に落として砕いた）のように，主語および目的語の有無によって動詞に意味が与えられる。日本語は動詞の形によって区別する。語尾は，自動詞は「る」，他動詞は「す」のつく語が多い。「返す・返る，渡す・渡る，写す・写る，下す・下る，回す・回る，起こす・起こる」などで，「る」は自発で，そういう状態・結果が自然に生じることを示す。「す」は人の意志的行為で，目的語を取り，その対象に働きかける。「さと（諭）す・さと（悟）る」のように語幹が同じでもそれを表記する漢字が違うものもある。「光る，晴れる，曇る，陰る」は自然にそうなる意の自動詞だが，その未然形に「す」をつければ，「光らす，晴らす，曇らす，陰らす」という他動詞を作る。ただし自然現象は支配できないので，目を光らす，恨みを晴らす，顔を曇らす（陰らす）のように人為的な事柄に使う。自動詞の連用形はそのまま「ひかり，はれ，くもり，かげり」という名詞を作る（語幹の「雲，陰」もその形で名詞になる）。「光ら・す」は文語で，口語の語尾は「せる」になるが，「光ら・す」（五段）と「光ら・せ

る」（下一段）は微妙に違ってくる。「やる」をつけて，「光らして
やる」と「光らせてやる」を比べると，前者はそういう状態になる
ようにすること，後者は力づくでそうさせる意になる（ちなみに
light（光）は，動詞としては「火をつける，明るくする」で，「光る」
は shine を使う）。

　和語にも自動詞と他動詞が同じ形のものがある。開く，吹く，閉
じる，病む，笑う，伴う，終わる，増す，間違う，などで，門が
（門を）閉じる，心が（心を）病む，危険が（危険を）伴う，のよう
に言う。ただし，この種の動詞はきわめて少ない。「終わる」には
「終える」という他動詞があるが，他動詞には語り手の意志が強く
出るため，それを目立たなくするために「会を終わります」のよう
な，自動詞でもあれば他動詞でもあるようなあいまいな言い方をす
る。また両方使う動詞として，さらに，叫ぶ，限る，蒸す，振る
う，寄せる，怒る，持つ，言う，触れる，ならう，かむ，組む，さ
す（差・指・刺・挿）などもあるが，これらは主語や目的語によっ
て意味が異なり，たとえば「本を持つ」は他動詞で，手にするの意，
「天気が持つ」は自動詞で，その状態が保たれる意，「礼を言う」は
他動詞で，言葉を述べる意，「風がひゅーひゅー言う」は自動詞で，
音をたてる意，「光がさす」は光が入り込む意で自動詞，「指をさす」
は指をその方向へ向けることで他動詞となる。

　中国から入ってきた漢語の動詞は，「観察する」のように「～す
る」をつけて使う。「する」をつけなければ名詞で，「～をする」と
いう言い方になる。このタイプの漢語は，中国から入ってきたもの
だけでなく，明治期に英語の翻訳語としても大量に作られたので，
その数はきわめて多い。動詞の場合，和語の動詞のように語幹につ
く活用語尾で自動詞と他動詞を分けるということはなく，自動詞だ
け，あるいは他動詞だけという語が多い。自動詞だけだと，失恋，
勝利，進出，結婚，矛盾，落下，誕生，熱中，読書，交際，乾杯，
破裂，上達，進入，妥協，一周，軟化など，他動詞だけだと，公
開，交換，報告，楽観，了承，評価，表現，熱望，分担，考察，脅

迫，経営，開発，制作，批判，決行，予防などがある。また少数な
がら，同じ形で自動詞にも他動詞にも使う語もある。たとえば勉強
は，英語を勉強すると言えば他動詞，これから勉強すると言えば自
動詞，また「を」をつけて，英語の勉強をすると言えば名詞になる。
このタイプの単語には，注目，貯金，配慮，実現，反映，解決，確
定，継続，解消，上下，消去，変革，再開，拡大，軽減，絶滅，変
形などがある。自動詞としても他動詞としても使えるから，「特徴
が（を）反映する」「事件が（を）解決する」「試合が（を）再開す
る」のように格助詞が「が」でも「を」でもよいものもある。中国
語では動詞自体に自・他の区別はなく，語順によって区別して，門
が開くは「門開」，門を開くは「開門」のようになる。また，西欧か
ら入ってきたカタカナ語も漢語と似て「する」をつければ動詞にな
る。オープン，カット，シェイク，プレイ，キープ，チェック，
デート，オフ，インタヴュー，バウンド，ヒット，リフォーム，ス
ライス，エラー，スリップ，リセット，ウインク，ゲーム，ランチ
など，「〜する」をつけて動詞にする。やはり他動詞か自動詞かの
どちらかになるが，「店が（を）オープンする」「機械が（を）ストッ
プする」のように，自動詞でも他動詞でも使える語もある。さらに
名詞に「化」をつけて動詞化することもでき，民主化，活性化，商
品化，文明化，温暖化，一元化，データ化，グローバル化，システ
ム化のようになる。自・他の区別はその語による。

　英語にも rise – raise, lie – lay, fall – fell, sit – seat（set），shot
– shoot のように語源が同じで自動詞と他動詞を区別するものもあ
るが，その数は少なく，ほとんどの動詞は同じ単語を自動詞にも使
えれば他動詞にも使う。一見，自動詞しかないように見えるもの，
clash, cry, decay, die, enter, escape, fly, live, nod, rest,
sleep, swim, talk, walk, wake, wander, あるいは snow, rain,
thunder といった動詞も，すべて他動詞の機能を持っている。

(2) a. Leo walked the woman to the car.

    　　　　(Raymond Carver, "Are These Actual Miles?")

    （レオはその女性と一緒に車のところまで歩いていった）

 b. I talked him out of killing himself.

    （彼と話して自殺を思いとどまらせた）

 c. The child cried his eyes out.

    （子供は目もつぶれる（飛び出る）ほど泣いた）

 d. Old Behrman, with his red eyes plainly streaming, shouted his contempt and derision for such imaginings.

    　　　　(O. Henry, "The Last Leaf")

    （ベールマン老人は目を真っ赤にして泣きながら，そのような想像に対して大声で軽蔑とあざけりの言葉を浴びせた）

 e. They rained flowers on the bride.

    （彼らは花嫁に花を雨と降らせた）

　open は自動詞にもなれば他動詞にもなり，さらに形容詞にもなる（The door opens. I open the door. The door is open.）。They sell books. に対して，Her book sells well. という言い方もある。もちろん他動詞しか使えない語もある。betray, deny, discover, doubt, fear, imply, perceive, preserve, put などには自動詞の機能はない。また apologize, depend, dissent, fall など，自動詞しかないものもあるが，多くは前置詞を伴って他動詞的に使われる。日本語とは対照的に，英語では自動詞・他動詞の両方に使える語が圧倒的に多い。

　英語に自・他同一の動詞が多い理由は，かつて自動詞だったものが大幅に他動詞になったということがある。古英語の自動詞には属格や与格の目的語を取るものがあったが，中英語で格が衰退した結果，それらの格は目的語（対格）と見なされ，他動詞化した。また同じ語源・語幹で自・他の区別のあったものも，その区別を失って他動詞に一本化した。しかしそういう形態上の変化とともに，そう

いう変化を促す内的，精神的な変化がある。他動詞とは目標を設定してそれに働きかける発想だから，人間の意志を中心におく。他動詞が増えていったということは，その人間中心の発想が強くなっていったということである。非人称構文が人称構文に置き換わっていったことがその端的な表れである。文法的にも変換は簡単で，自動詞の後に目的語を置けばそれだけで他動詞になってしまう。日本語（和語）では自動詞と他動詞が別の形を取り，かつ活用があるから，そう簡単にはできないし，漢語の動詞でさえ自動詞と他動詞を区別しなければならない。「生活を充実する」「文明を発展する」は変で，「が」を使うか「～させる」としなければいけないし，「予算が削減する」は「予算を」としなければならない。その点，活用語尾のない英語は，中国語と同様，ただ単語の配列だけでよく，本来は自動詞だったものも，This house can sleep ten people. （この家には 10 人が泊まれる）のように勝手に他動詞にしてしまえる。さらには，本来は名詞だったものも，その後に目的語を置けば，それだけで動詞になってしまう。knife, fork, spoon, bread, butter, shoe, belt, bottle, coat, pocket, mask, eye, skin, elbow, ship, house, horse などはすべて他動詞として使える単語で，knife は「ナイフで～を刺す」，butter は「～にバターを塗る」，pocket は「～をポケットに入れる」，house は「～を家に入れる」などとなる。

　日本語で自動詞が好まれるのは，それが民族的な発想だからである。たとえ人がしたことであっても，人が意志を持って「する」のではなく，その状況が，植物の実が「生る」ように，自然に生じるものとして見る。何事も自然の流れであり，背後に人間の意志を超えた大きな力が働いている。他動詞とはその流れの中から人および人の行為をくっきりと浮き立たせる働きをする。「彼がそれを作りました」のように行為者を強調したり，「あの人がそれを壊しました」のように行為者を非難したり，「それを取ってくれませんか」のように相手に何らかの行為を求めたりする場合である。英語では

この人間中心の感覚が強い。しかし日本語では人の行為さえも自動詞的なものになってしまう。「本を出す」ではなく「本が出ることになった」、「願いをかなえた」ではなく「願いがかなった」のように言う。違いは、「願いがかなった」と言えば、自分の力だけではなく、自分を超えたいろいろな力のおかげでそうなったという感覚があるが、「願いをかなえた」と言うと、自分独りの力でそうしたという感覚になる。日本語としては、自分の力でしたという言い方は傲慢な響きがあるので、前者が好まれる。あるいは、「彼がガラスを割った」は責任を行為者に帰しているが、「ガラスが割れた」は不可抗力で、行為者に責任はない。「ハンカチを落としましたよ」は本人の不注意を暗示するが、「ハンカチが落ちましたよ」は自然な現象である。「やっと仕事を終えた」は本人の努力が暗示されるが、「やっと仕事が終わった」にはそれがない。そして概して、行為者を明確にせず、自然にそうなったという自動詞表現のほうが好まれる。

　その背後には、人との和を貴ぶ、出しゃばらない、自分を強く主張しないといった日本人特有の控えめな心理があるが、それは、みんなのおかげで、あるいはご先祖様や神様のおかげでそういうことができるようになったという考え方があるためである。宗教的には、西欧のキリスト教では、人は禁じられた知恵の木の実を食べることで神のように目が開くが、そのことで神の怒りをかい、エデンを追われる。しかし知恵の木の実を食べ、理性を得たおかげで、みずからの意志と力で自立して生活を切り開いていくことができる。日本の神道では、人は家の先祖霊や村の氏神（鎮守の神、産土神）をはじめ、山の神、川の神、火の神など、自然界に宿るさまざまな神をうやまい、それらの神に守られて生きる。人は自分ひとりでは生きられず、周りの人たちとのつながりや支え、神々の加護があってはじめて安らかに生きられる。だから個人の力よりも和が貴ばれる風土になっている。

　英語では SVO の構文が基本的な思考方法となるから、人を中心

にし，目標に向かって働きかけようとする。しかし日本語は自動詞が基本的な思考方法としてあるから，外に現れた現象だけを述べ，人為的なものを抑えようとする。この発想の違いは文化の違いであり，それは物語にも反映する。各文化の典型として，「ジャックと豆の木」と「浦島太郎」が挙げられる。前者はイギリスの童話で，元はアングロ・サクソン民族の民話，後者は上代から伝わる日本のおとぎ話である。ジャックは天に伸びる豆の木をみずから登っていき，巨人の宝を奪って，追ってきた巨人を倒す。ジャックは西欧型主人公として，積極的，行動的であり，みずから進んで敵を倒し，宝を手に入れる。つまり他動詞型，Jack beat the giant and got the treasure. である。一方，浦島太郎は，助けたカメに連れられて竜宮城に行き，乙姫様のもてなしを受け，最後は乙姫と別れ，みやげにもらった玉手箱を開けて老人になる。浦島は日本型の主人公として，受動的，消極的であり，外部の力のなすがままである。つまり自動詞型，Urasima was entertained by Oto-hime and got old. である。

　英語は have を使った発想が強く，日本語は「ある」を使った発想が強いこともそれと係わる。have を使った表現の多くは「ある・いる」を使った表現に相当する。I have a family. は「私には家族がある」，We have a party tonight. は「今夜パーティがある」，The house has five rooms. は「家には部屋が五つある」，I have doubts about his plan. は「彼の計画には疑問がある」，He has a great respect for you. は「彼はあなたをたいへん尊敬している」のようになる。状態だけではなく，行為も，英語では「持つ」ものになり，have a look, have a sleep, have a dream, have an operation, have a headache, have a chat のように言う。この have は完了形を作る際の助動詞にも使われ，「～という状態を持つ」という発想で使われる。日本語では「ずっと～している，したことがある」のように「いる，ある」になる。

　ヨーロッパの言語は動詞が have 型のものと be 型のものに分か

れるという。フィンランド語，エストニア語，ハンガリー語（以上ウラル語族），ロシア語（インド・ヨーロッパ語族）といった東欧の言語は，have に相当する語はあってもあまり使わず，日本語の「ある」のように be に相当する語で表現する。たとえばロシア語で「私は車を持っている」は，「私のところには車がある」と表現する。西欧でも古典ギリシャ語・ラテン語には have と be，両方の形があったが，ラテン語から派生したフランス語などは have が優勢になる形で発展した。これは認識の仕方が状況中心から人間中心になり，支配・獲得・所有の意識が強くなったためである。完了形を作る助動詞においても，英語は，古英語では，移動を表す自動詞の完了形は be，それ以外は have を使っていたが，be は駆逐され，今は have だけである。ドイツ語，フランス語はまだその区別を残しているものの，ドイツ語は，たとえば stehen（＝stand）の完了形を作るとき，北は haben（＝have），南は sein（＝be）を用いるという。とすると，have は北に進むほど，また西に進むほど，優勢になっていったという印象を受ける。英語はその最たるもので，その点でも日本語とは正反対の言語になる。

4. 動詞の変化

　動詞は，辞書に載る語は，英語の場合は何の限定や変化も受けない不定形，日本語の場合は活用の基本形としての終止形であり，それは具体的な文の中で意味を限定されて多様にその形を変える。

　まず古代の形を見ていくと，英語の動詞は古英語ではその活用の違いによって強変化動詞・弱変化動詞・過去現在動詞・不規則動詞の四つに分かれる（現在の不規則動詞・規則動詞・法助動詞・be 動詞に相当）。ほとんどの動詞が -an という不定詞の語尾を持ち（たとえば sing の不定詞は singan），それが人称（一・二・三人称），数（単数・複数），時制（現在・過去），法（直説法・仮定法・命令法）の四要素によって複雑に語形変化した。さらに強変化動詞

は変化の型により七つに分けられ，弱変化動詞は三つに分けられた。しかし現代英語ではその語尾はほとんど消滅し，簡略化されて，動詞の種類も規則動詞と不規則動詞の二種類だけになっている。

　例として古代の弱変化動詞の語尾を追っていくと，まず直説法・現在の語尾は，単数・1人称が -e，2人称が -(e)st，3人称が -(e)þ，複数は各人称とも -aþ となる。今は3人称・単数・現在に -s がつくだけである。直説法・過去の場合は，単数1人称が -(e)d/-e，2人称が -st，3人称が -e，複数は各人称とも -on となる。それは中英語（南部）になると，1・3人称が -ed，2人称は -edest，1〜3人称の複数が -ed(en) と変わるが，今はすべてが -ed になっている。仮定法の場合は，現在・単数で各人称とも -(e)d/-e，複数で -en。今はどちらも消滅している。仮定法・過去は，単数で各人称とも -e，複数で -en で，今はどちらも過去形と同じ -ed になっている。命令法の場合は，単数2人称ではなし，複数2人称では -aþ で，今は語尾はつかない。だから結局，近代英語でつく語尾は三単現の -s と過去の -ed だけとなっている。

　このように，古英語を活気づけていた複雑な語尾変化が歴史の流れの中でほとんど一掃されたという印象を受ける。主な原因はゲルマン語が強弱アクセントに移った結果，強勢のない語尾が弱まり，そこに集中していた多様な区別が失われていったことにある。だが，同じ強弱アクセントのドイツ語は今も豊かな語尾変化を保持している。では何が違ったのか。ドイツ語との決定的な違いは他民族・他言語との係わり合いで，古代では同じゲルマン語派のデーン人・古ノルド語と混ざることで語尾があいまいになっていった。だが決定的なのは中世にノルマン人・フランス語の支配を受けたことで，それが200年以上にわたったため，英語を国語としてしっかりと維持するための知識層や文化活動を失い，英語は一種の無政府状態の中で抑えようもなく解体され，簡略化されていったのである。

　日本語の動詞は平安時代はその活用形によって九種類に分かれ，終止形は，イ段で終わるラ行変格（「あり」など）以外は，すべてウ段になり（たとえば「聞く」の「く」，「思ふ」の「ふ」），その語幹の部分が，その後に来る助動詞や助詞などに応じて活用した。[2] 活用は，「行く」だと，言い切るときの終止形「行く」，命令するときの命令形「行け」（以上二つは後に文は続かない），中断して用言につなげるときの連用形「行き（て）」，体言（名詞）につなげるときの連体形「行く（とき）」，否定・推量のときの未然形「行か（ず・む）」，条件を示す已然形「行け（ば）」の六種類があり，「行く」の語幹「行」につく語尾は「か・き・く・け」と変化するので（カ行）四段活用と呼ばれる（オ段の「こ」はない）。この活用の動詞が一番多く，それを元に，数は少ないが同じく四段で特殊な変化をするナ行変格活用，ラ行変格活用，カ行変格活用，サ行変格活用があり，またイ段のみの活用の上一段活用，エ段のみの下一段活用，イ・ウ段にわたる上二段活用，ウ・エ段にわたる下二段活用（上一段，下一段とは，アイウエオ段の真ん中のウ段よりも一つ上の段，一つ下の段の意）の，計九種類があった。

　現代口語では，終止形がウ段で終わることは文語と同様であるが，活用は五種類に減っている。その原因は，平安時代，余韻・余情あるいは強調・詠嘆の効果を出すために使われた「係助詞〈ぞ・なむ・や・か〉＋連体形」の係り結び，あるいは係助詞のない連体形止めが，広く好まれて使われ，終止形のようになって，本来の終止形を駆逐してしまったことによる。たとえば「橘の花散る軒のしのぶ草昔をかけて露ぞこぼるる」（新古今和歌集）の末尾は「ぞ」の

---

　[2] 動詞がウ段音で終わることは，ウ音が唇を突き出して出す音ということと係わると思われる。息をふーっと吐き出すように，何かを放つ，生み出すというイメージになる。一方，形容詞の語尾となるイ音（古語では「（うれ）し」，現代では「（うれし）い」）は唇を横に引き伸ばして出る音で，このウ音とイ音，突き出す感覚と引き伸ばす感覚で動詞と形容詞を対比させている。アやオは感嘆に係わり，エはイを緩めた音で中途半端な音になる。

係り結びで連体形「こぼるる」だが，終止形なら「こぼる」になる。今の終止形は「こぼるる」から発展した「こぼれる」である。「玉の緒よ絶えなば絶えねながらへば忍ぶることの弱りもぞする」（同）の末尾も「ぞ」で連体形「する」となるが，本来の終止形は「す」である。しかし今では「する」が終止形である。この変化の結果，鎌倉以降，活用の型も統合・整理された。

　たとえば「落つ」は上二段で，活用はイ段音の「ち」とウ段音の「つ」の二段に係わり，未然形は「落ち（ず）」，連用形は「落ち（て）」，終止形は「落つ」，連体形は「落つる（とき）」，已然形は「落つれ（ども）」，命令形は「落ちよ」と活用したが，歴史的に連体形が終止形を乗っ取って終止形も「落つる」となる。このため活用語尾を未然形・連用形の「ち」に合わせ，終止形を「落つる」から「落ちる」に変えることで活用を「ち」一段に固定した。かくて上二段は上一段に変わることになる。同様に，「上ぐ」は下二段で，活用はウ段音の「ぐ」とエ段音の「げ」の二段に係わったが，「落つ」と同じプロセスで，「上ぐ」の終止形が「上ぐる」になり，次いで「上げる」となって下一段になった。またラ変「あり」は終止形が「ある」となることで四段となり，またナ変「死ぬ」は，他より遅れ，江戸時代になって，連体形「死ぬる」が「死ぬ」，已然形「死ぬれ（ども）」が「死ね（ども）」に変わることで四段に吸収された。この四段は，文語から口語に変わる際，未然形に否定の助動詞「ず」のつくときは「行かず→行かない」で「か」は同じだが，意志・推量の助動詞「む」のつくときは「行かむ→行かう→行こう（行こー）」と音変化し，新たにオ段の「こ」ができることで五段になった。このオ段の誕生は中世のことであり，武士の台頭とともに人間の意志が強く出てきたことの表れになる。

　このように，英語，日本語，どちらの言語においても，古代では多様で複雑な変化を示すが，時代とともに簡略化され，使いやすい単純平易な形に変わった。それは，初めは多角形のごつごつした石が，川の流れの中で磨り減って角が取れ，丸くなめらかになるのに

似ている。ただ変化の度合いは，英語がほとんどの屈折を失い，劇的に形を変えたのと比べると，日本語は連体形が終止形になるぐらいの穏やかなものになる。英語の変貌ぶりは，川の流れ，すなわちノルマン征服などの歴史の変化の激しさのためであるし，日本語の場合は天皇から将軍，貴族から武士へという時代の変化のためであろう（明治に武士から市民の時代に移ると文語から口語への表記の変化がある）。

　次に現代英語の用法を見ていくと，まず主語による限定がある。どういう主語が置かれるかによって，動詞はその影響を受け，形を変える。英語の場合，典型的に現れるのは be 動詞である。不定詞は be であるが，それは主語によって形を変え，I am / you are / he (she, it) is / we (you, they) are のように人称と数（単・複）によって区別する。過去形では I (he, she, it) was / you (we, they) were と，やはり人称と数で区別する。一般動詞の場合は，He walks. のように 3 人称・単数・現在の場合のみ動詞に -(e)s をつけ，その他の場合はつけない。そのことは 3 人称の特殊性，すなわち客観的な個としての存在を際立たせる。I と you は会話の当事者で，意志や感情を持つ主体である。それに対し，he, she, it は，会話の中に浮かび上がる純粋に見られるだけの客体で，その個の感覚が -s で示される。ただし，歴史的には，各人称ともそれぞれ独自の語尾を持っていたが，1 人称の -e は弱音化で脱落，2 人称の -(e)st は，その強い子音の響きで生き残ってもよかったはずであるが，本来その主語となる単数の thou が廃れたために，その語尾も一緒に廃れてしまった。そして結果として 3 人称の -s（< -eth < -(e)þ）だけが残ったという事情がある。だから -s だけ運よく生き残ったという印象を受けるが，偶然であっても生き残ることで 3 人称の個体性という新しい概念を作り出すことになる。過去については中英語（弱変化）で 1・3 人称は -ed，2 人称だけ -edest の語尾だったが，それも thou と共に廃れ，複数形を含め，すべて -ed に統一された。

　日本語も主語によって限定を受ける。日本は和の文化で，人の上下関係が重んじられるから，相手に応じて敬語を使い分けなければならない。相手が目上であれば，「書かれる」「お書きになる」のように尊敬語を使い，自分の行為であれば，「お書きする」のような謙譲語や「書きます」のような丁寧語を使う必要がある。それはほとんど義務であり，忘れれば，相手に敬意はないというメッセージを伝えることになる。日常的によく使う動詞については，「食べる」（本来は「食う」の丁寧語）を「召し上がる」（尊敬語）や「いただく」（謙譲語），「言う」を「おっしゃる」（尊敬語）や「申す」（謙譲語），「する」を「なさる，される」（尊敬語）や「いたす」（謙譲語）のようにまったく違う言葉を使うこともある。尊敬語は主語が明示されなくても，また相手が目の前にいなくても文章や会話の中では使う。だからその相手は，状況にかかわりなく，立派な存在であるという感覚を作り出す。もっとも，民主主義が浸透し，人間の対等意識が強くなり，必然的に人間の上下関係の薄れた現代では廃れていく傾向が顕著である。ただし公の場，特に仕事上の人間関係では廃れる傾向はなく，社会人である限りどうしても身につけなければならない社交術になっている。

　次に状況による限定がある。日本語の動詞は，その後にどういう語がつくかによって，複雑に変化する。「書く」を例に取ると，「書・か・ない」（未然形），「書・き・ます」（連用形），「書・く」（終止形）「書・く・とき」（連体形），「書・け・ば」（仮定形），「書・け」（命令形），「書・こ・う」（未然形），「書・い・た」（連用形）のようになる。活用形は六つで文語と同じだが，用例は八つになっている。これは五段活用に特有なもので，「書こう」は古語は「書かむ」だったが，それが「書かう→書こー」と音変化したもの（そのために四段が五段になった），「書いた」は本来は「書きた」だが，発音のしやすさから変化したもの（イ音便）である。この活用はまた対人関係で用いられる表現をカバーしている。たとえば，「書・か・せる（れる）」とすれば，相手に対する使役（尊敬），「書・き・

ます（ません・なさい）」「お・書・き・に・なる」とすれば丁寧な叙述（否定・命令）と尊敬，「書・く・でしょう」とすれば丁寧な推測，「書・け」とすれば命令，「書・こ・う」とすれば勧誘，「書・い・て・ください（おられる）」とすれば依頼（尊敬）になる。つまり相手にどう話すかによって動詞が変化している。

　動詞の大半は五段活用で，ついで下一段，上一段になる。見分け方は「ない」をつけて，「話・さ・ない」のように「ない」の前の音（「さ」）がア段なら五段，「起・き・ない」の「き」のようにイ段なら上一段，「や・め・ない」の「め」のようにエ段なら下一段になる。「ない」をつけない場合の目安は，上一段は，終止形の最後の音の前の音が，起きる，落ちる，閉じるの「き，ち，じ」のようにイ段となる動詞，下一段は，逃げる，やめる，忘れる，の「げ，め，れ」のようにエ段になる動詞で，それ以外のア，ウ，オ段になるものは五段になる。たとえば，洗う，座る，笑うは「ら，わ，ら」なのでア段，歩く，休む，作るはウ段，思う，守る，遊ぶはオ段で，すべて五段になる。語尾が単音の場合も，語幹の音で判断し，書く，売る，飲むは「か，う，の」なので五段，見る，似るは「み，に」で上一段，得る，寝るは「え，ね」で下一段になる。同じ漢字でも，出すは五段，出るは下一段，上がるは五段，上げるは下一段になる。言う，行く，聞くなどはイ段だが，終止形が「る」で終わらないものはすべて五段になる（「行く」の元の読みは「ゆく」）。同音意義語の場合（アクセントで区別），同じイ段でも，着るは上一段，切るは五段となる。「ない」をつければ「着ない」と「切らない」となる。同様に，居る（射る，鋳る）は上一段，入る（煎る）は五段，エ段では，寝るは下一段，練るは五段，変えるは下一段，帰るは五段といったようになる。「蹴る」は古語では唯一の下一段だったが，今は五段になる（古形はクエル）。このため命令形は五段の「けれ」と下一段の「けろ」の両方がある。この活用の揺れとしては，五段の「しゃべる，すべる」が，本来の「しゃべれ，すべれ」ではなく，「しゃべろ，すべろ」となることがある。上一段の命令

形「落ちろ，起きろ」と混同してしまうためであろう。動詞の分類としては音素によるものもある。五段は「書く」kak-u と分け，語尾の母音が a/i/u/e/o と変化する型で五段動詞と呼ばれ，上一段，下一段は「起きる」oki-ru，「やめる」yame-ru と分け，語尾が ru，re，ro と共通した変化をするので，上下を区別せず，まとめて一段動詞と呼ばれる。

　特殊な変化をするものとしてカ変の「来る」とサ変の「する」がある。これはそれぞれその一語しかない。特殊なものは日常でよく使われる語であり，特にこの二つは日本語の語形成に深く係わる重要な語になる。この二つの動詞の特徴は語幹そのものが変化することで，「来る」だと，「こ・ない」「き・ます」「く・る・とき」「く・れ・ば」「こ・い」「こ・よ・う」「き・た」と変化する。「来る」もウ段なので五段に似，ら抜き言葉になりやすい。カ変，サ変の活用をするのは「来る」と「する」だけではあるが，二語とも他の動詞について複合語を作る。「勉強する」「挨拶する」のように，外来の名詞に「する」をつければ動詞化されるし，「やって来る」「落ちてくる」のように補助動詞として他の動詞にもつく。だからその数はかなり増える（ただし同じ音でも「刷る，擦る」は五段，「繰る」は五段でアクセントも異なる）。

　この「する」は古語では「す」で，サ行変格活用だったが，連体形が終止形になることで「す」の終止形は「する」に変わった。したがって，サ変由来の複合動詞，たとえば「愛す」は，古語ではサ変だが，現代語では「愛する」がサ変で，「愛す」は「残す」や「渡す」と同じ五段活用になる。古語ではあるが，口語的な「愛する」に対し，「愛す」には文語的な響きがあり，「君を愛す」のように，書き言葉ではしばしば使われる。同様に，一字漢字の，訳す（る），略す（る），熟す（る），課す（る），託す（る）なども，「す」と「する」はどちらも使う。案ず（じる），念ず（じる），動ず（じる），通ず（じる），信ず（じる），感ず（じる）にも揺れがある。「～じる」は上一段，「～ずる」はサ変で，「～ず」という文語（サ変）に由来

する。サ変だけではなく，終止形と連体形がもともと同じだった四段・下一段・上一段以外の動詞はすべてこの変化をこうむり，「落つ→落ちる」「恥づ→恥じる」（上二段から上一段へ），「訪ぬ→訪ねる」「見ゆ→見える」（下二段から下一段へ）のように変わった。また「合わす・合わせる」「任す・任せる」は「五段・下一段（下二段より）」で，どちらも使い，「足る・足りる」「飽く・飽きる」は「五段・上一段（四段の転）」で，やはりどちらも使う（五段のほうは関西でよく使う）。また「有り得る」「成し得る」の補助動詞「得る」は口語では「える」と読むが，慣習として「うる」という文語体の読み方をする。文語は口語と比べると古めかしく格式ばった語感があり，それが好まれ，口語化した。ただし否定の時は「（あり）えない」となる。

　したがって，現代日本語は動詞が「る」で終わることが多くなる。過去・完了の場合は助動詞「た」を使うので，文は「る」と「た」で多く締めくくられる。動詞につく助動詞も「させる，られる，たがる」のように「る」が多い。「書く，飛ぶ」なども「書くのである」とすると「る」で終わる。断定などの「だ」も音は「た」と似る。丁寧語では「です，ます」の「す」になる。このように文の終わりがはっきりしているので句点は必ずしも必要なものではない（ほかの終わり方は形容詞，および助動詞「らしい，ない，たい」などの「い」が多い。終助詞は多様性がある）。この終わり方の単純化は，英語の動詞が3人称の場合は -s，過去の場合は -ed に単純化されたのと似ている。

　英語の場合，動詞は，不定詞，3人称単数現在形，過去形，過去分詞，現在分詞でそれぞれ形を変える。write だと，write, writes, wrote, written, writing になる。これは日本語の動詞の活用変化に相当する英語の活用変化になる。日本語の場合，動詞の後にくる助動詞や助詞などに応じて語尾が変化した。英語の場合は，さまざまな時間に対応して動詞の形が変わる。これは日本語は人を見，英語は物を見るためで，日本語は相手にどう話すかに応じて，

丁寧，否定，仮定，推量，命令などの表現を定めるのに対し，英語は動詞がどういう状態にあるかに応じて，不定，現在，過去，完了，進行といった表現を定める。

　まず不定詞は文字どおり不定，つまり人称や時間などの限定を受けない抽象的な状態で，to をつける場合とつけない場合に分けられる。つける場合は句を構成して，文中では名詞，形容詞，副詞として使われる。I like to write., I want something to eat., I did it to achieve my dream. がその例になる。to をつけない場合は，will, can などの助動詞の後，使役動詞，知覚動詞の後につなげて，I made him go. のような形で使われる。can などの助動詞はもともと動詞で，不定詞を目的語として取っていた。だから言い換えの際，will は be going to, can は be able to のように to がつく。使役文なども受身にすると He was made to go. のように，潜在的に含まれていた to が浮かび上がってくる。だから原形不定詞とは to の見えなくなった不定詞と考えてもいい。この原形不定詞は，単数の 1，2 人称などが主語の場合の現在形，および 2 人称に対する命令形と形が同じになる。これらはかつては特有の語尾変化をしていたが，それが取れて，やはり語尾の取れた不定詞と同じになったもので，質的には異なる。

　一方，3 人称が主語のときは writes であり，動詞に -s や -es をつける。古い時代の屈折の名残りだが，明示することで 3 人称・単数・現在に特別な意味を与えることになる。過去は wrote で，すべての人称がその主語になる。過去分詞はその行為が完了したという概念を表し，he has written のように完了形を作ったり，the book is written のように受動態を作ったり，あるいは the written word のように名詞について形容詞になったりする。現在分詞はその行為が進行中という概念を表し，he is writing のように進行形を作るとともに，a writing person のように形容詞になり，また I like writing のように動名詞ともなる。さらに現在分詞，過去分詞とも，分詞構文として主節を修飾する副詞句を作る。

　英語の動詞は規則変化をするものと不規則変化をするものに分かれる。それは過去と過去分詞の形に現れ，規則変化とは，動詞の基本形として，walk – walked – walked のように -ed がつくもの，不規則変化とは write – wrote – written のように母音交替（Ablaut）を中心にその語自体が変化するものである。数としては規則変化の動詞が圧倒的に多いが，日常でよく使われる基本語，たとえば go, come, eat, drink, do, give, take, make, see, hear, say, sleep, wake などは不規則変化をする。これは古英語の弱変化と強変化の動詞を受け継ぐ。古英語では動詞の不定詞は to なしが -an, to ありは -enne という語尾を取り，中英語では to ありも to なしも -en という語尾を取った（fasten, happen, listen などはその名残）。それは日本語の動詞がウ段で終わることと同じである。近代英語ではその語尾も消滅している。古英語・弱変化の基本形は，「不定詞 –〈直接法・過去・単数・1，3 人称〉– 過去分詞」で，dēman（＝deem）を例に取ると，dēm- という語幹に語尾がついて，dēman – dēmde – dēmed となる。その後，不定詞の語尾は消滅し，過去・過去分詞は -ed という形で単純化されて，deem – deemed – deemed となる。この型の動詞は全動詞の 4 分の 3 もあり，形が簡単なので，外来の語，たとえば excite, reply, suggest, request のようなラテン語やフランス語由来の語もこの単純形にならった。それは日本語で，外来語に「する」をつけたのと同じである。古英語・強変化は英語（アングロ・サクソン語）本来の動詞であり，基本形は，「不定詞 –〈直接法・過去・単数・1，3 人称〉–〈直接法・過去・複数〉– 過去分詞」の四つで，sprecan（＝speak）だと，sprecan – spræc – spræcon – sprecen のように語幹の母音が変化する。今なら三つで，speak – spoke – spoken になる。数は，古英語には 300 ほどあったものの，消失したり弱変化に変わったりして，今では 60 ほどに減る。しかしほとんどが生活に密着し，頻繁に使われる重要語である。

5. 動詞の名詞相当語句

　まず日本語の場合，動詞を名詞相当語句にする方法として，「行くのはいや」のように「の」を使うか，「行くことに意義がある」のように「こと」を使う。「の」と「こと」は入れ替え可能な場合が多いが，「行かないことにした」を「行かないのにした」とは言えず，「愛することを学んだ」を「愛するのを学んだ」にも違和感がある。動詞とは「もの」ではなく「こと」だから，動詞は「こと」と結び付きやすい。それに対し「の」は，「ぼくの（もの）はどれ」のように名詞と結び付きやすい。だから動詞に「の」をつけた場合はその動詞を「もの」として見ていることになる。つまり「こと」が行為を強調するなら，「もの」はその行為の存在を強調する。「行かないことにする」の「こと」は行為だから「する」が適切で，「行かないのにする」とは言えない。「行くのはよくない」は述語が形容詞なので，「喧嘩はよくない」と同様，行為を「もの」と見ている（「こと」でもよい）。「行くのは誰」「ここにあるのは何」だと「の」は「もの」（者・物）に言及しているので，「こと」には置き換えられない。この「の」と「こと」はその名詞的性格，動詞的性格から，それぞれ英語の動名詞 doing と不定詞 to do（あるいは that 節）に相当すると言えよう。ただし「こと」は主語にも述語にもなるが，「の」は主語にはなれても述語にはなれない。「大切なのは行くことだ」とは言えても，「大切なのは行くのだ」とは言えない。もっとも終助詞としては可能で，命令のときに「行くの！」と言う。一種の体言止めの効果で，命令の「行くこと！」が目の前の一回限りの行為に言及するのに対し，「行くの！」は，「行くものだ」の暗示から，それが当然という理屈を表すことになる。「そんなことを言おうものなら殴り殺されるぞ」も，「こと」は一回限りの行為を指し，「もの」は普遍的な事柄を指して，そういう場合の当然の理屈として，という意味合いになる。「食べるか」と「食べるのか」，「それでいいか」と「それでいいのか」でも，「か」だけだと単純な問いだが，「の」

が入ると，本当に理屈に合っているかという念押しの問いになる。「の」と「こと」の違いは連語にも通じ，「彼は行った，というのも皆を助けたかったからだ」の「の」には理由（〜という「もの」の理屈）が暗示されており，文末は「からだ」となる。「彼は行った，ということは皆を助けたかったということだ」では「こと」は行為になり，文末は「ということだ」という同格構文を取る。

　「の」「こと」のほかに，動詞の連体形をそのまま助詞につなげるやり方もある。古風な言い方で，諺に残り，「知らぬが仏」「袖振り合うも他生の縁」「案ずるより産むが易し」のように言う。ふだんでも「食うに困る」と言うが，それは「食うのに困る」「食うことに困る」とも言え，付く語が多くなるにつれ，堅い語感になる。文を連体形止めにし，「食う！」とすれば，食うのが当然だという含みから，「食え！」よりも強い響きになる。

　英語の場合，動詞から作られる名詞相当語句として，動名詞（writing），名詞句（to write），名詞節（that one writes）があり，主語にも目的語にもなる。目的語として，その三つの名詞相当語句のどれでも取れる動詞もあれば，動詞によっては取れないものがあったり，取れても意味が変わってしまうものもある。基本的なイメージとしては，to 不定詞は to が前置詞派生で「〜に向けて」という意味を持つので，それを導く動詞は前向きで積極的な気持ちを表すものになる。that 節の that は指示代名詞から派生した接続詞で，「S + V」を備えて独立した文を本動詞につなげる。接続詞なので，〜に向けてという方向性ではなく，外のものを引っ張ってきて動詞につなげる役割を果たす。動名詞は「〜すること」という名詞であり，to に示されたような方向性を持たず，それだけでまとまり，完結している。だから to とは逆に現在や過去，あるいは一般的な事柄を表し，動詞はそれを直接支配し，いわば飲み込む。

　まず to 不定詞と that 節を取れる動詞を見ると，たとえば He decided to be a teacher. と He decided that he would be a teacher. は内容は同じだが，to は方向を示すから目標を見据えた強い意志

となり，that は単に決心の内容を説明するための導入語になる。動詞の後に目的語が入った場合，I expect him to pass the examination. だと，彼を行為（expect）を向ける対象（目的語）にしているからその係わりは直接的であり，その彼を to ～ の方向へ向かわせるということで，彼にそうなってほしいという積極的な気持ちを表す。しかし I expect that he will pass the examination. だと，彼は expect の目的語になっていないから，彼との係わりは間接的であり，距離を置いて，単に that 以下のことを予期・予想する意になる。それは wish にはっきり表れ，to がつけば実現可能なことに対する願望，that だと仮定法になり，実現不可能なことへの願望になる。agree, claim, demand, determine, hope, intend, resolve といった語がこの部類になる。dread, fear, regret も両方の構文を取るが，動詞の意味が否定的なので，I fear to go by airplane. は「～する方向へ進むのが怖い，そうしたくない」という強い思いを表し，I fear that we are too late. では，強い恐怖は薄れ，恐れる事柄の説明となって，「～ではないかと（不安に）思う」の意になる。advise, persuade, teach, tell といった動詞は「～に～を」という二重の目的語を要求する。だから動詞にはまず間接目的語（～に）がつく。その後は，I told him to go away. のように to 不定詞だと係わりが直接的で，命令を意味するが，I told him that he should go away. は係わりが間接的で，その趣旨のことを告げたという弱い意味合いになる。

　一方，to 不定詞は目的語に取れるが，that 節は取れない動詞がある。aim（狙う）は，標的を定めた（未来に向けての）前向きな強い気持ちを表すので to がふさわしく，内容を説明するだけの that 節は取れないことになる。plan, propose, want も前方や未来への志向があるので同様である。like, love も対象に強い気持ちが向かうので to になる（ただし I like it that you call me Jimmy. のように it を直接目的語にして that ～ でその内容を説明する形は可）。decline, hate, refuse は，そちらの方向へ進みたくないという強

い否定の気持ちを表すので，against の意味で to しか取らない。begin, cease, continue, start も方向性を持つため，動作の対象を定める to が必要になる。

一方で，that 節は取れるが，to 不定詞は取れない動詞がある。assert, certify, complain, confess, explain, imply, inform, insinuate, maintain, mention, report, say などで，何かに向けて行動を起こすのではなく，話す内容を引き寄せ，動詞に結びつけるので，He asserts that she is innocent. のように接続詞の that を取る。同じ「話す」でも，express, speak, talk, utter は話す内容ではなく，話す行為に重きが置かれるので that ～ は使わず，express his feelings, speak English のように名詞のみを取る（express は wh- 節も取る）。

次に to 不定詞と動名詞 -ing について，動詞にはその両方を取れるものと片方しか取れないものがある。両方取れるものは attempt, intend, plan；hate, like, love；begin, continue, start といった動詞で，どちらを使ってもだいたいは同じだが，微妙な違いがある。基本的なイメージとして，doing は動詞を名詞化する語尾 ～ing がつくことで一個の完結した物となり，動詞はそれを完全に支配する，あるいは，飲み込んでその行為を完了する。「動詞＋to do」は，動詞は to で示された方向へ向かい，to do で示された行為を発動させる。だから動詞と do の間には距離がある。この to の有無は catch the ball と catch at the ball の違いと同じで，前置詞がないと目的語は動詞に完全に飲み込まれるが，前置詞が入ると行為の向かう方向が強調され，目的語は遠のいてしまう。挨拶でも，出会うときは It's nice to meet you.（初めまして）だが，別れるときは It's been nice meeting you.（お会いできてよかったです）と言う。出会うときは meet という行為を手前から向こうにある目標として見ている。別れるときは meeting とすることで，同じ対象を，済んだもの，完結したまとまりとして後方から見ている（ちなみに次に会うときは I'm glad to see you again. のように to see を使

う）。この doing は現在分詞と形が同じであり，現在進行としての色合いも帯びる。つまり過ぎたものというだけではなく，今，行われているものとしても見ている。He goes on talking. と He goes on to talk. は，前者はそれまで話していたことをそのまま継続して話すこと，後者はそれまでしていた話す以外の行為をやめて，次に新たに話し始めることになる。I like playing tennis. では，playing は今までしてきたことで，今，実際に楽しんでいる。しかし I like to play tennis. は，これから起こることで，場合によってはできないこともある。He starts to walk. では，walk という行為を前のほうから見て，開始に注目している。だから中止もありえる。He starts walking. は歩く行為はもう進行中であり，その行為に注目している。

　不定詞と動名詞では意味が違ってしまう動詞もある。forget, remember は，～ing だと過去のこと，to ～ だと未来のことになり，I will never forget meeting you. は「あなたと会ったことは忘れない」，Don't forget to meet him. は「彼と会うことを忘れるな」となる。また stop は，I stop to sing. だと，それまでしていたことを止めて歌う方向へ向かうことだし，I stop singing. だと，それまで行っていた歌うという行為を止めることになる。また try は，～ing だとある行為を実際にやってみる（たぶん達成），to ～ は方向だから，その行為の達成に向けて努力をする（たぶん未達成）といった違いを含む。

　一方，動名詞は取らず，to 不定詞だけを取る動詞は，「～へ向かう」という方向性がきわめて強く現れるもので，意志・要求・同意といった気持ちを表す。aim, decide, resolve, seek；ask, beg, claim, demand, desire, expect, want；agree, consent, promise といった語が該当する。あるいは decline, hesitate, refuse といった語も，否定的な対象に対する拒否の意志を表すので to を取る。逆に，to 不定詞は取れず，動名詞だけを取るものは，admit, appreciate, avoid, consider, deny, enjoy, escape, fancy, finish,

imagine, mind, postpone, recall, recollect, stop, understand
などがある。to が取れないということは，「〜へ向かって」という
方向性を持たず，対象を，一つの完結したまとまりとして，その動
詞が表す行為の中に引き寄せ，取り込む感覚になる。recall, recol-
lect は，過ぎ去り，完結したものを引き寄せ，取り込むこと，con-
sider, enjoy, understand は，目の前にあるものを引き寄せ，取り
込むこと，avoid, deny, escape は，やはり目の前にあるものを，
拒否という形で取り込むことになる。

第2章　助動詞

　助動詞とは，文字どおり動詞を助け，その動詞になんらかの限定や色づけを与えるもので，活用（語形変化）のあるものだが，日本語と英語とではその形はずいぶん異なる。歴史的に見ると，大きな違いは，英語には昔，助動詞というものがなかったが，日本語にはすでにあったということである。will, can, shall といった助動詞はもともとは動詞として使われていたもので，古英語から助動詞としても使われ始め，中英語の末までにその用法が確立すると，動詞としてはもう使われなくなった。機能としては補助的であり，多くは動詞に話し手の感情を添えたり，分析的に表現したりするもので，なくても文の理解にそう大きな支障はない。しかし日本語では，「ない」（否定），「させる」（使役），「たい」（希望）といった助動詞は文になくてはならない要素で，除去してしまえば文は意味をなさなくなる。英語ではそれらの意味を与えるのは助動詞の役目ではなく，副詞や動詞の役目になる。日本語にはさらに，助動詞とは別に，補助動詞というものがある。たとえば「いる」は，「ネコがいる」のように本来は動詞だが，「雨が降っている」では，「降る」という動詞につき，それを補う役目を果たしている。これが補助動詞で，機能としては英語の助動詞と似てくる。除去した場合，ぎこちなくはなるものの，文の理解をそう大きくは妨げない。ただし，

「飛び出る」のように，「出る」という本来の意味をとどめている場合は複合動詞と呼ばれて区別される。

1. 法助動詞

　英語は事実を客観的に示そうとするが，日本語は和を重視するため，言いたいことを敬語などを使ってぼかす。そのぼかし表現が英語にもある。法助動詞と仮定法がそれで，事実を客観的に述べる直説法と区別される。たとえば She hates you. と言えば主観的表現だが，一つの事実である。しかしそれに助動詞を加え，She may hate you. とすると，話し手の気持ちが加わり，表現の度合いが和らげられる。助動詞はその度合いを表現する。さらに She might hate you. とすると仮定法になり，そんなことはないと思うが，ことによると，という意味合いになる。英語の助動詞のうち，叙述に対する話し手の心的態度を表すものは法助動詞と呼ばれる（法 mood とは「様式 mode＋気分 mood」）。will, can, shall, may, must, dare, ought などで，たとえば次の文では，依頼だから命令形でいいところだが，そこにさまざまな助動詞をつけることで微妙な違いを言い表している。

(1)　They all cried out here, that he must begin, and agreed with one voice that he might, could, would, and should begin.　　　　(Charles Dickens, "The Poor Relation's Story")
　　（ここで皆が，彼から話し始めなければと叫び，そして口をそろえて，彼から始めてよいし，そうできるし，そうするだろうし，そうすべきだと言った）

　これらの助動詞はもともと動詞として使われた語であるから，その成立上，どの語も大きく二つの意味を持つ。一つはもともとの動詞の意味を継続する場合で，主語（となる人・物）の意志，能力，義務などを表す。もう一つは，語り手の主観を表す場合で，主語に

対する推測や意志などを表す。

　まず will を見ると，will は，「〜するつもりだ」という，主語の
気持ちを表す意志未来と，「〜するだろう」という，主語に対する
話し手の予測を表す単純未来がある。will は本来は「望む」(wish)
という意味の動詞で，それが主語の意志のほうに引き継がれてい
る。その状況は，話し手の側からすると，主語があることを望むと
すると，その実現の可能性が高いことから，きっとこうなるだろう
という予測にもなる。一人称の場合，I will go home soon. は主語
と話し手が一致するから，文脈に応じて，「〜するつもりだ」とい
う意志，「〜するだろう」という予測，そのどちらにもなる。二,三
人称の場合，予測を表す単純未来は平叙文にも疑問文にも will を
用いる。未来だけでなく，現在の事柄に対しても使い，They will
be working now. (今，働いていると思う) のように推量にもなる。意
志未来の場合，話し手は相手の気持ちを必ずしも知っているわけで
はないので，条件文や疑問文でよく使われ，If you will come, I'll
be happy. (来てくれたらうれしい) [条件節の will は意志，主節の will
は単純未来]，Will you go abroad? (外国へ行くつもり？)，Will you
come with me? (一緒に行ってくれない？) [依頼] のようになる。平
叙文の場合は，主語の意志あるいは話し手の目に映った主語の意志
になり，強勢が置かれて，Bob will have his own way. (ボブは自分
の思い通りにしようとする)，She won't listen to me. (彼女は私の言う
ことを聞こうとしない) のように言うが，そこには主語のかたくなさ
に対する話し手の困惑の気持ちが含まれる。主語が無生物の場合は
擬人化されてその意志を示し，Accidents will happen. (事故は起こ
るもの)，This door won't open. (この戸はなかなか開かない) のよう
に言う。また will が話し手の意志を表すこともあり，You will
pass the exam this year. は「今年は試験に合格するのだぞ」という
聞き手に対する命令になる (日本語で親が子に言う「寝る！」に相
当)。否定の場合，not のかかる位置が意志と推測では異なる。Jim
will not obey. だと，推測の場合は，not は obey を否定し，will

は〈not obey〉に対する推測になって「〜だろう」となるが，意志の場合は，not は will にかかり，obey することに対し，その意志がない（will not）ことを示すので，「〜しようとしない」となる。このことは，二つの意味を持つほかの法助動詞でも同様である。

will 同様，未来を表す助動詞に shall がある。shall の本義は owe「負う」で，そうする義務があるということから，「〜するつもりだ」という意志未来，あるいは「〜するだろう」という単純未来になる。ただしこれはイギリス英語で，一人称に限定される。アメリカ英語では will になる。shall は 16 世紀には人称を問わずよく使われたが，will と競合するため，18 世紀以降は整理され，will との住み分けが進んだ。すなわち一人称に関しては未来を表すが，二・三人称については will に譲り，その代わりに shall は，本来の義務の意から，義務として（相手に）〜させるという話し手の意志を表すものになる。だから You shall have the reward. は「あなたに報酬を取らせよう」になる。ただし尊大で古めかしい表現なので，日常的には避けて，I'll give you the reward. のように言う。この shall は一人称でも衰退気味で，だんだん will に置き換わりつつある。終戦時，アメリカのマッカーサー元帥は日本を去る際に，あえて I shall return. という表現を使ったが，それは戻ることを義務とするような古風な響きになる。この古めかしさは法律文や予言などの「すべし」という言い方に表れている。聖書の You shall love your neighbor as yourself. は「隣人を自分のように愛しなさい」の意である。shall は will に押され，衰退気味ではあるが，「〜しましょうか」という勧誘のときはアメリカでもイギリスでも shall で，Shall I help you?（お手伝いしましょうか），Shall we go together?（一緒に行きましょうか）となり，Will I 〜 とか Will we 〜 とはならない。〜するのは私の義務でしょうかという感覚になる。一方，相手にお願いするときは Will you help me?（手伝ってくれませんか）となる。

can は本来は「知る」(know) という動詞で，そこから，「〜でき

る」という主語の能力を表す。Mary can swim. だと，その原義は
Mary knows how to swim. である。この can は，知識はあっても
まだ実行していない，しかし実行すればできるはずという話し手の
推量から，「ありえる」という可能性の意も生まれる。ただしこの
意では多く Can the news be true? （いったいそのニュースは本当なの
か）とか Mary can't be a teacher. （メリーが先生であるはずがない）の
ように感情が強く入る疑問文や否定文で使われる。肯定文であまり
使われないのは，may がその役割を担うからである。may はもと
もとは「〜する力がある」(have power) という意の動詞から派生
し（might は「力」の意），can と似ている。can は「知る」だった
が，may は「力」なので，そうする力はあるけれど，まだ実行はし
てない，しかししようと思えばそのとおりになるはず，ということ
から，話し手の推量として「〜かもしれない」の意になる。肯定文
で推量を表すときは主にこの may を使う。その否定は may not
（〜でないかもしれない）だが，強く否定する場合は「〜するはずがな
い」の can't になる。肯定文の場合，You (can/may) be scolded
for being lazy. （怠けていると叱られるかも）では，can は一般的な可
能性で，そうなる場合もあるという論理的な含み，may は目の前
の事柄に対する推測で，そうなる可能性が高いという現実的な含み
になる。will と shall のように，can と may は意味が似ているた
めにこのような使い分けをする。may は「力がある」が原義なの
で，主語の能力として「できる」を意味してもいいはずである。実
際，古くはその意で使われていたが，今はその役割は can に譲り，
「できる」の意はほとんど持っていない。その意は話し手の側の意
志に反映し，You may go now. （行ってもよろしい）のように聞き手
に与える許可になる。この場合，can も使える。違いは，can が一
般的にそうできるという事実を表す言い方なのに対し，may は，
話し手が権限をもって許可するといういかめしい響きを持つ。だか
ら日常の会話では can で，may は正式な場での言い方になる。
May I 〜? という疑問文も，Can I 〜? に比べて，相手に許可を求

める堅い言い方になる。なお may not は，文意によって not のかかる位置が異なり，推量の場合は動詞（He máy not meet her. 会わないかもしれない），不許可の場合は助動詞（He may nót meet her. 会ってはならない），〜しなくてもいいという許可の場合は動詞（He may not méet her.）にかかる。

　must は，元の意は be obliged to で，「〜しなければならない」という主語となる人の義務を表し，また，義務だからきっとそうするはず，だから「〜に違いない」という話し手の推測にもなる。否定形は主語の義務の場合は must not で「〜してはいけない」という禁止，話し手の推測の場合は can't（〜のはずがない）になる（アメリカでは must not 〜 で「〜ではないに違いない」の意でも使う）。一方，ought は owe の過去形で，must と同様，主語に対しては「〜すべきだ」という義務，話し手の主観としては「〜のはずだ」という推測の意になる。したがってほぼ同じ意味になるが，度合いは must のほうが強い。must は語源的に「できる」（may, can）までたどれ，その否定形が「できない」（不許可），「ならない」（禁止）となり，そこから肯定形でも強い義務の意が生じるようになった。一方 ought の否定は「すべきではない」という助言で，禁止まではいかず，しなくても許される。推量の場合も，確信の度合いは must のほうが強くなる。同じく義務や推量を表す助動詞に should がある。度合いとしては ought to とほぼ同じになるが，ought は to の入る分，形式的，客観的で，語感が堅くなるのに対して，should は shall の仮定法過去だから柔らかな響きがあって好まれる。したがって度合いの強さの順に，must, ought to, should になる。同じ意味を表すのに三つも必要ないように思えるが，ちょうど川も広さに応じて river, stream, brook と区別したように，程度を細かく分けることが英語らしい分析的な発想になる。

　法助動詞のうち，can, will, must は言い換えができる。法助動詞は話し手の心的態度を表すものだから，言い換えはその感情を排した客観的なものになる。must は have to に言い換えられる。

must が「～しなければならない」という主語に対する語り手の一方的な判断なのに対し，have to は文字通りには「～することを持つ」だから客観的にそうしなければいけない状況になっていることを示す。したがって must は感情が入り，威圧的に響くのに対し，have to は理性的な判断なので威圧感はない。否定のときは must not は禁止で「～してはいけない」，don't have to は「その必要はない」で訳し方が大きく変わる。「～に違いない」という推量の場合も，must は自分の判断によるものなのに対し，have to は客観的な根拠があることになる。can は be able to に言い換えられる。can には「できる」意のほかに「ありえる」という話し手の推測があったが，able が能力の意だから推測は排除される。can と be able to はほぼ同じだが，過去にした場合，could は単にその能力や可能性があったことを意味し，実行したことは含意されないが，was able to は，to が方向性を持つから，～の方向へ向かうことができたの意となり，一回限りの実現した行為に対して使う。will は be going to となる。文字通りには「～へ行きつつある」で，進行形であるから，前もって方向性が決まっていた事柄に対し，今，実際にそこに向かいつつあるという感覚になる。will にはその継続中という感覚がないため，その場で生じた意志や推測を表すことになる。この have to, be able to, be going to はどれも to がつき，その後に動詞を導く。だから助動詞となることで失った本来の動詞としての意味と機能を取り戻していることになる。その典型は be able to で，助動詞の can は過去形にしかなれないが，その熟語を使えば，一般の動詞と同様，未来形（will be able to），完了形（have been able to）のほか，不定形（to be able to），分詞形（being able to）も作ることができる。

　次に過去形で扱われる助動詞を見ると，まず should は，shall の過去形であるが，仮定法過去としてよく使われる。You should come. は「～すべき」の意で，「負う」という shall 本来の意味から来ている。仮定法だから，言外に，もしこう言ってよければ，とい

うような条件文が暗示されている。条件つきだから，must のように絶対的な義務というわけではない。should の代わりに be supposed to を使うと客観的な表現になる。should の後に完了形を使い，You should have attended the meeting. とすると，「会議に出席すべきだったのに（そうしなくて残念だ）」という過去の事柄に対する話し手の気持ちが入る。I suggest that you should attend the meeting. とか，It is necessary that you should come. といった要求や提案を表す文に入る should も話し手の感情を表す。It is marvelous that he should come. のような場合も，「～（する）なんて」という話し手の驚きの気持ちを表す。It is に続く形容詞としては，strange, odd, absurd, shocking などの感情を表す語が入る。アメリカでは should は使わず，仮定法現在にして，It is marvelous that he come. のように言う。また should でも仮定法現在（come）でもなく，現在形（comes）を使うこともある。その場合は，話し手の主観の入らない客観的叙述ということになる。この単純形は増えつつある。特に細かい区別を煩わしく思う非母国語話者にとってはこの形のほうが使いやすい。

　would の用法としては，過去の習慣を表す場合によく使われる。We would often talk together for hours.（何時間もよく話したものだった）だと，この would は意志を表す will の過去形で，過去を表す副詞と共に使われることで，「過去において，（何度も）～しようとした」から，「よく～したものだ（った）」という過去の不規則な習慣を表す言い方になる（often がないと仮定法過去とも読める）。似た表現に used to があり，I used to sit up late studying.（よく勉強で夜更かしをした）のように長期にわたる規則的な習慣になる。現在と比較する用法だから often などの過去を表す副詞はなくてもよい。used は use の過去形であり，「使っていた」→「よく～した」の意になる。だから本来は動詞で，それに to 不定詞がつく形だったが，ought to と同様，今は used to で助動詞である。use からは usual という語が派生するが，used to も usually の意を含んで，

過去の規則的な習慣を含意する。used to と would の違いとして，would は主語の意志と係わり，次に行為を表す動詞が来るが，used to は過去の客観的な事実を述べ，意志的な行為だけではなく，状態も表す（There used to be a bookstore here.（昔ここに本屋があった））。「be used to ＋名詞」は，used が形容詞化された過去分詞で，「慣れている」の意となる。～に対して「（使い）慣れた」状態にある，という感覚であろう。

　今まで見てきた法助動詞は，must と ought を除き，現在形と過去形があるが，由来としては，will 以外はすべてが過去現在動詞と呼ばれるもので，古英語以前に過去形だった動詞が，古英語では現在形と見なされて使われたものである。法助動詞が，主語が三人称であっても -s を取らないのは，もともとが過去形だからである。must と ought だけ過去形がないのは，他の語が過去現在動詞の現在形から助動詞になったのに対し，その二語はその過去形から助動詞になったためで，もうそれ以上は過去形を作ることができないことによる（-t が -d と共に過去を示す語尾。-t は -d の無声音）。したがって時制の一致を受けず，主節が過去形になっても従属節ではそのままの形で使う。なお will だけは過去現在動詞ではなく，普通の動詞からの派生である。それ故，名詞（will は「意志・遺言」），形容詞（現在分詞 willing は「進んでする」），あるいは動詞としても使われる（I would I were thy bird. ＝ I wish I were your bird.）。

　法助動詞には他に dare と need があるが，これも過去現在動詞だったものの，初期近代英語から to 不定詞をつけて本動詞としても使われるようになったため，助動詞としてはあまり使われなくなっている。助動詞として使われるのは感情が入りやすい疑問文や否定文のときで，How dare you ～?（よくも～できるな）には話し手の怒りが入り込む。Need I go now? はその必要があるの？（ないでしょう？）という気持ちが入る。答えるときは No, you need not., Yes, you must. と助動詞が異なる。need は必要，must は義務になる。肯定文のときは，I dare say（たぶん）という慣用句を除

き，助動詞は使わず，動詞に to 不定詞をつなげる。to が入ると客観的な記述になり，話し手の気持ちは入らない。

この英語の助動詞に対して，日本語の助動詞は完全には対応しない。英語のほうはもともとは動詞だから，主語の意志としては，will は「しようとする」，can は「できる」のように日本語の動詞に対応する。また話し手の気持ちとしては，どれも「だろう」と訳し，「だろう」はこのまとまりで助動詞（分解すれば断定の助動詞「だ」の未然形「だろ」＋推量の助動詞「う」）となるから，この場合は日本語の助動詞と重なることになる。

2. be, have, do と「ある・いる・する」

法助動詞以外の語で，本動詞としても使われれば，助動詞としても使われるものを見ていく。まず be と「ある・いる」。語源は，be は become, grow で，「ある」は「現れる」や「新た」と同根であり，どちらも，存在するとは出現するという意味で捉えられている（exist の語源も，ex＋sist で，「外に出て立つ」の意）。英語の be は，主語に応じて am, are, is, was, were と使い分ける。日本語では，人なら「いる」，物なら「ある」，敬語なら「おられる」「いらっしゃる」「おります」などになる（「おる」は「いる」の古風な言い方）。人でも事実として見る場合は，客がある，欠席者がある，となる。古語では人でも物でも「ある・あり」を使った。「いる」は「座っている」の意で，「立つ」の反対語であり，それを受け継いで，今日では動くもの（人，動物，乗り物）が止まっている状態について使われる。この「ある・いる」は本動詞として使われるとともに，ほかの動詞について補助動詞としても使われる。「車が置いてある」とすれば，車を置物として見ており，「車が止まっている」とすれば，車を動くものと見ている。

まず be の本動詞の使い方を見ていくと，He is in the house.（彼は家にいる）は純粋に存在を意味する表現になる。My aunt will be back presently.（すぐに戻る）とか, Ciss had to be at the park at nine o'clock.（9 時に公園に行かなければならなかった）, He went away before I was awake.（起きる前に彼は立ち去った）では be は状態を表すものの, 日本語の発想とは合わず, 訳すときは動詞として訳す必要がある。たとえば My aunt will be back presently. は, 文字どおりには, 「叔母はすぐに戻っているだろう」となるが, そういう言い方はしない。日本語で「9 時に行く」は 9 時に出発するのか 9 時に到着するのかはっきりしないが, be ではもうそこにいることになり, あいまいさはない。「9 時には公園に（着いて）いなければならなかった」のように「いる」も使えるものの, それは特に強調した言い方になる。I am happy.（わたしは幸せだ）, You are beautiful.（あなたは美しい）は, 分解して訳せば, 「わたしは happy という状態にある」, 「あなたは beautiful という状態にある」ということであり, be 動詞は存在としての意味を保持している。日本語の場合, 「美しい」は形容詞, 「幸せだ」は形容動詞である。形容動詞とは, 「幸せだ」が「幸せである」から派生したものであるように（文語なら「幸せにあり」→「幸せなり」）, すでに「ある」という動詞を含んだ形容詞のことを言う。つまり be happy で「幸せだ」の意になる。一方, 「あなたは美しい」のほうは, 動詞を含まない形で独立した文となっている。ただし「美しいですね」や「美しくありたい」とすると, 「です」という助動詞や「あり」という補助動詞がつく。

　次に助動詞としての用法を見る。

(1)　He is walking very fast.
　　（彼はとても早く歩いている）

この walking は現在分詞で, 単独では使えず, be という助動詞を伴って初めて意味を成す。元の文は He walks で「主語＋動詞」だから, be はその動詞を補う助動詞になる。しかしながら, この現在分詞は動詞に -ing がつくことで動名詞や形容詞を作るから,

形の上では He is happy., It is interesting. と同じで，「自動詞＋形容詞」となり，「歩いているという状態にある」という意味にもなる。日本語の「歩いている」の「いる」は本動詞「歩く」につく補助動詞で，英語の助動詞 be と同じ役目を果たしている。know, love, resemble, remember など，状態を表し，進行形にできない動詞も，日本語では「知っている」「愛している」のように「（て）いる」で表す。

(2) I am going to publish a book.
(本を出版するつもりである)

この am going to はそのまとまりで will と同じ意味で用いられ，「行く」という意味はない。しかし元の意味は I am going to Tokyo. と同じで，「〜に向けて行こうとしている」の意味である。例文の to はその後に動詞の原形が続くから to 不定詞と呼ばれるが，本来は方向を示す前置詞であるから，「本を出版する方向に向けて行きつつある」ということになる。だから日本語の「ある」は am と一致している。

(3) You are to finish the job before it gets dark.
(暗くなる前に仕事を済ませなければいけない)

この構文も，are to で一つのまとまりを成し，should などの助動詞と同じ役目を果たす。しかし上の例と同様，to は本来は方向を示す前置詞であるから，元は「あなたは〜に向かっている状態である」ということになる。文型とすれば「SV＋前置詞句」で，I'm on my way.（今，向かっています）と同じ形になる。そこから義務 (should) の意が生じ，さらに予定 (will)，可能 (can)，運命 (would) などの意も生じる。ただし法助動詞と違い，be to には客観的な響きがある。

(4) The picture is hung on the wall.

（絵が壁に掛けられている）

　受身文で「助動詞（is）＋動詞（hung）」になるが，やはり形の上では I am interested in the picture. のように「be 動詞＋形容詞」として，つまり「絵は壁にかけられた状態で存在している」の意でも理解されうる。日本語では二つの言い方が可能である。

　(5) a.　絵が壁に掛けてある。

　　　b.　絵が壁に掛かっている。

　(5a) では「絵がある」が基本で，そこに「掛けて」が入り込んでいる。「掛けて」は他動詞「絵を掛ける」の意だから，「誰かが掛けた状態で絵がある」という発想になる。一方，(5b) は，「絵がいる」が基本で，そこに「掛かって」がついている。「ある」が置物としての発想なら，「いる」は動くものという発想だった。だから (5b) は絵を動くものと見，「掛かる」は自動詞なので，「絵が掛かった状態でいる」という発想になる。「ご飯が炊いてあった」「ご飯が炊けていた」もその例になる。このように助動詞 be は補助動詞としての「ある」や「いる」と重なる。

　次いで have を見ると，動詞は「持つ」だが，そのカバーする範囲は日本語よりもかなり広い。おしゃべりはするのではなく「持つ」もの，夢も見るのではなく「持つ」もの，家族も敵も，悲しみも喜びも，目や髪も，食事や休暇も，手術や病気も，散歩も冒険も，みな英語では「持つ」ものである。日本のような和の文化では分け合うことが大切だが，西欧のような個の文化では持つことが重要になる。したがって have は助動詞としても所有の意味をひきずる。have はまず完了形を作る。

　(6) a.　I have eaten the dish.

　　　　　（その料理を食べたことがある／その料理は食べている）

　　　b.　I have lived here for ten years.

　　　　　（ここに十年住んでいる）

　最初の完了形の文は経験を表し，次の文は継続を表す。訳す場合は，「ある」や「いる」を使って訳すことになる。これも分解すれば，「その料理を食べたという状態を持っている」，「ここに十年住んだという状態を持っている」という意味になる。

　I have to eat something. の have to は must と同じ意味で，助動詞として機能する。ただし have は文法的には動詞である。この元の形は I have something to eat. であり，それが，SVO の文型が確立されていく流れの中で語順が変わり，I have to eat something. となった。この場合，to 以下が have の目的語となり，to は方向を示し，まだ実現されていない事柄を表すから，「これから〜するはずのことを持つ」，つまり「〜しなければならない」となる。形としては I ought to go. や I am to go. と同じになる。一方，You had better go now. の had better は，このまとまりで助動詞としての役目を果たすが，その由来はいくつかの構文が混成したものと考えられている。イメージとしては，had を仮定法過去，go now を（不定詞）目的語，better をその補語と理解し，「行くとしたら，ほかの時よりも今のほうがよい」となる。

　次に do と「する」を見る。動詞としては，do はその後に目的語として many things とか the shopping をつけて用い，日本語でも「買い物をする」，「やさしくする」，「目まいがする」といった形で用いる。一方，「する」は補助動詞としてもよく使われ，「お会い・する」「笑い・は・したが」のように，「会う」「笑ったが」に付けて「〜という動作を・する」意になる。一方，英語の助動詞の用法は，古英語では代動詞（I ate, and he did, too.）だけで，それは日本語でも，「君，立てよ。ぼくもそうするから」のように使っている。しかし 16 世紀以降，do はよく発達し，強調（I do understand it.），否定の命令（Don't be afraid!），否定（I don't walk），疑問（Do you have a ticket?）として幅広く使われ，18 世紀には一般化した。今日では do は英語の構文になくてはならないものになっている。

　古英語では，疑問文は「動詞＋主語」という倒置形の形で表し

(Have you a ticket?)，否定文は動詞の前あるいは後ろに否定語 ne
（後に not）をつける形で使われていた（I ne go.; I go not.）。今で
もドイツ語は否定語を文末に置き，助動詞 do を使うのは英語だけ
である（進行形も英語だけ）。この do の誕生には諸説あるものの，
もっとも有力な説としては，do はかつては使役（make）の意味を
持つ動詞であり，I do you go. のように使ったが，目的語を省いた
形（I do go.）が広まり，その結果，その使役の意味が消失して助
動詞化した。そして言わば動詞の身代わりとして，疑問文のときは
主語と do を倒置にして Do I go?，否定文のときは do の後ろに
not をつけて I do not go. のようになった。だから do は，形式語
の it や関係代名詞の which のように，それ自体に意味はなく，
もっぱら文の形を整えるための形式語ということになる。否定の命
令文も，古英語では主語を伴い，「ne＋動詞＋名詞」だったものが，
ne と do がくっついて Don't (you) go. となった。ただし be 動詞
については，平叙文では I am not ～，He is not ～ のように，古
英語の語順のまま not は動詞の後ろにつき，否定の命令文に限り，
Don't be afraid. のようになる。一般動詞と同じように I don't
be ～，He doesn't be ～ とならなかったのは，am, is, are といっ
た動詞の存在感が強く，その個別性を失いたくなかったためであろ
う。それに対し，命令文だけ Be not afraid. ではなく（古くはこの
形），Don't be afraid. となったのは，命令形が動詞の原形を要求
するため，一般動詞と同じ形にしたほうが統一が取れ，理解しやす
かったためと思われる（強調の場合も Do be ambitious!）。こうし
た do 導入の効果は，do があることで疑問文や否定文の形が明確
になること，また SVO の語順が保持されることであり，形が整い，
理解しやすくなる。

3.　日本語の助動詞

　英語の助動詞は動詞から派生しているが，日本語の助動詞はそう

いうことはなく，昔から助動詞である（ただし，その語源をたどると，いくつかの助動詞は，英語と同様，動詞から派生したものと考えられている。たとえば古語「つ」は「棄つ」，「ぬ」は「去ぬ」，「けり」は「来あり」が元で，先行する動詞の連用形について変化したもの）。現在使われている助動詞は中古の助動詞から派生し，いろいろ変化してきている。まず日本語の助動詞は英語とどう対応しているのか，具体的に日本語の助動詞の文を英語で表現してみる。下線の語が日本語の助動詞に相当する。

(1) 動詞として表現するもの

    a. 使役「せる・させる」

      社長は夜まで社員を働かせる。

      The boss makes the clerks work till night.

    b. 受身「れる・られる」

      財布を取られる。

      I have my wallet stolen./My wallet is stolen.（助動詞）

    c. 希望「たい・たがる」

      リンゴが食べたい。

      I want to eat an apple.

    d. 推定「ようだ・そうだ・らしい」

      彼女は結婚したらしい。

      She seems to have been married.

    e. 過去・完了「た」

      海に行った。

      He went to the sea./He has gone to the sea.（助動詞）

    f. 断定「だ・です」

      彼は先生だ。

      He is a teacher.

(2) 助動詞として表現するもの

    a. 推量「ろう・だろう」

　　　　明日は晴れるだろう。

　　　　It will be fine tomorrow.

　　b.　可能「れる・られる」

　　　　リンゴを食べられる。

　　　　I can eat an apple.

　　c.　否定の推量・意志「まい」

　　　　その仕事はすまい。

　　　　I will not do the job.

　　d.　意志・勧誘「う・よう」

　　　　英語を勉強しよう。

　　　　I will learn English. / Let's learn English. （動詞）

　　e.　義務「べし」

　　　　君は真実を受け入れるべきだ。

　　　　You should accept the truth.

（3）　副詞として表現するもの

　　　　否定「ない・ぬ」

　　　　わたしは知らない。

　　　　I don't know. （do は助動詞）

（4）　対応しないもの

　　a.　丁寧「ます」

　　b.　尊敬・自発の「れる・られる」

　このように一応は英語を当てられるものの，日本語の微妙なニュアンスまでは表現できない。というのも，日本語は話しかける相手に応じて言葉を色づけするのに対し，英語はそういう配慮はせず，事実を客観的に伝えたり，自分の気持ちを助動詞で伝えようとするためである。たとえば断定の助動詞「だ・です」の場合，「彼は先生だ」と「彼は先生です」は，英語では同じだが，日本語では話しかける相手が区別されているし，さらに「だ」を発展させて，「彼は先生である」「彼は先生なのだ（なんだ）」「あの方は先生でいらっ

しゃいます（ございます）」とも言える。この場合，「である」は「だ」の元の形だが（それゆえ助動詞とする見方もある），文法的には「で（「だ」の連用形）＋ある（補助動詞）」，「のだ」は「の（格助詞）＋だ」，「いらっしゃる」は「ある」の尊敬語となり，機能としてはどれも断定である。このうち，「です」や「いらっしゃる」は敬語で聞き手の存在が強く感じられ，「である」は文章語で客観的な響きがあり，聞き手の存在は前提とされていない（元は江戸時代の学者の用いた講義の口調）。ほかの語は目下に対する打ち解けた話し方になる。ただし「だ」は断定感が強く，ぶっきら棒に響くので，「彼は先生だよ」と終助詞をつけたり，女性であれば「だ」は使わず，「彼は先生よ」「彼は先生なの」のように言う。このように日本語は人間の上下関係，話し手の性別や地位・職業などによっても言い方が変わる。

　小説には丁寧語などの読み手への配慮はあまりないが，それでも文体として，文末には変化をつけ，単調になるのを避ける。

(5)　弟は疲れ切っていた。子供ながらに不機嫌な皺を眉間に作って，さも厭々に歩みを運んでいた。しかし兄の方は独り物思いに沈んでいる。彼は恋という言葉を知らなかったが，今，その恋に思い悩んでいるのであった。

（志賀直哉「真鶴」）

　最後の文は「いるのであった」で終わるが，前の文の流れを見ると，「思い悩んでいた」「思い悩んでいる」あるいは「思い悩んでいたのである」としてもいいところである。英訳すればすべて過去形になる。日本語もすべて「いた」で通せるが，しかしそれでは機械的で変化がなく，平板で単調な響きになる。だから変化を持たせるために文末を変える。そこに日本語らしい味わいも生まれることになる。

　日本語の助動詞は重ねて使うことができ，その場合の順番は決まっている。

(6)　父は会社を辞め・させ・られ・たく・なかっ・た・よう・です。

　この文は助動詞が「使役＋受身＋希望＋否定＋過去＋推定＋断定」という形で七つ連続しているが，この順番は変えられない。この一連の助動詞は二つの部分に分けられ，前半の「させ・られ・たく・なかっ・た」は，行為者の行為（動詞）の意味を限定し，事実を明確にしている。そしてそれは動詞の直後に置かれて一つのまとまりを成す。そのまとまりの中でも，使役や受身や希望という行為者の意志が最初に来，その後に肯定・否定という存在の有無を表す語が来る。そうして行為者の行為が定まった後で，「よう・です」という話し手の主観を表す語が置かれて文を締めくくる。この付け足しの部分は，聞き手をおもんばかって，直前の主張を柔らかく包む余情の部分になる。この一連の助動詞の組み合わせは，活用の型がだんだん弱くなっていく順でもある。「させ・られ」は動詞型で豊かな活用があるが，「たく・なかっ」は命令形を欠いた形容詞型，「た・よう・です」は特殊型で活用が乏しくなる。文末に助詞「ね」をつけることもできるが，活用はもうしない。だから尻尾のように肉付きが落ち，だんだん細くなる感覚であろうか。活用のない助詞はこの連結する助動詞の間には入り込めないが，ただ取り立て（強調）の「は」は否定の「なかった」の前に入って，「させたくはなかった」とできる。あるいは「なかった」と「ようです」の間に意味上の切れ目があるから，そこに「ということの」といった語句をはさむこともできる。ただし，せいぜいそのくらいである。このように，文の修飾語や副詞の語順は，述語が最後に来ることを除けば比較的自由だったが，その述語部分では動詞を修飾する助動詞の語順ははっきりと定まっていて堅固な土台となっている。

　もっとも，部分的に入れ替えることが可能な場合もある。先の文は「父は会社を辞めさせられたくないようでした」としてもそれほど変わらない。この場合，過去の助動詞「た」が文末に移っている。

違いは,「なかったようです」が今の時点から過去の事柄を推測しているのに対し,「ようでした」は過去の時点での推測になる。この違いは,「母が行ったようです」と「母が行くようでした」を比べるとはっきりする。この場合,「母が行くこと」は,一方は過ぎたこと,一方はこれから先のことで,意味がまったく違ってしまう。一方,先の引用の「いるのであった」は「いたのである」としてもほとんど同じという印象を受ける。この場合の語尾は断定感を強める余韻的なものなので,「いるのである」とか「いたのであった」とも言える。ただし文章語で,会話では使われない。

　英語の場合は助動詞を重ねては使えない。助動詞は一つと決まっており,will can と二つ重なる場合は,will be able to 〜 と変えなければならない。順番を逆にして can be going to とすることはできない。それは日本語の「できる・だろう」の順を逆にして「だろう・できる」とはできないのと同様である。will が中心となり,他の助動詞は形を変えてこれに従属する(ただし古い時代は可能だった。ドイツ語では Er wird sein Leben lang arbeiten müssen.(彼は一生働かなければならないだろう)のように二つの助動詞 wird(＝will)と müssen(＝must)を文の二番目の位置と文末に離して置ける)。If や when のつく従属節でも,昔は副詞節にも will や shall を入れたものの,今では if it rains tomorrow, I will not go. のように,will は主節にだけつけ,従属節にはつけなくなっている。これも一文に助動詞は一つという合理的考え方から来ているのであろう(ただし意志を強調する場合は従属節内にも will をつける。ドイツ語でも本来はだめだが,許容されつつある)。

　日本語と英語の助動詞の根本的な違いとして,日本語では助動詞が文の意味決定に大きく係わるということがある。先の「父は会社を辞め・させ・られ・たく・なかっ・た・よう・です」の文を英訳すると,It seems that my father did not want to be made to leave the company. となる。日本語との違いは,日本語の助動詞の部分は英語ではほとんどが動詞か副詞になっており,助動詞は did 一

つしか使われていないことである。英語の助動詞は，be や have
は受身や完了形を作るのに必要だが，will や can などの法助動詞
は文の意味をそれほど大きく左右せず，客観的な叙述に主観的な要
素を加味するだけのものになっている。その点，文の意味決定に大
きく係わる日本語の助動詞とは異なっている。

　先の英訳でもう一つ気がつくことは，意味決定において，述語を
構成する語彙の提示の順番が日本語の助動詞の順番とは完全に逆に
なっていることである。すなわち，動詞の「辞め (leave)」を中心
にして，「させ (make)・られ (be)・たく (want)・なかっ (not)・
た (did)・ようです (seems)」と逆転する。文の骨格は，英語は
「主語＋動詞＋目的語」，日本語は「主語＋目的語＋動詞」で，どち
らも最初に主語が提示された後には副詞相当語句が挿入されがちだ
が，その後の目的語と動詞は述語としての核の部分を構成するの
で，引き離されることを嫌い，一つに結び付こうとする。したがっ
て動詞を補足する語句は目的語の置かれる側とは反対の側，すなわ
ち英語は動詞の前，日本語は動詞の後に置かれることになる。動詞
に近い位置ほど重要な語句が来るので，英語と日本語の語彙の提示
の順は，必然的に，鏡に写したように逆になる。

　現代語の助動詞と古語の助動詞を比べたとき，古語の助動詞は形
を変えたり，用法を変えたりして生き残るが，消滅するものもあ
り，特に完了と推量の助動詞は鎌倉・室町時代に著しく姿を消して
いる。推量の助動詞について見ると（完了の助動詞については時制
の章），平安時代には「む・まし・けむ・らむ・めり・なり・らし・
べし」があり，打ち消し推量として「じ・まじ」があった。このう
ち「む」は推量と意志を兼ね，「行かむ」は一人称だと意志，三人称
だと推量を表した（その点，英語も will, shall は推量と意志の両
方の意味を持つ。どちらも離れたところにある対象に意識を向ける
点では同じ）。しかしこの「む」は「ん」を経て「う」に変わり，意
味も今日では区別され，推量は「だろう」，意志は「う・よう」に
なった。推量は「寒かろう」「やがて雨が降ろう」とも言うが，こ

れは文語的で，口語では江戸時代から「寒いだろう」「やがて雨が降るだろう」のように「だろう」に置き換わっている。「であろう」から発達したもので，その丁寧体は，「ますだろう」（「ます」は丁寧語で「行きますだろう」のように言う）を経て，「でしょう」になった。過去の場合は「ただろう」「たでしょう」（「寒かったでしょう」）になる。「う・よう」は意志で，「もう帰ろう」「わたしがしよう」のように言う（丁寧体は「ましょう」）。過去の事柄への推量を表す「けむ」は，過去の助動詞「き」に「む」が合わさったもので，現代語では「〜しただろう」に置き換わる。現在の事柄への推量を表す「らむ」は，「あり」に「む」が合わさったもので，現代語では「〜しているだろう」になる。

　「じ・まじ」は，それぞれ「む」「べし」の打ち消しに当たり，「まい」として今に残る。「たいしたことはあるまい」（推量），「もうすまい」（意志）という言い方になるが，やや古めかしく響くため，明治期から，日常的には「ないだろう」「ないつもりだ」という言い方になる。丁寧体は，「ませんだろう」「ませんでしょう」を経て，「ないでしょう」になった。一方，「めり」は「み（見）＋あり」で，目で見た推量を表し，今は「〜と見える，見たところ〜だろう」となる。「なり」は「な（鳴）（ね（音））＋あり」で，耳で聞いた推量を表し，今は「聞くところによると〜だろう」などとなる。み（見）・な（鳴）が一字で意味を成しているところがおもしろい。これは「目」（見ると同語源）から「眺める，認める，瞬く，まばゆい，幻」といった語ができたことと通じる。一方，古語「らし」は，根拠のある確実性の高い推量で，「間違いなく〜だろう」ぐらいの意になり，現在の見えない事柄に対する不確実な推量の「らむ」と区別される。現代語「らしい」と似ているが，古語のほうは鎌倉時代に滅び，「らしい」は江戸時代に接尾語から助動詞へと新たに生まれたもののようである（「憎らしい」の「らしい」は形容詞の接尾語，「憎いらしい」は助動詞）。また現代では「らしい」に似た表現として，「そうだ」「ようだ」「みたいだ」という言い方もある。「そうだ」

は室町時代の「さうな」から生まれ、「ようだ」は平安時代に比況(ひきょう)（比喩）の助動詞として使われていた「やうなり」から発展した。「みたいだ」は江戸語の「見たようだ」からだが、会話で使われるくだけた表現で、文章には不向きになる。「まし」は反実仮想の助動詞で、「らし」が現実の事柄に対してその理由などを推量するのに対して、現実を否定し、もしそうならなかったらこうなったのに、という願望の推量になる。また奈良時代からある「べし」は漢文訓読でよく使われるようになり、現代語では「〜すべし」とか「〜すべき」といった固定的な文語の形で残っている。「ごとし」も比況の助動詞として奈良時代からあるが、やはり漢文訓読でのみ使われる堅い言い方になった。

　推量の助動詞を詳しく見たが、助動詞は、総じて、鎌倉時代にかなり減る。しかしそれを補う形で新しい助動詞も生まれる。推量の「さうな」（後の「そうだ」）、完了の「ている・てある」、希望の「たし・たがる」、丁寧の「まらする・まする」（後の「ます」）などで、次の江戸時代になるとさらに数が増え、推量だと、「であろう」「たろう」（後の「ただろう」）「らしい」、完了だと「てしまう」、断定だと「でございます」（後の「です」）、丁寧だと「ませなんだ」（後の「ませんでした」）といった表現も生まれてくる。そもそも推量などの助動詞は、文の最後に置かれて話し手の主観を表すものだから、感情が強く入り、不安定で、水のように移ろいやすい。多くの助動詞が消滅する鎌倉時代は、それまでの貴族の時代から武家の時代へ大きく移り変わった時期である。政治が変わり、価値観が変わり、社会や文化も変わって、それが言葉にも反映されてくる。文学作品の文体は女流作家による和文から男性作家による和漢混淆文に変わる。言葉遣いも、女性らしい繊細さや叙情性がすたれ、男性的な力強さや論理性が好まれるようになってくる。

　英語と日本語の助動詞を比べたとき、may, must に相当する助動詞が見当たらない。なるほど、古語「べし」は「む」と比べ、当然そうなるはずという確信度が高いので、must の「〜に違いない」

「〜しなければならない」に相当しよう。しかし「べし」やその否定形「べからず」は漢文訓読文で使われるようになり，和語としては廃れた。だから今日では，助動詞ではなく，「（〜し・）なけれ・ば・なら・ない」という連語で使っている。may は「〜かもしれない」と訳すが，「だろう」と比べると確実性の低い推測を表す。これに相当する助動詞はなく，係助詞の「もぞ」を使った表現が近くなる。「雨もぞ降る」のように言うが，そこには雨が降ったら困るという不安の感情が入り込む。may にはそのような感情はない。この「も」を引き継ぎ，もっと客観的に，「か・も・しれ・ない」という連語が生まれるのは江戸時代になってからである。

4. 言葉の揺れ

　英語における言葉の揺れは，書き言葉ではあまり見られず，もっぱら話し言葉に現れ，それも特に助動詞に現れる。言葉としては軽く，文の意味決定にはそれほど深く関与しないためだろう。まず短縮形は，一音節の二語が一語一音節になり，軽くなる。一人称の I について見ると，I'll は，本来は I will の短縮形だが，I shall のこともある。I'd は I would，I had 両方の短縮形であり，どちらになるかはその後に続く文で判断する。I should の短縮形となることもあるが，I could の短縮形にはならない。could はその意味をはっきりと出す必要があり，短縮には向かないからであろう。can't, won't, shan't (sha'n't) は cannot, will not, shall not の短縮形 (cannot は /n/ の音が重なり，なめらかになるが，not を強調したいときは can not と分ける。will not は中英語では wol not で，それが wonnot → won't となった)，mustn't は must not の短縮形だが，発音は /mʌsnt/ でまん中の /t/ が抜ける。may not の短縮形はない (方言では mayn't)。I've は I と助動詞 have の短縮形だが，詩などではリズムに従い，I've no doubt のように動詞との短縮形になることもある。haven't も助動詞だけでなく動詞のとき

もあり，I haven't a book. は I don't have a book. と同じである（ただしイギリス英語）。こうした短縮形は I だけでなく，単・複ふくめてすべての人称代名詞に当てはまる。be 動詞については，動詞として使う場合も助動詞として使う場合も，I'm, you're, he's, they're だが，否定形が入ると，you aren't, he isn't, I'm not で，I amn't はない（方言としてはある）。付加疑問のときは I am right, aren't I? となる。am を are で受けるのも変だが，これは正式な短縮形がないための代用で，短縮を用いなければ am I not? となる。not を強める場合には，you're not, he's not と not を独立させる。he's は he is と he has（助動詞）の場合がある。it is の短縮形は it's だが，詩ではよく 'tis /tíz/ の表記になる。短縮形の古い形だが，詩ではあえて古い語彙を使うことで日常とは違う詩的世界を表す（これは日本の詩や短歌でも同じ）。疑問詞の後も短縮されやすく，what's は what is (does), what'll は what will (shall), where's は where is (has) となる。Do you も D'you となる。また have to は have got to，あるいは got to にもなる。gotta, wanna は (have) got to, want to，あるいは (have) got a, want a の短縮形である。

　ain't は，am not, are not, is not の短縮形にもなれば，have not, has not の短縮形にもなる。英語の特徴である人称に応じた区別を無視しているので標準とは認められず，口語に限定される。しかし ain't があるという事実は，人称による区別をなくして表現を単純化しようとする心理もあることを示している。もし学校で文法がしっかりと教えられなければ，活用語尾を失った中英語のように，表現を単純化しようとする力のほうが強くなるかもしれない。方言では s'll (shall), s'd (should) などもあり，We s'll 'ave to go and take 'em., I'd 'ave 'ad 'em out long ago.（= I would have had them …）といった表記もみかける。これらの短縮形は基本的に口語でのみ許される略式の表現であり，公文書，契約書，手紙，論文等，正式な文章では不可となる。この作法は日本語でも同

様で，正式な文書には正式な書き言葉の表現が求められ，そこに崩れた会話表現を入れることはできないし，また逆に，崩れた会話の中に堅い書き言葉を入れることも不自然である。

　方言は文法レベルになるとかなり崩れてくる。言葉の揺れは助動詞に限らず，文全体におよぶ。It don't make no difference what he said—that ain't the thing.（彼がなんて言ったかはどうでもいいことなの。それは大切なことではないのよ）(Mark Twain, *Huckleberry Finn*) のように，doesn't を don't にしたり，否定を二重否定で表したり，I says to myself at last I'm a-going to chance it.（おれはついにこう思った，一か八かやってみようって）(ibid.) のように I なのに says としたり，現在分詞に a- をつけたり，They's a whole lot I don' un'erstan' but goin' away ain't gonna ease us.（分からねえことが山ほどあるだが，おめえがどっかに行っても，わしらが楽になることはねえだぞ）(John Steinbeck, *The Grapes of Wrath*) のように，There are を They is としたり，語尾の発音を省いたり，それ以外にも過去形を knowed, gived, seed（see の過去形）としたり，theirselves とか them clothes（them＝these）といった言い方もする。これらの例はアメリカ小説からだが，イギリスの方言，特にロンドンの労働者が使う下町言葉（cockney）とも重なる。重なるのは，その言葉を話す人たちがアメリカに移民として渡り，そこでその言葉を広めたからである。15 世紀以降，英語の標準語となったのはロンドンの上流階級の人たちが使う言葉だったため，労働者階級の崩れた言葉は規範文法からは外れた。しかし下町で，地方で，あるいはアメリカで，生きた口語英語として使われている。黒人英語もアメリカの大きな方言である。特徴として，ain't, gonna, 二重否定などのほか，三単現の -s，複数の -s，所有格の -s の脱落や（She have five apple.），人称の混乱，be 動詞の脱落（I goin' to they house.）といったものがあるが，それらは英語特有の文法項目であり，-s の脱落などは日本人の英語学習者がきわめて間違いやすいものでもある。

　日本語の揺れも，話し手の気持ちが色濃く反映される助動詞に多

く現れる。まず「見れる，来れる」のような「ら」抜き言葉。上一段など，五段以外の動詞は，本来はその未然形に「られる」をつけて「見られる，来られる」としなければいけないが，五段の可能動詞にならって「れる」をつけてしまったものである。この可能動詞の発生は古く，鎌倉末期におよぶ。たとえば「読む」に「れる」をつけた「読まれる」には可能，尊敬，自発，受身の意味があり，あいまいである。そこで可能の意を明確にするために「読む」に「得る」を足して「読み得る→読める」という可能動詞が誕生し，その用法が明治以降かなり広まった。食える，打てる，持てる，話せる，売れる，などで，活用は五段から下一段になる。この用法が五段の動詞以外にも広がり，出れる，寝れる，着れる，食べれる，起きれる，のようになる。言葉が単純さを求める例になるが，まだ非標準である。

　また「パンを食べたい」と「パンが食べたい」の揺れがあるが，「食べたい」は「食べる＋たい（助動詞）」だから，「を」とすれば「食べ（る）」（動詞）にかかり，「が」とすれば「〜たい」にかかる。この「たい」の語源は「痛（甚）い」という形容詞で，冷たい，重たいという形容詞を作るとともに，助動詞として動詞について形容詞型活用をする。形容詞は主語として「が」を取るので，「パンが」は「たい」に掛かることになる。「パンが食べられない」場合も，「ない」は形容詞から派生した助動詞なので，「が」とすれば「ない」にかかり，「を」にすれば「食べ」にかかることになる。「わたしは英語が（を）教えられる」も，「が」にすると可能の状態を表す「られる」に掛かり（「〜ができる」意），「を」にすると「教える」という動詞に掛かる。さらに，「したろう／しただろう」あるいは「なろう／なるだろう」の揺れがある。「だ」が入るかどうかの違いだが，文法的には「だろう」が「だろ（断定の助動詞「だ」の未然形）＋う（推量の助動詞）」なのに対し，「ろう」は文語の推量の助動詞「らむ」から派生したものである。「すべし／するべし」は，「す」は古語，「する」は口語で，どちらも可だが，古語のほうが文語的で格

式ばる言い方になる。否定語の「ぬ／ない」も同じで、「見ぬまま
に終わる」のほうが、「見ないままに終わる」よりも引き締まった
感じがある。歴史的には「ぬ」は近世上方の言い方を受け継ぎ、「な
い」は江戸の言い方を受け継いでいる。

　英語と同様，日本語にもその土地に根づいた方言があるが，その
種類は県ごとにあると言ってもよいくらい多い。江戸時代は自由に
藩（今の県）の外には出られなかったため，その閉鎖性の中でその
土地固有の言い方が発達したためである。さらに江戸時代までは身
分制度が確立されていたため，その身分に応じた話し方があった。
歌舞伎や狂言では登場人物はその身分・職業・地域・性別・年齢な
どに応じたしゃべり方をしており，たとえば，「わたくしはうれ
しゅうござりまする」（町人の丁寧語），「わちきはいやでありんす」
（花魁），「あっしはうれしいでごんす」（力士），「まろはいやじゃ」
（公家），「予はうれしいぞよ」（殿様），「わしはいやでござんす」
（女），「拙者はうれしいでござる」（武士），「わっちもうれしいぜ」
（侠客），「おらぁもうれしいわいのう」（子供）などのように多様で
ある。現代は身分制度や閉鎖的な藩の制度もなくなり，かつ国家意
識から公用語としての国語が定められたため，話し方に大きな違い
はなくなった。日本語の共通語（戦前は「標準語」）は，明治期，方
言ばかりだった日本の言葉を一つにまとめるため，東京は山の手の
教養ある家庭の言葉を基に作られた。歴史的には都のあった京の言
葉が中央語と見なされていたが，江戸そして東京に都が移ったこと
で，新しい時代にふさわしい新しい言葉が求められた。「お父さん，
お母さん」（父・母は当て字）も明治期に国定教科書に載ることで
標準語となった語で，それまでは，上流なら「おととさま，おかか
さま」「父上，母上」，中流なら「おとっつぁん，おっかさん」「と
うちゃん，かあちゃん」，下流なら「ちゃん，おっかあ」などと様々
に呼ばれていたものを統一した。この共通語は日本語の規範として
全国の学校教育で教えられ，テレビ・ラジオ・新聞雑誌を通して全
国に広まって，「方言は汚い」という意識を生み出し，日本語を画

一化していく。しかし啄木が「ふるさとの訛なつかし　停車場の人
ごみの中に　そを聴きにゆく」とうたったように，方言にはその人
を包み，はぐくんだ母のごとき温もりがある。宮沢賢治は「海だべ
がど　おら　おもたれば／やっぱり光る山だたぢゃい／ホウ／髪毛
風吹げば／鹿踊りだぢゃぃ」（「高原」）と歌ったが，都会的で上品な
共通語より，土のにおいのする方言を使ったほうが大自然に溶け込
む感じがよく出せる。とりわけ「だぢゃぃ」という語尾にその温も
りがにじみ出る。

　方言は今も残る。方言とはその土地に根づいて人の心をはぐくむ
血の通った母体であり，人工的に作られた共通語にはない温かさが
ある。方言では特に助動詞と終助詞で構成される語尾に話し手の感
情が色濃く表れる。京言葉だと，否定は「ない」ではなく「ん」を
使い，「行かへん」（大阪弁は「行けへん」）「きーへん」（来ない），
断定は「だ」ではなく「じゃ，や」を使い，「そうじゃ」「だめや」
「ほんまや」，推測は「書くやろ（う）」，過去の否定は「行かなんだ，
行かへんかった」，敬語は「来はる，そこ通しとおくれやっしゃ」，
丁寧語は「おめでとうさんどす」（大阪弁は「だす」），「何してはる
んどすか」，あるいは「しますんや，そうどすやろ」，あるいは「承
りましてございますでございます」などとなり，語尾は母音優位の
柔らかくてゆったりした印象を与える。西の言葉に対し，東言葉は
語気が荒く鋭いというのは古代からの特徴であり，「寝よ」を「寝
ろ」，「だめや」を「だめだ」，「買うて（こーて）」を「買って」など，
比較すると強く響く。それが現代の日本語の共通語になる。全国の
方言を拾ってみると，推定の助動詞「だろう」は，「やろ（う），だ
ら（あ），ずら，だべ，だんべ（え），だっちゃ，だっぺ，でかんす
え，だびょん，じゃろう」，過去否定では「なんだ，へんかった，
ねかった，ねがった，ながった，ざった，んやった，んじゃった」
などがあり，その土地固有の温もりや香りがにじみ出ている。それ
らは一人称の「わたし，ぼく，おれ」などのように，多様であって
しかるべきものであろう。

5. 補助動詞

　日本語には助動詞とは別に，補助動詞というものがある。「行ってくる」の「くる」（来る）のように，本動詞（「行く」）に接続助詞「て」をつけて使う。補助動詞は英語の助動詞のように動詞に由来しながら，動詞の意味が薄れて，話し手の意志や感情などを表す補助的，余韻的な役目を果たす。「行ってくる」は文字通りには「行って，そして戻る」だが，英語にすると I'm off now. とか I'm going. となり，come は入らない。「行く」意が強いので，「くる」はたいていは漢字ではなく，ひらがな書きになる。しかし単に「行く」とも違い，また戻ってくるという暗示があり，「行ってきた」と過去形にすると，英語では単に I'm back (home). となる。英語と日本語の違いは，文化的には，和を重んじ，そこへ戻ろうとする発想と，ひとり前に進み出ようとする発想の違いになろう。遊んでくる，戦ってくる，などもそうで，戻ることが前提である。一方，鳥が飛んでくる，歌が聞こえてくる，リンゴを送ってくるでは，自分は動かず，静止している自分のところに何かが来る感覚になる。それに対し，歩いていく，遊んでいく，本を持っていくは，人・場所など，中心となるところから出て向こうへ，あるいは目的地へ向かう感覚になる。暖かくなってくる，暖かくなっていくは，今を基準に過去（後ろ）を振り返って何かが近づいてくる，あるいは先に目をやり，何かが去っていく，進んでいくという感覚になる。単に「暖かくなった」は今のことである。英語では補助動詞の部分は進行形で表したり，up や down などの副詞を使って，A stranger came up to me. (近づいてきた)，I walked down to the store. (歩いていった)，あるいは A kappa came up to the surface, but soon it went under. (河童が浮かんできたと思ったらすぐまた沈んでいった) のように表現する。口語では I'll go and see him. (彼に会いに行く)，Come and see me tomorrow. (明日，会いに来い) という動詞を二つつなげる言い方がある。最初の例は「会ってくる」とも訳せる。意

味の中心は see で，その前の go and は表現に勢いをつけるが，日本語では逆に，中心は最初の「会う」で，「（て）くる」が語調を整える。文法的には go to see him としたほうが形が整うが，go see him とも言う。アメリカ英語での略式の言い方になるが，古くはこの形で，ドイツ語でも zu（＝to）なし不定詞をつけて Ich gehe baden（泳ぎに行く）のように言う。

　「食べる」を例にいくつか補助動詞を見ていく。「食べてくる」「食べていく」は既に述べたとおりだが，「食べていく」は口語ではよく「食べてく」と短縮される。「いく」が補助動詞として意味が弱いため，母音連続を避けようとする心理が働くのであろう。助詞の「て」を「に」に変えて「食べに行く」とした場合，ただ一字変えただけだが，食べる目的で行く意になり，補助動詞ではなく本動詞になる。この場合は「食べに行く」と漢字表記になり，発音上の短縮も起きない。相手との上下関係では，「食べてやる」「食べてあげる」は相手が自分よりも下の場合に言い，「食べてくれる」「食べてくださる」「食べてもらう」「食べていただく」は相手が自分よりも上の場合に言う。この感覚も英語では表せない。自分の意志を表す場合は，「食べてみる」「食べてみせる」が明確だが，「食べておく」（食べとく）「食べてしまう」（食べちゃう）も，ただ「食べる」「食べ終える」と違い，話し手の意志が感じられる。元の語は，「〜（て）みる」は「見る」，「（て）おく」は「置く」，「（て）しまう」は「仕舞う」になる。したがって「見てみる」「置いておく」「仕舞ってしまう」という言い方は重複するが，補助動詞としては「試してみる」「放っておく」「終わってしまう」などの意を付与している。「食べている」（食べてる）「食べてある」の「いる」「ある」は，すでに見たように今の状態を示し，英語では，この場合，現在進行形，現在完了形で表現できる。また「食べて」に続く語句が，「食べてほしい」「食べてない」のように形容詞の場合もある。独立しておらず，動詞に補助的に意味を付与するので，補助形容詞と呼ばれる。さらに「食べて」「食べてよ（ね）」という命令調の言い方も

あるが，文法的には「食べろ」（食べよ・食べい）が本来の命令形なので，「食べてください」「食べてほしい」の補助的な部分が省略された連用止めの形（さらにそれに終助詞がつく形）になっている。やはり「食べろ」と違い，言い方を柔らかいものにしている。

第3章　形容詞・副詞

　形容詞とは物の性質や状態，人間の感情や感覚を表す語であり，名詞，動詞に次いで重要な語になる。品詞の基本的イメージとして，名詞は物であり，外部にある，目に見えるものを表す。動詞は動作であり，やはり外部に現れる，目に見える動きを表す。それに対し，形容詞は性質や状態であり，見る者の心や体に感じられるものになる。寒い，広い，強いといった状態は感覚に感じられるもの，つらい，悲しい，うれしいといった感情は心に感じられるもので，主観的な判断と係わる。文法的には名詞と動詞が文の骨組みを構成するのに対し，その名詞や動詞を修飾するものになる。英語では名詞を修飾する品詞は形容詞だが，動詞を修飾する品詞は副詞という名称を用いる。strong – strongly が形容詞と副詞で，日本語では「強い－強く」となるが，日本語の場合，「強く」は副詞ではなく，形容詞の連用形になる。この形容詞・副詞が名詞や動詞を修飾することで，事実が主観的に色づけされ，あるメッセージを作り上げる。たとえば「男が道を自転車で走っていった」という文はただ事実だけを述べているが，そこに形容詞・副詞を加えると，「孤独な男が寂しい道を古い自転車でつらそうに走っていった」，あるいは「若い男が明るい道を大きな自転車で力強く走っていった」という文を作れる。この二つの文はイメージはまったく違うが，視点が

違うだけで，同じ場面の描写ともなりえる。「寂しい道」というときも，それは道自体が寂しいのではなく，見る人が道を寂しいものと見ていることを意味する。形容詞や副詞が事実を主観的に色づけているからで，それを除去すれば，事実だけの客観的で簡潔な文ができあがる。したがって名詞や動詞は文の骨組みを作り，形容詞や副詞はそれを肉付けして膨らませることになる。

1. 種類

　形容詞は，日本語では，「空は青い」「旅は楽しい」のように，あるものの性質や状態を表すから，英語と違い，動詞は必要とせず，形容詞だけで述語となる。現代語では形容詞はイで終わり，ウ段音で終わる動詞とは区別される。一方，「好きだ」「いやだ」のように，「だ」をつけて終わるものは形容動詞と呼んで区別する。「好きだ」は名詞「好き」に，「である」の短縮形「だ」がついた形（丁寧語では「です」）で，「ある」という動詞を含むからだが，「好きな人」とすれば形容詞になる。しかし土台は名詞であるから，名詞形容詞と呼んでもいいものである。「幸福だ」「退屈だ」「適切だ」のような，主として二語からなる外来の漢字熟語はこの部類に入る（「きれい」（綺麗）はイで終わるから形容詞のように思えるが，もともとは流麗，壮麗と同じ漢字の熟語なので，形容動詞になる。「ひどい」は非道という名詞が元だが，形容詞）。さらに，シャイ，ハンサム，ストレート，グラマー，ロマンティック，フレッシュなど外来のカタカナ語も形容動詞として用い，「だ」をつける。基本的に，形容詞になるのは和語，形容動詞になるのは，名詞としての性質を持つ和語と，外来の漢語・カタカナ語である。形容動詞（和語）の語幹となる，静か，豊か，愚か，確か，ほのか，ひそか，はるか，さやか，などは形容詞のように思えてしまうが，語尾の「か」は名詞を作る接尾語であり，「だ」がついて形容動詞になる。同様に，うれしげ，悲しげ，寂しげ，眠たげ，物ほしげ，親しげ，などの語尾の

「げ」（気），華やか，鮮やか，ささやか，さわやか，慎ましやか，こまやか，まろやか，などの「やか」（そういう感じのする様），清らか，高らか，安らか，うららか，なだらか，などの「らか」（その様）も名詞を作る接尾語で，共に様子を表し，形容動詞の語幹となって「だ」を従える。このように形容動詞は作りが簡単で生産性が高いから，もともと少なかったと言われる日本語の形容詞を増やすのに役立っている。

　この二種類の形容詞は使い方が異なる。「楽しい」「うれしい」などは，文末で言い切る。だから本来は「楽しいです」とは言えない。「です」は「だ」の丁寧語で「楽しいだ」とは言えないからだが，丁寧語としては定着している（ただし過去形は，「静かでした」にならって「楽しいでした」とは言えず，「楽しかったです」となる）。本来の言い方としては「楽しいのです，楽しいことです，楽しく思います，楽しゅうございます，楽しいと思います」のようになる。この形容詞は，名詞を修飾するときは，「楽しい人」「うれしい贈り物」などのようにそのまま使う。動詞を修飾するときは「く」をつけ，「楽しく歌う」「うれしく思う」のようになる。一方，形容動詞の場合は，「きれいだ」「静かです」のように，文末では「だ」や「です」をつけ，名詞を修飾する場合は，「きれいな服」「静かな森」のように「な」をつける。また動詞を修飾するときは，「きれいに並べる」「静かに過ごす」のように「に」をつける。このように日本語の形容詞は二種類に明確に区別される。ただし，会話では形容動詞に「だ」をつけず，「あの人が好き」「きょうは退屈」「君，幸せ？」と言ったり，「好きよ」「退屈ね」「幸せか」のように終助詞をつけても使われる。形容動詞は名詞派生だから純粋な名詞と紛らわしい例もあり，緑の服，病気の人，雨模様の空などは「の」でしか名詞を修飾できないので名詞になるが（英語では green, sick, threatening という形容詞），純白（の・な）雪，真四角（の・な）屋根，特別（の・な）意味，強気（の・な）コメント，格安（の・な）品など，どちらにも取れるものもある。

　形容詞はさまざまな語尾をつけても作られる。二字漢語のうち，優雅（な），純粋（な），簡単（な）は直接「な」をつけられるが，絶対，具体，積極，攻撃，民主，長期など抽象性の高い名詞はそれができないため，同じ漢語の接尾語「的」をつけて，絶対的（な）真実，具体的（な）説明，積極的（な）対応などとする。この場合，「的」が「な」と同じ形容詞語尾なので，「な」はなくてもよいが，和語の「な」が入ると柔らかな響きになる。病的，私的，美的など，一字の語にもつけられる。また三字，四字の熟語でも，破天荒な人生，鉄面皮な男，荒唐無稽な話のように形容詞になるし，故事成語，諺なども，四面楚歌的な境遇，小人閑居して不善を為す的な生き方，のように言うこともある。また「らしい」も，名詞につければ，愛らしい，女らしい，ばからしい，春らしいといった形容詞になる。さらに形容詞，形容動詞につけて別の形容詞も作り出す。「憎らしい，かわいらしい，いやらしい」は，「憎い，かわいい，いやだ」と比べると，後者が自分の気持ちに力点があるのに対し，相手のさまに力点がある。たとえば「かわいい」はこちらが相手に感じるさま，「かわいらしい」は相手がかもし出す雰囲気になる。この「らしい」は用言につく推量の助動詞ともなり，「いやらしい」は，「いやらしい人」とすると形容詞，「行くのがいやらしい」とすると助動詞になる。また，忘れっぽい，飽きっぽい，湿っぽい，理屈っぽいのように「（っ）ぽい」をつける場合もあるが，概して悪い意味に使われる。うさんくさい，照れくさい，面倒くさい，のように「くさい」をつけても形容詞になる。そんなにおい（感じ）がするという意になる。したがって，「うそくさい・うそっぽい」とか，「子供っぽい・子供らしい」のように二様に言える。英語でもchildishとすれば「子供っぽい」という悪い意味，childlikeとすれば「子供らしい」というよい意味になるが，例は少ない。

　英語の場合は形容詞・形容動詞のような区別はないが，形容詞によって名詞の前にしかつけられない限定的なものと，be動詞の後にしかつけられない叙述的なものがある。前者の例では，mere, main, only, lone, sole, live /láiv/, utter, sheer のように限定を強めたり，elder, former, inner, upper のように比較形で指示したりするものなどで，a mere child とは言えるが，a child is mere とは言えない。叙述に限定されるものでは，asleep, ashamed, afraid, alive, awake, aware のように a-（on の意）のつくもの，content (with), glad (of), unable (to), sorry (for), subject (to) のように次に前置詞を要求するものなどで，The dog is asleep. とは言えるが，the asleep dog とは言えない。同じ語幹でも，alone は叙述（He is alone.），lone（alone の a の消失形）は限定（a lone wolf），lonely は両方に使える。同様に alive は叙述，live（alive の a の消失形）は限定，lively は両方可となる。ただしこうした例は少なく，多くの形容詞はどちらにも使える。my late father（亡き父），My father was late.（父は遅かった）のように意味の異なる語もある（前者の late は「最近亡くなった」の意）。一般的に，限定用法の場合は名詞の固定的な性質を表すが，叙述用法の場合は名詞の一時的なさまを表している。

　副詞は gently, happily, sleepily, slowly, truly のように形容詞に -ly の語尾をつければよい。形容詞と副詞が同形のものもあり，種類としては，clear, easy, fair, fast, firm, hard, high, late, long, pretty, quick, sharp, soft, wide, wrong など生活の基本語となる一音節のものが多い。同じゲルマン語系のドイツ語は形容詞と副詞の形が同じであり，-ly のような語尾はつけない。英語も本来はこのタイプだったと思われる。中には -ly をつけると意味の変わってしまうものもある。hard は「堅い」だが hardly は「ほとんど～ない」，late は「遅い」で lately は「最近は」，high は「高い」で highly は「大いに」，short は「短い」で shortly は「すぐに」，near は「近い」で nearly は「ほとんど」のようになる。また young や tall のように副詞を作れないものもあり，youthfully や high で代用する。

　注意しなければいけないのは，英語は「形容詞＋-ly」で副詞を作

るが，日本語の場合，それに相当する「美しく」とか「幸せに」という言い方は形容詞の連用形で，あくまでも形容詞であり，副詞的な用法にはなっても，副詞そのものにはならないということである。日本語の副詞とは，用言を修飾する自立語で，かつ活用しない語を言い，「すぐ（に），しばらく，堂々と，いそいそと，ゆっくり（と）」といった状態を表すもの（よく「に，と」を伴い，擬音語・擬態語もここに入る），「少し，とても，ちょっと，たいへん，やや，もっと」といった程度を表すもの，「決して（〜ない），まるで（〜のようだ），必ず（〜する），きっと（〜だろう），さっぱり（〜ない），どうぞ（〜してください），どうして（〜か），もし（〜なら）」といった呼応を導くものがある。英語で日本語の副詞に相当するものは，状態だと already, still, yet，程度だと very, most, quite, much, somewhat，呼応だと (not 〜) at all, (not 〜) in the least などになる。

　感情を表す語彙は，英語の場合，普通の形容詞に加えて，過去分詞・現在分詞から派生した形容詞も使われるので，種類が多くなる。たとえばうれしいという感情は，日本語では「うれしい，楽しい，喜ばしい」という形容詞に加え，「幸せ，幸福，ご機嫌，愉快，ハッピー」といった形容動詞があるが，英語では，人を主語にした glad, happy, joyful に加えて，分詞から来た pleased, delighted, gratified，また事を主語にした delightful, pleasant, gratifying がある。自然にそうなるという発想のほか，原因があってそうなったという発想もあるからである。怖いという感情も，日本語では「〜が怖い，恐ろしい」となるが，英語では，人を主語にして afraid, scared, frightened, terrified, horrified があり，また怖いと思う対象を主語にして，horrible, terrible, frightening, terrifying, horrifying, scary, scaring, fearful, frightful, dreadful などがある。日本語では「私は〜が怖い（うれしい）」という構文を取り，いわば主語が二重になるので，人も事も同じ形容詞になる。

　名詞から形容詞を作る接尾語としては，アングロ・サクソン語系

の -ful（beautiful, careful, harmful, grateful, hopeful），-ish（English, feverish, boyish），-ly（motherly, monthly），ラテン・フランス語系の -ous（dangerous, glamorous, rigorous, glorious, nervous），-ic（heroic, tragic, poetic, metallic, classic, economic, electric），-able（usable, lovable, comfortable, terrible, fashionable），-ent（different, dependent）などがある。同じ語幹でもどういう語尾がつくかで意味が異なる。respectable は -able が「できる」だから「立派な」，respectful は -ful が「満ちた」だから「丁重な」，imaginary は -ary が「係わる」で「想像上の」，imaginative は -ative が傾向で「想像力豊かな」，continual は -al が性質で「ひんぱんな」，continuous は -ous が「多い」で「絶え間のない」，comic は -ic が性質で「喜劇の」，comical は -ical が -ic の拡大で「こっけいな」などとなる。sense（感覚）からは sensible（賢明な），sensitive（敏感な）のほか，sensory（知覚の），sensual（官能的な），sensuous（感覚的な）といった多様な形容詞が派生している。

　数を表す修飾語の場合，many / much, some / any, each / every, few / little などは，many books のように名詞を修飾するから形容詞になる。しかし many people とは言っても，people are many とは言わない。英語は数と名詞の一体感が強く，引き離されることを嫌うからである（文章では可で，Those who love peace are many, and those who hate it are few. などと言う）。much, little, some などはそのまま副詞としても使われる。日本語の場合，「多い」や「少ない」はイで終わるから形容詞になるが，「多い人」，「少ない本」は変で，「人が多い」，「本が少ない」のように述語で使う。ただし「注文の多い料理店」「益の少ない本」とすると可になる。「の」を「が」に換えると述語のようになるからである。一方，「たくさん」，「多く」，「少し」は，副詞として，「人がたくさん出ていた」のように述語を修飾したり，名詞として，「たくさんの人」，「多くの場合」のように名詞を修飾したりする。one, two, three

や，first, second, third も名詞を修飾する形容詞になるが，日本語では「一つ」「一番目」は名詞であり，それに「の」がついて「一つの例」のように名詞を修飾する。このように英語と日本語での使い方は必ずしも一致しない。

some と any は，some が数においてその存在の確かなこと，any は不確かなことの指標であり，よって肯定文のときは some，その存在を否定，仮定，疑問とするときは any になる。Are there (any/some) letters for me? は，some のときは手紙が来ているはずという含みがあり，any のときは来ているかどうかを尋ねている。each と every は，each が個々のものに焦点を当てているのに対し，every（語源は ever each で each の強め）は全体を見，その中のどれもの意になる。挨拶は Good morning, everybody. であり，each body ではない。日本語としては each は「おのおの（めいめい，それぞれ）の」，every は「どの」に相当する。実際，each と「おのおの」は名詞として単独で使えるが（each of you），every と「どの」は名詞を修飾する働きしかない（武士言葉の「おのおの方」は each one，「皆の者」は everyone）。また副詞の very と much は，very が形容詞と副詞を修飾し，much は動詞を修飾するというような使い分けをする。語源は，very は「真の」（verify は「正しいと確かめる」），much は「多くの」だから，very は「本当に」，much は「たいへん・おおいに」という訳を当てられる。その語源から，very は「本当に〜なのだ」という意味で性質や状態を強め，much はその度合いが大きいということで行動や変化を強めることになる。したがって very は形容詞化された現在分詞や過去分詞を修飾し，much は受身構文の過去分詞や形容詞の比較級・最上級といった動きのある語句を修飾する。

2. 歴史

日本の古代の形容詞にはク活用とシク活用の二種類があった。た

とえば「寒し」と「恋し」で，違いは，活用の際，シク活用はク活用の語尾に「し」が追加されることで，たとえば連用形は「寒く」に対し「恋しく」，已然形は「寒けれ（ども）」に対し「恋しけれ（ども）」のように「し」が入る。だから語幹を「寒」「恋し」とすれば一本化できたが，ただ終止形のみ「寒し」「恋し」で，「恋し」は「恋しし」とはならなかったため，語幹を「寒」「恋」としてク活用とシク活用に分けた。ク活用は，多し，重し，寒し，白し，おもしろし，深し，よし，なし，など，主に物事の性質を表し，一方シク活用は，美し，うれし，恋し，さびし，やさし，楽し，恨めし，をかし，など，主に人の心の動きを表す。だからシク活用のシは感情を表す指標として系統的に入れられたと考えることができる（「憎し」はク活用で例外。「憎々し」とするとシク活用）。この二つの活用形の違いは終止形だけだったから，中世に連体形が終止形を兼ねるようになってそれまでの終止形がなくなると，シク活用の「し」を含めた部分を語幹と考えることができるようになり，ク活用に統合された。すなわちク活用「寒し」の終止形（連体形）は「寒き」，シク活用の「恋し」は「恋しき」となり，その語尾の「き」がイ音便で「い」に変わることで，「寒い」「恋しい」という今の形になった。今日，「寒い」のようにイで終わる形容詞はク活用の語を，「恋しい」のようにシイで終わる形容詞はシク活用の語を引き継いでいる。

　形容詞は名詞や動詞のように輪郭を持った目に見えるものではないから発達が遅く，上代では語幹がそのまま名詞や動詞についた（世界には形容詞のない言語もあり，たとえばビルマ語は形容詞と動詞が未分化）。名詞修飾は，ク活用だと，「うま酒，青山，薄雪」，シク活用だと，「愛し妹，美し妻，賢し女，ながながし夜」，あるいは助詞をつけて，「遠の朝廷，めでたの人」となった。動詞修飾では，「高飛ぶ鳥，高行く，いた泣けば」のように言った。この語幹の独立用法は，今日でも，「おさな心，くやし涙，いとしのクレメンタイン，美ヶ原」といった複合語や「いた（痛），うま（美味），さむ（寒）」といった感動詞的な言い方に残っている。しかし文中

における役割を明確にするために語尾を伴うようになり,「青山」だと,ク活用として,「青き山,山青し,青く染める」のように発展し,シク活用だと,「美し妻」は,「美しき妻,妻美し,美しく装ふ」となる。なお,言葉の派生として,ちょうどク活用の「痛」が「痛し,痛む,痛み,痛さ」という語を生むように,「美し」から「美し(形容詞),美しむ(慈しむ),美しみ(慈しみ),美しさ」という語が派生する(「美し」の本義は,妻子,老母など肉親をいとしいと思う気持ちで,「美しみ」と「慈しみ」は同根)。

　形容動詞の場合はナリ活用とタリ活用があり,ナリ活用は上代からあって,静かなり,明らかなり,かすかなり,のように,「静か」という名詞に「に+あり」→「なり」がついて生まれ,タリ活用は漢字の普及する平安時代から多くなり,超然たり,整然たり,朗々たり,のように,「超然」という漢字熟語に「と+あり」→「たり」がついて生まれたものである。現代口語の活用のほとんどは終止形と連体形が同じだが,形容動詞に限ってその二つが違う。「静かだ」という今の終止形は,「静かに」というナリ活用の連用形に「て+ある」がつき,「である」→「であ」→「だ」と変化して生まれた(関西では「であ」→「じゃ,や」と変化)。今の連体形は「静かな」だが,これは文語連体形の「静かなる」の「る」が脱落したものである。タリ活用は「超然と」という連用形のみが生き残り,あとは廃れた。しかしながら,古語は文語として今日でもしばしば使われる。「美しき人」「はるかなる大地」「幸多き人生」「峨々たる山」とすると,口語よりも厳かで格式ばった響きの表現になる。

　なお,「小さい」は「小さし」(ク活用)から来るが,「大きい」は「大きなり」という形容動詞(ナリ活用)が元で,「小さい」に合わせて形容詞化されたものである(「暖かい」も形容動詞「暖か(なり・だ)」の形容詞化したもの)。「大きなり」からは,その連体形「大きなる」から「大きな」という形容詞が生まれ,その連用形「大きに」から「大いに」という副詞が生まれている。「大きい」と「大きな」はほぼ同じだが,抽象性の高い問題・事件・影響などは「大

きな」が使われる（「社会に大きい影響を与えた」は少し変）。また「大きなる」の「き」が「い」に変わり（イ音便），「大いなる」という文語の形容詞も生まれている。ただし「大きな」も「大いなる」も連体詞で，活用がなく，名詞を修飾することしかできない（「おかしな，いろんな，あらゆる，単なる」などもこの類）。この「大きい」「大きな」「大いなる」に対応するのは，「小さい」「小さな」「小さき」という形容詞になる。語幹に基づくこうした細やかな区別は日本語らしく，英語では big, large, huge, great などと語彙を変える。「清」も古語では「清し，清げ，清ら」と区別した。

　英語の形容詞の歴史も，日本語の場合と同様に，あるいはそれ以上に複雑である。日本語の形容詞は用言だから，名詞だけでなく，その後に続く助詞や助動詞などに応じて活用するが，英語の場合は，形容詞とは名詞を修飾するものだから，古英語ではその名詞の性・数・格に応じて語尾変化した。その際，同じ形容詞が，状況に応じて弱変化・強変化という二種類の形で変化した。弱変化とは，形容詞の前に指示詞（定冠詞）や所有代名詞がある場合，つまり格の情報がすでに示されている場合で，強変化とは，指示詞（定冠詞）や所有代名詞がない場合，つまり格の情報が前もって示されていない場合や，be 動詞の補語となる場合になる。こうした条件付けの下で，修飾する名詞が男性か女性か中性かで限定され，また単数か複数かで限定され，さらにその名詞の文中での位置，つまり主格か属格か対格か与格かで限定される。たとえば gōd guma (good man) だと，guma は男性名詞・弱変化型で，無冠詞のときは形容詞は強変化となり，単数のときは主格が gōd guma，対格が gōdne guman，与格が gōdum guman，属格が gōdes guman となり，指示詞（定冠詞）がつくと形容詞は弱変化となり，主格は sē gōda guma，対格は þone gōdan guman，与格は þǣm gōdan guman，属格は þæs gōdan guman となり，大きな変化は冠詞に移って，続く形容詞はあまり変化しない。複数のときもやはり冠詞の有無および格に応じて独自の変化をし，また gōd ides (good woman) のよ

うな女性名詞の場合も，冠詞の有無に応じ，単複に応じ，また格に応じて独自の変化をした。したがってきわめて多様で複雑な語尾変化になるが，中英語になると複雑だった語尾変化はジェンダーが消えると共にほとんど消失し，強・弱変化ともに単数か複数かだけの変化となり，近代英語になるとその区別も消失し，形容詞はいっさいの変化を受けなくなる（ドイツ語は古い時代の活用形をジェンダーと共に今も保持している）。二種類の形容詞があったということは古代の日本語と同じだが，日本語の場合は形容詞の意味上の区別，英語の場合は文中での機能上の区別になる。

　ついで副詞の歴史を見ると，日本語の古語の場合は，ただ語彙が異なるだけで，用法自体は現代語と変わらない。「かく」（このように）「なべて」（総じて）といった状態の副詞，「いと」「げに」といった程度の副詞，「え（〜ず）」「な（〜そ）」「よし（〜とも）」「いかで（〜や）」といった呼応の副詞がある。また副詞的な用法として，形容詞・形容動詞の連用形がある。形容詞であれば「おもしろく（遊ぶ）「さびしく（過ごす），形容動詞であれば「静かに（眠る）」「ほのかに（光る）」のようになる。形容動詞のうち，漢語を語幹とするタリ活用は，「荒涼と（広がる大地）」「整然と（並ぶ）」のように，副詞的用法のみとなっている。形容詞の中には副詞的に使えない語もある。「いい」という形容詞は，「これはいい」とか「いい本」という形でしか使えない。元は「よい」で，これは「よくできた」のように連用形を副詞的に使える。しかし「いい」は「よい」が崩れた形のため，使用が限定される。意味の上でも，いい迷惑，いい気味，いい加減のようにしばしば反語的に使われるが，これは「よい」にはないものである。

　英語の副詞は，古英語では「形容詞＋-e」の形で示された。しかし中英語期でその -e が弱音化して消滅し，副詞は形容詞と同じ形になった。deep, fast, hard, long, loud, slow, soft, wide などはその形である。また一方で，「名詞＋-līc」の形で形容詞を作ることができたため，そこにさらに -e を付け足して，-līce という語尾

で副詞を作るものもあった。これもやはり -e が弱音化して脱落したため，形容詞と副詞が同一になるが，そこからさらに -ċ が脱落して -lī となり，それが -ly となった。fatherly, motherly, friendly, kindly などがその形である。さらに，名詞ではなく形容詞に -līċ をつける形でも副詞が作られたため，結果として，deep と deeply，slow と slowly といった二種類の副詞が生まれることになった。意味はほぼ同じだが，sick（病気の）－ sickly（病弱の），lone（一人の）－ lonely（孤独な）のように意味が違う場合もある。また古英語では名詞の対格，与格，とりわけ属格（-s）の形で副詞を表すこともでき，それが今日にも生き残っている。all the way, last year, day and night, since, always, sometimes, nowadays, onwards, Sundays などで，形は名詞だが，副詞として使われる（-s は複数語尾ではなく属格の副詞語尾）。日本語でも「昔，男ありけり」の「昔」は本来は名詞だが，「ありけり」を修飾する副詞として機能している。「今，時々，きのう，去年」などもそうである。場所については home, downtown, upstairs, outdoors などは副詞として使われるが，多くは前置詞を必要とする（go home では副詞，at home では名詞）。日本語の場合は必ず「家に，外で」などの格助詞をつける。

3.　構文

　英語では形容詞は文法的に名詞に近く，叙述は「be ＋ 形容詞」の型で表し，日本語では動詞に近く，用言としてそのままで述語になる。日本語の形容詞は動詞と同様，語尾が活用するが，命令形はない。命令の場合は「美しくあれ」のように動詞を活用させるが，文語的になる（英語では Be beautiful.）。また動詞との違いとして，形容詞はもともと助動詞がつかなかった。しかしそれでは不便なため，補助活用を使って補うようになった。たとえば「高い」だと，過去の助動詞「た」に接続させるために，連用形「高く」に「ある」

をつけて「高くある」とし，それを過去にして「高くあった→高かった」とする。この「かっ」が「く」と共に形容詞の連用形の語尾となる。また形容詞には未然形もなかったため，「寒くあろう→寒かろう」として，「かろ」が未然形の語尾となった。こうして動詞の活用にかなり近づくことになる。この補助活用は古語のカリ活用を引き継ぐもので，古語でも形容詞は本来の活用だけでは助動詞に連なることができないため，上例と同様，「あり」をつけて，否定なら「高・から・ず」「久し・から・ず」，命令なら「高・かれ」「久し・かれ」などのようにした（カリ活用と言う）。なお現代の口語の「高くない」の「ない」は助動詞ではなく（補助）形容詞になる。

　形容詞は，使い方としては，形容詞文（月が美しい），名詞修飾（美しい月），動詞修飾（月が美しく輝く）の三種類がある。日本語では形容詞の終止形，連体形，連用形を使い，英語では The moon is beautiful., the beautiful moon, The moon shines beautifully. となる。日本語では主語を明示しないため，すごい，きれい，眠い，悪い，のように，形容詞は単独でも文を成す（英語の場合にも感嘆のときに How beautiful!, So splendid! のような言い方をする）。英語の形容詞文で be 動詞を必要とすることは，いわば主語からその特徴となる性質を形容詞として引っ張り出し，主語につなげる感覚になった。この種の状態を表す動詞には become, come, feel, get, go, grow, look, keep, remain, seem, smell, sound などがあり，それらは形容詞なしでは意味をなさない。burn blue, die young, fall dead, marry young, stand still のような場合は，「〜の状態で〜する」という意になる。

　さらに形容詞はその後に前置詞や to 不定詞や that 節を従えると，そういう状態になる根拠を示す。人が主語の場合，I am aware（気づいた）だと，それだけではいかにも不完全であり，その後に of having offended her（彼女の気持ちを害したことに）というような aware の対象をつけて初めて意味をなす。つまり「be ＋形容詞＋前置詞」で他動詞句を形成し，それが目的語を取る。古英語で属格の

名詞を取った形容詞はよくこの「of + 名詞」の形を取る。I am aware that I have offended her. とすると，be aware で句動詞になり，that 節を目的語に取る（of，あるいは of it は省かれる）。このように of および that を取る形容詞としては，afraid, careful, certain, confident, conscious, ignorant, sure などがある。of, that はその後に独立性の強い内容の文を従え，それを単純に形容詞に結びつけることになる。このうち，afraid, careful, certain, sure は to 不定詞も取るが，方向性が出てくるので少し意味が異なり，afraid of 〜 は「〜を恐れる」，afraid to 〜 は「怖くて〜できない」の意，また She is sure of 〜 は「彼女は〜を確信する」で確信する主体は She，She is sure to 〜 は「彼女はきっと〜する」で確信の主体は話し手（I）になる。一方，I am happy to see you は形容詞の後に to 不定詞も取れば that 節も取る。to を取れば happy という感情が向かう方向を示し，that を取れば happy の内容を説明することになる。angry, anxious, delighted, determined, sad, sorry, surprised といった形容詞がこれに当たり，前置詞は，of ではなく，対象を示す at, about, for などを取る。古英語ではしばしば与格の名詞を取っていた形容詞になる。それに対し，We are ready to go. の ready は意味的に方向性が強いため，方向を示す to を取り，that 節は取らない。that 節は独立性が強く，ready という形容詞とうまく結びつかないためである。apt, eager, inclined, liable, willing といった形容詞がその仲間になる。

　一方，物を主語にした形容詞の場合，to 不定詞しか取れないものと，to 不定詞と that 節の両方を取れるものがある。It is difficult for me to learn English. は that 節に書き換えられないが，それは意味のまとまりの上で，for me が to learn English にかかるのではなく，It is difficult のほうにかかるためである。つまり難しいのは，「私が〜すること」ではなく，「英語を学ぶこと」である。for me は補足的なもので，なくてもよい。だから for me to do の部分を文として独立させることはできない。この構文は目的語を文

頭に移し，English is difficult for me to learn. とできる。to は方向だから，学ぶという方向に向かうには英語は難しいといった意味になる。今度は to 不定詞ではなく English が主語なので，焦点が異なる。日本語でも，聞きづらい（聞きにくい），話しやすい，捨てがたい，などで一つのまとまりになる。この種の形容詞は，dangerous, easy, hard, nice, possible, pleasant, safe, tough, useless などがある（possible は「できる」ではなく「ありえる」意のときは that 節）。それに対し，to 不定詞も取れ，that 節も取れる形容詞として，desirable, important, natural, necessary, strange, surprising などがある。It is necessary for him to go to the party. のように，特定の人が特定の行為をすることが対象となるからで，for him は後の to do にかかり，for him to do で一つのまとまりになるから，それを文として独立させて，It is necessary that he go (he should go) to the party. と書き換えられる。この場合，that 節に話し手の主観が入るので should を入れるか仮定法現在にする。客観的事実を述べる場合は直説法（he goes）になる。一方，apparent, clear, evident, obvious, plain, probable, true のような形容詞の場合は客観的な事実のみを要求するため，方向性を持つ to 不定詞は取らず，ただ文をつなげるだけの that 節を取る。この場合，事実の叙述だから直説法になり，仮定法は使わない。

　主語が物・事で，形容詞の後に名詞が続く場合は，前置詞は to か for を取ることが多い。to は方向を示し，作用が直接的なので，「〜に対して」の意，for も方向だが，to よりも間接的であり，「〜に向けて，〜のために，〜から見て」の意になる。This kind of game is dangerous (to / for) children. の場合，to だと危険が直接的で，対象に打ち当たる感じだが，for はそれほど切迫感はなく，危険がじわじわと対象に向かう感じになる。The school building was very ugly (to / for) her. では，to は印象が直接目に当たる感じ（to her eyes），for は「彼女から見ると」で対象を心で捉えている感じになる。The park is convenient (to me / for meeting him).

では，人の場合は to か for だが，行為や目的の場合は for になり，「～するためには，～の観点からは」の意になる。これを書き換え，It is convenient for me to meet him in the park. とする場合は，to の重なりを避けて，人は for で受ける。

　人の性格を示す場合は，You are cruel to desert her. と It is cruel of you to desert her. という二つの表現が可能である。you を主語とする文では，本人が cruel なのであり，to は cruel と判断される原因（「～（する）とは」）を表す。to は前置詞としては方向・結果を示すから，「残酷にも～する」の意になる。it を主語とする文では，it が仮主語なので，cruel なのは to 以下で示される行為である。直前の of は out of の意で，その行為がその人の内側から外に出てきたものという感覚がある。性格ではなく，外から見て判断される場合は，It is cruel for you to desert her. のように for という前置詞になる。brave, clever, careless, foolish, kind, wise などの形容詞が該当する。

　また日本語に直訳できない文として，次のようなものがある。

(1) a.　Christine was blue in the face but still breathing faintly.

(Rosemary Timperley, "Harry")

（クリスティーンは青ざめた顔をしていたが，まだかすかに息をしていた）

　　b.　She was longer in coming back.

(John Wain, "Down Our Way")

（彼女は戻ってくるのに時間がかかった）［longer の後に than expected を補う］

　　c.　They were deep in conversation.　　(Wain, "Mort")

（彼らは会話に夢中だった）

　　d.　Are you through with the book?

（その本を読み終えましたか）

以上の例は，This car is easy to drive. のように，「主語＋be 動

詞＋形容詞」だけでは意味をなさず，その後に，「～において」，「～に関して」と限定される前置詞句がついて初めて意味をなす。この発想は日本語にはない。日本語としては，Christie's face was blue とか，Did you finish reading the book? としないと分からない。英語の文はプラモデルの組み立てにも似て，適切なコネクター（機能語）があればパーツとパーツをどんなふうにも組み合わせることができる。

　名詞修飾の場合，形容詞の位置は，日本語では名詞の前と決まっている。しかし英語では，短い語なら名詞の前だが，長くなる場合は名詞を先に出し，その後に続ける。そのほうが理解しやすく，また形容詞が強調されて浮き立つことにもなる。

(2)　a.　Today is a beautiful day, warm and sunny.

　　　　（きょうは暖かくてよく晴れた美しい日だ）

　　b.　From being a young, bouncing boy, he had become someone old and wise and gentle.

　　　　（彼は，若くて元気のいい少年から，成長した，賢く優しい人になっていた）

　　c.　Her lips, sensuous but fine, showed a gleam of teeth.

　　　　　　　　　　　　　　　（John Galsworthy, "Salta Pro Nobis"）

　　　　（肉感的だが美しい彼女の唇からは輝く歯が見えた）

　　d.　He was a Russian, a tall fellow, but amazingly stout.

　　　　　　　　　　　　　　　（Somerset Maugham, "The Dream"）

　　　　（彼はロシア人で，背が高かったが，驚くほど太っていた）

　またI like a horrible story. と，horrible を強調した I like a story which is horrible. は，どちらも「わたしは恐ろしい物語が好き」となり，英語の文の訳し分けはできない。これは日本語では名詞を修飾する形容詞は名詞の前にしか置けないからである。さらに形容詞だけでなく，形容詞句をつなげ，名詞修飾の部分を長くすることもできる。たとえば I want to have a beautiful big old house, with a luxuriant flower garden, which overlooks the sea. は，目的語を修飾する長めの語句はすべてその後につくが，日本語ではすべてその前につけて，「海に面していて，花の咲き乱れる庭のある，古くて大きくて美しい家がほしい」となる。あるいは，Emma Woodhouse, handsome, clever, and rich, with a comfortable home and happy disposition, seemed to unite some of the best blessings of existence. (Jane Austen, *Emma*) も，修飾語を主語の前につけて，「美しく賢く裕福で，快適な家と明るい気質を持つエマ・ウッドハウスは，生活の最良の恵みをいくつもあわせ持っているように見えた」となる（ただし日本語としては，being を補って，長い修飾語句を「～なので」と訳したほうが分かりやすい文になる）。イメージとすれば，日本語は，葉（形容詞）が何枚も広がって最後に花（名詞）が咲く感じ，英語は，まず花が咲き，そのまわりに葉が広がる感じになる。

　副詞あるいは副詞的修飾語（形容詞の一活用）の位置は，日本語では，倒置形（「行けよ，早く」）でない限り，必ず用言（動詞や形容詞）の直前である（「早く行けよ」）。しかし英語では，副詞は文の骨組みではなく飾りであるから，置き方には自由度が高い。文全体を修飾する場合は一般には文頭だが，文中，文末でもよい。文頭の場合は話し手の気持ちを示すので，Fortunately, he came. のように副詞の後によくコンマをつけて小休止を置く。文末は追加という感じがある。動詞の修飾は自動詞の後，他動詞は目的語の後（be 動詞の場合はその後），形容詞や副詞の修飾は very nice, quite well のようにその直前になる。always など頻度を表す副詞は動詞の前（be 動詞の後）だが，命令文の場合は，Be with me always. (Emily Brontë, *Wuthering Heights*) のように文末にも，あるいは文頭にも来る。次の文は似て見えるが，意味が異なる。

(3) a.　He died happy.

　　 b.　He died happily.

    c. Happily, he died (He died, happily).

　(3a) の happy は主語の補語になり，死んだときの彼の状態を表すから，he＝happy の意になる。つまり，死んだとき，彼は幸せだったとなる。(3b) の happily は動詞 died を修飾する副詞で，死に方が幸せなものだったという意（事故などではなく），(3c) の文頭に置かれた happily は話し手の気持ちを表し，文全体を修飾するから，（私にとって）うれしいことに彼は死んでくれたという意味になる。

　(4) a. I really don't respect him.
       b. I don't really respect him.

　(4a) は really が don't を強調して全否定となり，「彼をまったく尊敬していない」，(4b) は don't が really を否定する部分否定で，「彼をそれほど尊敬していない」になる。返答として間投詞的に Not really! とした場合，You are wonderful. と相手が自分を褒めた時は「それほどではない」の部分否定，I failed in business. と相手が思いがけないことを言った時は「まさか」となる。後者は「本当ではないんでしょ？」の気持ちなので上がり調子で言う。日本語だと「本当？」「うそでしょ」という反応をするが，その「うそでしょ」に相当する。また先の文は really を just にしても同じように全否定と部分否定になるが，部分否定のときは「ただ彼を尊敬するだけではない（さらに心酔してもいる）」の意になる。
　また副詞は，よく使う平易な動詞の後について句動詞を作る。break down（取り壊す），bring about（引き起こす），cut down（切り倒す），give up（諦める），go by（過ぎ去る），look up（見上げる），pull away（引き離す），run away（逃げ出す），turn over（ひっくり返す），make up（作り上げる），put together（組み立てる）などで，この「動詞＋副詞」は二つの語の意味が重なるので日本語における「動詞＋動詞」（複合動詞）に相当し，動詞の幅を広げている。使われ

る語彙はアングロ・サクソン語による平易な日常語で，一語から成るラテン語由来の堅い文章語に置き換えられる。carry out なら accomplish, get back なら retrieve で，日本語なら「成し遂げる」に対する「成就する」，「取り戻す」に対する「回収する」になる。この句動詞は，他動詞の場合，その2語で一つのまとまりとなるので Take off your coat. という語順になるが，Take your coat off. と引き離すこともできる。ただし代名詞のときは常に Take it off. になる。強弱強のリズムになって話しやすいためである。決まった語順を取るものもあり，たとえば「人を見送る」は see my father off で，see off my father とはならない。「人が離れる（off）のを見る」(see a person leave) という発想のためで，「自分の体から離す」意の take your coat off とは異なる。

　また形容詞（副詞）は人の感覚や感情を表すから感嘆文を作る。すごい，きれい，のように形容詞をそのままでも使うし，すごいな（あ），高いね（え），きれいだわ，立派だこと，のように終助詞をつけたり，何て大きいんだ，何という美しさ，すごい速さ，のように副詞をつけたり名詞を用いたりもする。古語なら，あな恐ろし，口惜しや無念やな，遠く求むるはかなさよ，夢の逢ひは苦しかりけり，のように助詞や助動詞が体言や連体形などにつく。英語では How wide the sea is! のように疑問詞を使う。どれだけ広いのか分からないという意を表すためで，日本語でも，どれだけ悲しかったことか，のように言う。名詞のときは What a pretty girl she is! となり，これは How pretty a girl she is! のように形容詞を焦点化できる。

(5)　O, wonder! / How many goodly creatures are there here! / How beauteous mankind is! O brave new world, / That has such people in't! 　　　(Shakespeare, *The Tempest* 5.1)
　　（ああ，不思議なことが！　こんなに大勢，綺麗なお人形のよう！　これ程美しいとは思わなかった，人間というものが！　ああ，素晴

らしい，新しい世界が目の前に，こういう人たちが棲んでいるの
ね，そこには！（福田恆存訳））。

　この言葉は，絶海の孤島で父以外の人間を知らずに育ったミラン
ダが，初めて外の世界から来た王たちを見て，人間ってなんて美し
いのかしらと感動するときの言葉である。「How＋形容詞」もさる
ことながら，「O＋名詞」の感動表現も印象に残る。

4. 「ほしい」と want

　同じ感情を表すのに，日本語では形容詞を用い，英語では動詞を
用いることがある。

（1）a．I want a pen.　わたしはペンがほしい。
　　　b．I like him.　　　わたしは彼が好きだ。

　この場合，want と like は他動詞，「ほしい」は形容詞，「好きだ」
は形容動詞である。「ほしい」「好きだ」は一見動詞のように見えて
しまうが，それは英語の影響であり，日本語ではイで終わるものは
形容詞，ウ段音で終わるものは動詞である。好き嫌いという感情は
状態を表すものであり，日本語では形容詞としての認識になる。
もっとも，「ほしい」の代わりに「欲する」，「好きだ」の代わりに
「好く」「好む」とすれば動詞になるが，それは和語というよりは漢
語的，日常語というよりは文章語的な言い方になる。
　日本語の場合，文法的な問題がある。「わたしはペンがほしい」
という文で，「が」という助詞のつく語，つまり「ペンが」は，主語
を表すのか，目的語（対象格）を表すのかという問題である。学校
文法では，「ほしい」という感情の対象物を示すのであるから，「が」
は目的語を表すと考える。英訳したときも，I want a pen. であり，
ペンは目的語になるから，「ペンが」が目的語を表すと考えたくな
る。しかし「が」は本来は主語を示す助詞であり，また形容詞は状

態を表すから，感情表現の形容詞に限って目的語を表すという考えには違和感も残る。

　この「～は～が～だ」という構文は，「は」が話題を提示し，「が」で主語を提示する形である。感情ではなく，感覚を表す形容詞の場合，「（わたしは）足が痛い」は My leg hurts. に対応するから，「が」が主語を表すとしてもよい。足が痛い状態にあるという発想になる。感覚を表す形容詞とは，痛い，冷たい，おいしい，かゆい，眠い，苦しい，まぶしい，青い，明るい，大きい，といった五感で捉える語である。感情についても，「彼が好きだ」は，「彼が（私にとって）好きと思う状態にある」と捉えれば，「彼が」を主語と見なしてもいいように思える。英語で言うなら He is agreeable to me. となる。「彼が嫌いだ」なら He is detestable to me. となり，「彼」が主語となる。「わたしはペンがほしい」も，「わたしはペンが必要だ」と言い換えれば，ペンはわたしが必要とするものの意になる。英語では，For me, a pen is a necessity., あるいは A pen is wanted. となり，「ペン」は主語となりうる。「ゲームが楽しい」「別れが悲しい」なども同じ例になる。

　英語にも，古代には日本語と同じような発想があった。主語を取らない非人称構文で，たとえば like は，もともと他動詞性はなく，現代語に直すと，me likes. という言い方をした。そして必要な場合はその後に主語相当の語句を伴った。だから me likes the music. は，the music が主語，me が与格の目的語となって，The music is agreeable（pleasing）to me. の意味になった。me likes you. だと，「あなたは私にとって好ましい」で，内容的に I like you. と同じになる。like はこの構文では to 不定詞や that 節も取れたが，今は，強い感情を表す love や hate と同様，取れるのは名詞と to 不定詞だけで，that 節は取れなくなっている。want も元は非人称動詞で「～が欠けている」の意であり，them wanted water. は，water was lacking to them. ということであった。この主語のない構文は，もともとは rain, snow, thunder などの自然現

象に用いられ，自然に生じるということから心の動きや出来事の発生についても使われた。grieve, repent, dread, please, long, be dear, be loath, be hungry, seem, appear, あるいは chance, happen などの動詞である。それはやがて，SVO への流れの中で，形式主語 it を取って，me repents that ～ が It repents me that ～ になり，ついで I repent that ～ となって人称動詞化する。この非人称構文は非人称主語を伴う形，あるいは伴わない形で，今でもヨーロッパの言語に見ることができる。たとえばスペイン語だと，I like the music. は古英語と同様，Me gusta la música. となり，最後に置かれた音楽が主語になる。この発想は，自然に生じるという点で日本語の「れる・られる」の自発の発想と同じであり，日本語では「海が見える」や「リンゴが食べたい」のように「が」が主語になる形で現れる。「ペンがほしい」「彼が好きだ」も同様に考えることができるだろう。

　一方，「ペンがほしい」とは逆に，日本語では動詞だが，英語では形容詞になる言い方もある。My uncle is different from my father in character.（叔父は父と性格が違う）で，「違う」は状態だから形容詞のように思われるが，ウ段音で終わるので動詞になる。同意語の「異なる」も動詞になるが，反対語の「同じ」や「等しい」は形容(動)詞になる（「似る」とすると動詞）。つまり日本語には different に相当する形容詞がない。different は differ という動詞の現在分詞に由来するが，それを真似て「違っている」としても，「いる」は「ある」と違い，動きを前提にしている。「ちがう」の「かう」は，「たがう・まがう」の「かう」と同様，「交う」の意で，交わる，つまり交差する動きになり，すれ違う，行き違うのような語を作る。日本人にとっては同じ状態が本来の恒常的なさまで，「違う」とはそこからの逸脱，一時的な状態ということになる。ただし「異なる」という動詞の元は「異なり」という形容動詞になるが，現在では形容動詞としては使われていない。英語は differ という動詞があるものの，文章語で堅く，一般には形容詞のほうを用いる。先

の文の文法を比べると，日本語の「性格が違う」の場合は「性格」に「が」がついて主語になるが，英語では in character で副詞句になる。また日本語の「父と」の「と」に相当するものは from (to, than) という前置詞である。differ の語源は「離して運ぶ」だから本来の前置詞は from であるが，different の表記にある -er が比較と受け取られて than も取り，またラテン語系の than 相当語が to だから（He is superior to me.），to も前置詞に取ることがある。「怒る」も日本語には形容詞がない。英語の形容詞 angry は名詞anger に -y をつけて形容詞化したもので，日本語では「怒る」が動詞だから，「怒っている」のように補助動詞をつける必要がある。「そんなに怒るな」は英語では形容詞を使って Don't be so angry. になる。

　また，英語の感情形容詞の文を日本語に直すとき，不自然になる場合がある。You are sad. を「あなたは悲しい」と訳すと違和感を覚える。She was happy, dancing. Yes, she was happy! What power! And what abandonment! (John Galsworthy, "Salta Pro Nobis") も「彼女は情熱的にダンスをして楽しかった」とすると，叙述文ではよいが会話文では奇妙に響く。うれしいとか悲しいとかいった感情は本人しか分からないものであり，断定はできないと思うからである。だから日本語では「あなたは悲しそう」とか，「彼女はダンスをして楽しそうだ」のように推測の表現にしないと不自然に響いてしまう。もちろん英語にも He may be ～, I suppose he is ～, He looks ～ といった言い方もあるものの，そこから「わたし」の主観を排し，He is sad. という言い方もできる。この違いは，日本語は相手を主観的に見，英語は客観的に見ようとする態度が強いことによる。英語では，自分であっても文表現では I として客体化するように，外から状況を捉えようとする。だから相手の心の中も客観的に述べることができてしまう。Do you want any help? （手伝おうか）［直訳は「助けてほしい？」だが英語では誘い］と提案したり，You want to be more careful. （もっと気をつけないといけない）

[want＝ought, need] と忠告する言い方も，日本語の訳は話し手の側の発言になるが，英語では相手に身を置いた言い方になる。ただし日本語でも「彼は悲しい」ではなく「彼は悲しんでいる」と言えば，そういう状態にあるという説明になるので，話者は外に現れた相手の様子を見て，確信を持ってそう言っていることになる。小説などの客観描写の文では，作者はすべてを知っているので，「彼は悲しかった」としても違和感はない。

5. 比較形

　日本語にないものとして比較級がある。これは形容詞の変化で，tall だと，原級は tall，比較級は tall-er，最上級は the tall-est という形を取る。最上級の場合は，最上のものは特定の 1 つしかないという理由で the をつける。

(1)　He is taller than I am.
　　　（彼はわたしよりも背が高い）

　英語は動詞などと同様，形容詞それ自体が変化し，語によっては，good－better－best, many（much）－more－most のように不規則な変化をする。日本語では「高い」という形容詞は変化せず，「〜は〜よりも（高い）」という形で比較する。than はもともと then と同じで，「それから」の意である。だから，He is taller, then I. が元の形になる。「わたしよりも」の「より」は，「一時より始める」，「東京より来たる」の「より」と同じ起点・離点を表す格助詞で，もともとは「わたしより見て」，「わたしと比較して」といった意になる。「より大きい」のように「より」を副詞として使うのは，bigger のような西欧の比較級の翻訳語として工夫されたもので（そのために「より」は比較を表し，「から」は起点を表すようになった），本来は，「彼のほうが大きい」と言ったり，「さらに」とか「もっと」という副詞を使ったりする。最上級の時は，「〜が

一番～だ」とか「最も～だ」といったように副詞で表現する。

　発想のズレとして，one of the highest mountains と言うと，highest は「一番高い」だから該当する山は一つしかないように思えるが，英語では複数形でグループとして捉えている。his two eldest children とか his first days at home といった言い方も，eldest, first だからといって一つに限定されているわけではない。second best を二番目に最高のものと訳すと矛盾しているように聞こえる。She was always one of the last to leave the office. も，the last one ということではない（last は late の最上級 latest の短縮形。意味が分化し，last は「最後の」，latest は「最新の」）。あるいは，I was the fourteenth brightest pupil in the class of fifteen third graders. (William Saroyan, "One of Our Future Poets, You Might Say")（ぼくは15人いる小学3年生の中で14番目に頭がいい）という表現も直訳するとおかしく響く。意訳では分からないが，英語では brightest と最上級表現になっているからである。a most kind man は，the では一人だが，a がつくとたくさんいる中の一人となり，most は very の意味になる。a third student も the なら3番目だが，a なので another（もう一人の）の意になる。

　英語の場合，-er, -est は単音節の語につくが，right, wrong, fond, real などは例外的に more, most がつく（-er, -est のこともある）。分離することで意味をはっきりと出すためであろう。2音節の語は more, most だが，simple, clever, easy, happy, common など，-er, -est を取るものもある。3音節語は more, most になる。ただし昔はその区別はなく，more proud, perfectest とも言い，more fairer のような二重比較にもなった。この形は今でも方言としては残るし，文章でも，And nearer and still more near came the clang of the bell. (Lafcadio Hearn, "Of a Promise Broken")（近くへ，さらに近くへと，鈴の音が近づいてきた）とか，And the money he had saved up grew littler and littler. (Hugh Lofting, *The Story of Doctor Dolittle*)（彼が貯めておいたお金はどんどん少なくなって

いった）［本来は less and less。littler は「ちっちゃい」意のとき］のように柔軟に使われている。この -er, -est はゲルマン語系の比較で，ドイツ語と共通する。more, most は中英語におけるフランス語の影響で，フランス語では比較級はプラスという語を使って，Louis est plus grand que Marie.（ルイはマリーよりも大きい）のように表す。このプラスが more になる。逆はマイナス（フランス語では moins）となり，きわめて数学的である。

このマイナスは英語では less（little の比較級）になり，劣勢比較の文を作る。He is less tall than I am. とか He has less money than I have. といった文は直訳できない。日本語にはそういう発想がないからである。訳す場合は同等比較の否定として訳し，「彼はわたしほど背が高くない」というようにする。それは内容的には He is not so tall as I (am). とか，He is shorter than I. という言い方と同じになるが，発想が異なる。似た例を挙げる。

(2) a. If she had opened her mouth it would have been to ut-ter a scream; no lesser cry could have relieved her heart. (John Galsworthy, "Once More")
（もし彼女が口をあけたとしたら，それは叫ぶためだったろう。ありったけの声で叫んだおかげで，彼女は心が安らいだ）[lesser は little の二重比較級で名詞のみを修飾。仮定法だから文字通りには「これより小さい叫び声では心は安らげなかったであろう」となる]

b. If then that friend demand why Brutus rose against Caesar, this is my answer: not that I loved Caesar less, but that I loved Rome more. (Shakespeare, *Julius Caesar*)
（なぜブルータスはシーザーに反逆したかを尋ねるのなら，答えはこうだ。シーザーへの愛が少なかったからではなく，ローマへの愛が大きかったから）

c. Not with less fury did Mrs Partridge fly on the poor
   pedagogue. (Henry Fielding, *Tom Jones*)
   （それまでに劣らぬすさまじい怒りに駆られてパートリッジ夫
   人は哀れな教育者に飛び掛かった）

　little の最上級の least も訳しにくい。She is the least pretty in
her class.（彼女がクラスでは一番かわいくない）は，かわいさの度合い
が一番小さいということで，She is the ugliest in her class. と同じ
意味になるが，あくまで pretty の観点から表現しているので，そ
れほど露骨ではなく，婉曲的な表現になる。"No doubt of it,"
cried everybody——and the unfortunate Tom reduced himself into
the least possible space. (Dickens, *Sketches by Boz*) は「これ以上は
可能性のない空間」だから，「身の置き所がないくらい小さくなっ
た」，日本語なら「穴があったら入りたい心境だった」くらいになる。
　同等比較は as 〜 as という構文を使い，He is as tall as you
(are). のようになる。この文の元の形は He is so tall, as you are
tall. で，so は副詞，as は接続詞になる。それが縮まって，He is
so tall as you. となり，さらに He is as tall as you. となる（古英
語では swā … swā … の形で，swā は今の so，その強調形が as に
なる〈alswa (all so) → also → als → as〉）。この構文は，現代ドイ
ツ語では「so ＋形容詞の原級＋ wie」という形を取る。原級を使っ
た比較表現は，一般の形は「more ＋形容詞＋ than」，劣勢比較は
「less ＋形容詞＋ than」，そして同等比較は「as ＋形容詞＋ as」で，
ともに「副詞＋形容詞＋接続詞（時に関係詞）」の形になる。文脈で
分かれば，この接続詞の部分は省略される。「同じ」という意味で
は same があり，「same ＋形容詞＋ as」も考えられるが，same は
古英語にあった副詞の機能をなくしているので，the same book as
you have のように名詞にはつけられても，形容詞にはつけられな
い。だから「as 〜 as」の形になる。
　この同等比較はさまざまな形で使われるが，「同じ」という言葉

をそのまま使えないため，きわめて訳しにくい。そもそも as tall as 自体，二つの訳し分けが必要で，一つは「同じくらい背が高い」で，これは比べる両者が共に背の高い場合，もう一つは「背丈が同じ」で，これは両者の背が高い必要はない（He is tall, as you are tall. とすると「同じくらい背が高い」意）。tall に限らず，as old as も，同じくらい年配という意味と，年齢が同じという意味がある。生活に係わる基本語 big, deep, high, large, long, many, wide といった語を用いるときにはこの二つの意味が生じる。否定形は He is not as (so) tall as you.（so は強調の場合）で，「彼はあなたほど背が高くない」と訳すが，文字通りには「彼はあなたと同じくらい背が高いということはない」となり，おかしな日本語になる。ただし否定形は背丈が同じことを否定しているだけなので，文脈によって相手よりも背が高い場合も低い場合もある。さらに厄介なのが，次の一連の表現である。

(3) a. He is twice as clever as you.
　　　　（彼はあなたの2倍賢い）
　　b. He is as tall as anybody.
　　　　（彼は他の誰よりも背が高い）
　　c. Run as fast as you can (possible).
　　　　（できるだけ早く走りなさい）
　　d. He has as many as ten thousand books.
　　　　（彼は1万冊もの本を持っている）
　　e. He is as honest as (he is) wise.
　　　　（彼は賢くもあり，正直でもある）
　　f. She is as pretty as ever.
　　　　（彼女は相変わらずかわいい）
　　g. He is not so much a teacher as a poet.
　　　　（彼は先生というよりはむしろ詩人だ）
　　h. I might as well die as betray.

（裏切るくらいなら死んだほうがましだ）

i. I would as soon stay home as go out.

（外出するよりは家にいたい）

j. As long as you love me, I can live happy.

（愛してくれる限り，幸せに生きられる）

k. He looks as good as dead.

（彼は死んだも同然に見える）

l. Inasmuch as he was faithful, neither was there any error or fault found in him.　　　　　　（聖書「ダニエル書」）

（彼は忠実だったので何の怠慢も欠点も見つけられなかった）

このように同等比較を使った構文がかなりあるが，「同じ」という言葉を使ってはほとんど訳せない。直訳すると，たとえば He is twice as clever as you. は「彼はあなたと同じくらい賢いの2倍である」，He is as tall as anybody. は「彼はいかなる人とも同じくらい背が高い」He has as many as ten thousand books. は「彼は一万冊と同じくらいたくさんの本を持っている」，I might as well die as betray. は「裏切るのと同じくらい死ぬのがよいかもしれない」などとなり，日本語が破綻してしまう。それらは，He is twice cleverer than you. とか He is taller than any other person. とすると筋が通る。しかし基本はあくまで as〜as という同等比較であり，その発想を土台にして一連の表現が派生している。Rich as he is, he is very stingy.（彼はお金持ちだがケチだ）も元は Being as rich as he is という分詞構文で，今はその省略形になっているので，「〜だけれども」のほかに「〜だから」の意もある。

よく使う比較構文として「the 比較級 + the 比較級」がある。The more I know her, the more I like her.（知れば知るほど好きになる），The sooner the better.（早ければ早いほどよい）のように言うが，この the は定冠詞ではなく副詞で，古英語の定冠詞の具格から発展したものである（具格とは手段，比較，時間を表すもので，古英語で

はほぼ廃れ，与格か前置詞句で表現された）。最初の the は関係副詞で，「〜することによって」と接続的に働き，次の the は指示副詞で「それだけいっそう」と文を導く。as 〜 as は「副詞＋接続詞（関係副詞）」で，He is so tall, as you are tall. を縮めたものだったが，それと同じ呼応構造を持つことになる。I like her all the better for her kindness. の the も定冠詞ではなく上と同じ副詞である。副詞の nevertheless（それにもかかわらず）も never-the-less と分けられ，それだけ少なくなることは決してなく，が原義になる。

6. 形容詞の名詞化・動詞化

　形容詞はしばしば名詞化されて，抽象名詞として使われる。日本語（和語）では「さ」あるいは「み」をつける。「深さ・深み」「高さ・高み」「青さ・青み」「楽しさ・楽しみ」「悲しさ・悲しみ」「苦しさ・苦しみ」「強さ・強み」「暖かさ・暖かみ」「明るさ・明るみ」などである。ただし一方の語尾しかつかない語もあり，「大きさ・短さ・暑さ・広さ・美しさ・うれしさ・かわいさ・くやしさ・晴れやかさ」は「さ」だけ，「茂み」（古語の形容詞「茂し」より）は「み」の形しかない。「み」は「〜の感じ」あるいは「〜の感じの所」の意で使われ，一部の和語に限られる。「さ」は「〜の状態であること」で，形容詞・形容動詞につけられる。形容動詞（漢語等）の例としては，謙虚さ，壮大さ，空虚さ，繊細さ，デリケートさ，などがある。「静」には「静かさ」と「静けさ」という二つの名詞があるが，「静か」は本来は名詞で，古語ではナリがついて形容動詞になり，「静かさ」はその名詞形。一方，「静か」の形容詞形が「しずけし」で，その名詞形が「静けさ」になる（ちなみに「静かの海」とはアポロ 11 号が着陸した月面の場所。芭蕉の句は「閑かさや岩にしみ入る蝉の声」）。

　英語の場合，一般的には -ness をつける。これは英語本来の名詞化の語尾で，基本的にどんな形容詞にも付けられる。cold，dark， fearful, glad, good, kind, ready, rude, slow, thoughtful, wet, wrong にはこの -ness の形しかない。

(1) The world turned red. Blood red. I fell through redness to blackness to nothingness—to almost death.

(Rosemary Timperley, "Harry")

（世界が赤くなった。血のような赤。私は落ちていった，赤から黒，そして無――死の間際まで）

turned red の red は形容詞，Blood red の red は名詞，redness は形容詞に -ness がついて名詞化されたものである。ここでは nothing にも -ness がついて抽象化されている。無や空という抽象的概念になる。

この -ness に加えて，-th がつくものがある。foul（→ filth），long（→ length），strong（→ strength），true（→ truth），well（→ wealth），wide（→ width），young（→ youth）などであるが，動詞に -th をつけても，birth（← bear），death（← die），stealth（← steal）のように名詞を作れる。だから死には death と deadness の二つの名詞があるが，-ness は死んでいるという様子・状態であり，death は死という概念を表す。だから the（　　）of their marriage だと，deadness は死んだ状態で，蘇る可能性もあるが，death とすると最終的，決定的になる。また high は highness と height（-t は -th の h 脱落形）があり，the highness of the building はビルが高いこと，the height of the building はビルの高さで，距離を問題にする（人間の背の高さは形容詞のときは tall，名詞のときは (tall-ness ではなく) height で，He is five feet four in height. (彼の身長は 5 フィート 4 インチ)，What is your height? (身長はいくら) のように言う。I am 50 meters high. は，地上から 50 メートルの高さのところにいること）。free, wise には -ness に加えて -dom もつく。たとえば wiseness と wisdom で，やはりそれぞれ状態と概念を表す。short には shortness（短さ）と shortage（不足）があるが，意味

が違ってしまう。一方，ラテン語・フランス語由来の語には，-ness に加えて，-ty や -cy の語尾がつくものが多い。able, cruel, generous, pure, safe, sincere, solid, subtle には -ty, delicate, efficient, fluent には -cy がつく。一方，the をつけてそのまま名詞化する方法もある。beloved, dead, old, poor は the がつくと愛する人，死者などの人を表し（単数でも複数でも使う），beautiful, cold, dark, good, impossible は美，善，闇などの抽象名詞になる。a cold（風邪），a regular（常連客），an explosive（爆発物）などは形容詞のまま名詞としても使われる。

　形容詞の名詞化で特徴的なのは，その抽象語が強調されて文の主語や目的語になることである。

(2)　There was a thin, quiet drizzle falling, and the wetness on the black street shone yellow under the lights of cars and under the street-lamps.　　(Roald Dahl, "Someone Like You")

文中の「暗い道の湿り気が黄色く光っていた」という表現は日本語としては意味をなさず，「濡れた道が黄色く光っていた」のように，wetness は a wet street として訳す必要がある。We were out on the dim longness of the platform.（Hemingway, "Canary"）は，long の強調のために longness となっているが，訳としては「私達は長く薄暗いホームに出た」で，the long, dim platform としたほうがよい。というのも，日本人は抽象的思考をあまりせず，具体的事物に即して考えたり表現したりするからである。散る桜，欠ける月など，日本人が無常の美に惹かれるのも移り変わる現象に目を留めるからであり，神道の神々も，太陽，山，川など，自然界の目に見える事物に宿る神々である。西欧人は目に見えるものを超え，絶対的な抽象に憧れる。キリスト教の神は現象界を超越する絶対神であるし，絵画でも理想美を追求し，ありのままの姿に目を留めるようになるのはやっと 19 世紀の印象派などからである。形容詞も，物体ではなく性質であるから，本来は名詞を修飾するものである。

その形容詞を名詞化するとは，物体に宿る性質に焦点を当て，それを抜き出して，一つの対象物とすることである。西洋哲学の源流であるプラトンは，美しい花，美しい人，美しい心といった具体的なものから美という抽象物を抜き出して，それを美のイデアと名づけた。具体的なものから抽象的なエッセンスを抜き出す一種の解剖学的な発想になる。それと同じ発想が，この形容詞の名詞化にも反映されている。その抽象名詞は，目に見え，手で触れられる明確な実体を持つかのように扱われるが，日本語にするときは元の形容詞に戻す必要がある。

(3) a. I did not know for how long a time I had held my face against the soft warmth of her throat when she suddenly raised my head and kissed my lips and tore herself out of my arms.　　　(Erskine Caldwell, "Crown-Fire")

（どのくらいその柔らかく温かな喉に顔を押し当てていたかは知らない。ただ突然に彼女は私の顔を持ち上げて唇にキスし，私の腕から身を引き離した）

b. The mysterious beauty of the full moon evoked in me a profound sadness.

（妖しく美しい満月を見て私は深い悲しみに打たれた）

c. I knelt at his feet, and asked him to forgive my hardness of heart.

（私は彼の足元にひざまずき，私のひどい仕打ちを許してくれるよう頼んだ）

d. Now you need to feel the closeness of your mother's presence in your life.

（自分の人生であなたのお母さんがすぐそばにいることを感じる必要がある）

e. When he turned he caught the scornfulness in her look.　　　(V. S. Pritchett, "A Spring Morning")

（振り返ったとき，彼は軽蔑に満ちた彼女の眼差しを捉えた）

　また次の文の the scarlet は抽象名詞ではないが，直訳すると違和感がある。やはり「真っ赤な血」としたほうが日本語らしくなる。

(4)　This girl was sitting down, holding her foot, and even from here I could see the scarlet of blood against the white sand.　　　　　　(Walter Macken, "The Coll Doll")
（少女は足を抱えて座っていた，そしてここからでも白い砂に飛び散った真っ赤な血を見ることができた）

　形容詞はさらに動詞化されるものがある。日本語では「寒がる，うれしがる，悲しがる，いやがる，ほしがる，こわがる，痛がる，行きたがる」のように，「〜がる」をつけて「〜のように思う（感じる）」の意を表す動詞を作る。この「がる」はまた「ふりをする」の意でも使い，「強がる，偉がる，粋がる」などと言う（「偉がる，粋がる」は「偉ぶる，粋ぶる」とも言う）。また形容詞の語幹は「強い－強まる－強める」のように，自動詞や他動詞も作る。「深い－深まる－深める」「細い－細まる－細める」「固い－固まる－固める」「静か－静まる－静める」「暖か－暖まる－暖める」のようになる。英語では形容詞（あるいは名詞）にラテン語・フランス語由来の接尾語 -fy をつけて purify, solidify, simplify, falsify, amplify のように言ったり，ギリシャ語・ラテン語由来の -ize をつけて civilize, liberalize, modernize, realize と言ったり，あるいは英語本来の接尾語 -en をつけて sicken, harden, darken, sharpen, fasten, deepen, broaden, weaken, widen, sweeten のように言う。

　形容詞は名詞を修飾するものだが，動詞もまた名詞を修飾できる。英語の場合は現在分詞・過去分詞を形容詞として用い，日本語では動詞の連体形を用いる。たとえば「走る人」は a running man，「酔った人」は a drunken man となる。「酔った」は「自動詞（連用形）＋完了形（連体形）」で名詞を修飾するが，この形は，次

のかっこ内に示すように，しばしば英語の形容詞と一致する。

(5)　濡れた道（wet），乾いたタオル（dry），老いた人（old），
太った人（fat），怒った人（angry），曇った空（cloudy），
茂った木（leafy），陰った場所（shadowy），すました顔
（serious），死んだ父（dead），とぼけた奴（stupid），ばか
げた空想（foolish），すぐれた成績（excellent），間違った
答え（wrong），汚れた服（dirty）

　日本語には「濡れた」とか「怒った」などに相当する形容詞がな
いため，このように動詞を使って修飾する。「若い」や「正しい」は
形容詞で，英語なら young – old，right – wrong と反対の形容詞が
あるが，日本語の場合はないので，「老いる」「間違う」という変化
を表す動詞を連体形にして使う。この形を述語形式にすると，たと
えば形容詞を使った「楽しい日曜日」なら「日曜日は楽しい」とそ
のまま述語になるが，この場合は動詞であるから，「濡れた道」は
「道は濡れている」となり，「道は濡れた」とはならない。ただし，
歌った人，走った人，祈った人，食べた人のように，自分が進んで
する行為については，今の状態ではなく，「人が歌った」のように
過去（完了）のことになる。

第 4 章　代名詞

　代名詞とは，名詞の代わりに用いられる代用語のことである。客観的に物事を表現する英語と主観的に表現する日本語の違いは，代名詞，とりわけ人称代名詞によく現れる。英語の人称代名詞はすべて一種の記号であり，人格的ふくらみはない。しかし日本語の人称代名詞，特に一人称と二人称は多様で，お互いの関係に応じて呼び方が決まり，その語には人格的ふくらみがある。

1．人称代名詞

　まず一人称（自称）と二人称（対称）について。英語では二人で話すとき，I, you という人称代名詞を必ず使う。英語は自分の置かれた状況を外から客観的に捉えようとし，主語，動詞，目的語などがきちんとそろった構文で話すから，I と you は文を構成する必須の要素となる。ただし文の形を整えるための一種の記号であり，言葉としての重みや深みはない。しかし日本語の場合，話す者は聞き手と同じ状況を分け持っているという前提で話すから，伝える必要のあることだけを話し，言わなくても分かることは口に出さない。特に，あなたとわたしという，話し手と聞き手の関係は明白であるから，いちいち明示することはない。

(1) 「おうどうだい，はやく産んでくんねえな，これで来月に
なると，おれもふところ具合がわりいんだから ……」
「そんなことをいったって，おもいどおりにはいかないよ」
「だけれども，なんとかそこをやりくりしてよ」
「そんなやりくりがつくもんかね。それよりも赤ちゃんが
生まれればお金がいるんだから，しっかりしとくれよ」
「だから，このあいだから心がけて倹約しているんだ。き
のうだって，仕事の帰りに，おもて通りのすし屋へとびこ
うもとしたんだが，とうとうがまんしちまった」
「えらいねえ。生まれてくる子どものために好きなおすし
も食べなかったのかい？」
「ああ，すしは食やあしねえ。そのかわりてんぷらを食った」

（「寿限無」）

　上の会話では人称代名詞は「おれ」が一つあるだけで，ほかは一
切ない。その「おれ」にしてもなくてもいいものである。日本語の
会話では，叙述は自分の思いを語るもの，質問や命令は相手に投げ
かけるものである。それが通常の会話であり，「あなた」や「わた
し」を入れると，「あなたが行って」「おれは嫌だ」のようにその人
だけを状況から切り離し，浮き立たせるので，指定や強調などの特
別な意味を帯びてしまう。相手の名を呼ぶとは，名前であっても代
名詞であっても，相手を指すことである。そして「指す」は「刺す」
と同源であり，相手を言葉で刺す，あるいは言葉で相手に触れるに
等しい。議論や説得などの対立的な雰囲気のときは相手の名をしき
りに口にし，いわば相手を言葉で刺し続けて，それが緊張感を生
む。親子や恋人どうしの親しみのこもった状況では，相手の名を呼
ぶことで，べたべたと相手に触れることにもなり，それが快い。し
かし一般的には，上の会話のように，分かりきったことはいちいち
口にしない。
　人と向かい合う場合，英語で使われる代名詞は I と you で不変

だが，日本語では人間の上下関係，および内・外の関係を基本に，性別や立場や状況に応じて多様に変わる。まず身分・年齢などが上の者に対しては「あなた」のような代名詞は用いず，自分とどういう関係にあるかに応じて，先生，部長，おじさん，お姉さん，伊藤さん，などと常に敬称を用いる。外の，特定の職業の人は，郵便屋さん，おまわりさん，大工さんのように言う。代名詞を使わず，相手の地位や役割に言及することが相手を重んじる言い方になる。自分のことは，わたし，わたくし，ぼく，おれ，といった代名詞になる。「わたくし」とは公に対する私，「ぼく」とは下僕が元の意であるから，自分を卑下する言い方になる。敬称がいわば相手に立派な服を着せることなら，「わたし」とは着る服を地味にすることである。「わたくし，井上一郎は」という言い方で本名を名乗ると，いわばみずからを裸にするにも等しくなる。下の者，あるいは同等の者に対しては，相手の名を呼び捨てにする。そうすることで，距離をなくし，いわば相手を裸にして，こちらが遠慮なく話せる相手にする。「さん」や「くん」をつければ，親しさや軽い敬意，あるいは距離感が出てくる。

　家族も同様で，子供は親をお父さん，お母さん（おやじ，おふくろ，おとう，おっかあ）と呼び，弟や妹など下の者は名前を呼び捨てにする。ただ家で特殊なのは，父親は，子供に対し，自分のことをよく「お父さん」と呼ぶことである。自分に敬語を使うのも変だが，一番下の子供を基準に，その子供が家族を呼ぶ言い方をそのまま自分の名にしていることになる（鈴木孝夫）。太宰治の『斜陽』で，「かず子や，お母さまがいま何をなさっているか，あててごらん。」とは母親自身の言葉だが，自分に「さま」や「なさる」という敬語を使うのは子供が母親に使う敬語をそのまま写すためである。実際，続く文で語り手（かず子）は，「「お花を折っていらっしゃる。」と申し上げたら，小さい声を挙げてお笑いになり，「おしっこよ。」とおっしゃった。」と母親に敬語を使っている。母親は娘のその言い方を写していることになる。

　日本は個の社会ではなく，和の社会であり，人はその集団におけ
る自分の位置と役割を自覚し，その役割を演じようとする。家では
その役割意識が強くなり，父親は子供の前では自分を一貫して「お
父さん」と呼び，その名称は固有名詞とほとんど同じになる。そし
てその役割意識から，子供に対しては名を呼び捨てにし，自分が上
であることを示す。だから，もし「お父さん」が「わたし」などと
言おうものなら，子供は，まるで服を脱ぎ捨てた裸の父親を見るよ
うに驚くことになる。したがって家という場では，父親は母親と二
人だけのときも相手の家での役割のままに「お母さん」と呼ぶが，
家族ではなく，夫婦として意識するときは「お前」と言ったり相手
の名前を呼んだりする。しかし家父長制の名残から，母親が父親の
名前を呼ぶことはなく，「お父さん」あるいは「あなた」になる。
もっともこれも習慣であるから，家によっては父親が子供に自分を
終始「おれ」「わたし」と呼ぶこともあるし，また子供を常に「さ
ん」づけで呼ぶこともある。家庭の中だけでなく，その外でも，子
供が小さければ，まったくの他人であっても，通りすがりの女性
が，「お姉ちゃんが取ってあげる」とも言うし，商売人が赤の他人
を「お父さん，ちょっと見ていってよ」などとも言う。日本人の精
神は家あるいは家族が和の基盤としてあり，それが社会にも及ぶ。
社会全体が一つの家になり，国も家，つまり国家となる。学校で
は，小学校の先生は，生徒が幼いと自分のことを「先生」と呼ぶが，
それは学校が家庭の延長上にあるからで，高校や大学になると「わ
たし」になる。会社でも社長は自分のことを「わたし」と言い，「社
長」とか「社長さん」とは呼ばない。

　自分の呼び方は種類が多く，わたし，おれ，ぼく，だけではな
く，自分，わし，うち，当方，こちら，手前，のようにも言う。英
語のＩのように感情のない記号的なものではなく，感情を帯びた
きわめて主観的なものだからである。どの名称を使うかは自分の置
かれた場や相手との関係で決まる。「わたくし」「わたし」は職場の
会議など，襟を正すべき公の場での自称で，「わたくし」のほうが

改まった言い方で丁寧になる（概して言葉数の多いほうが丁寧）。「わたくしめ」と「め」をつけると，自己卑下の響きが出る（相手に「愚か者め」とすると，ののしりの言葉）。「ぼく，おれ」は家庭や仲間うちなど，打ち解けた私的な場での自称だが，「ぼく」が上品な響きなら，「おれ」は粗野な響きを持つ。「当方，こちら，うち」はもともと場所や方向を指すもので，遠回しの柔らかい響きになる。「わし」は「わたし」から「た」を抜いたものだが，年配者などが使う尊大な響きを持つ。「わたし」を崩して「わっし，わっち，あっし，わたい，わて，あて，わい，わちき」にすると，親しい間柄での打ち解けた言い方になる。女の子が「あたし，あたい」のように「あ」を使うと，甘ったるい感じになる（昔は男の子も「あたい」と言った）。どれも，上品な「わたくし」という言葉が磨り減って崩れた感じになる。「おれ」から派生した「おいら，おら」は男性言葉で，子供っぽい響きを持つ。「おれ様」とすれば，こっけいなふざけた言い方になる。ただし「おれ，わし」は昭和初期までは女性が普通に使っていた自称だったが，今ではもっぱら男性が用いる。「小生，我輩，予（余）」などは明治期の少し古い言い方になる。

　相手の呼び方も種類が多いが，あなた，君，お前，が一般的である。「あなた」は丁寧，「君，お前」は親しみのこもった言い方になる。その言い方が崩れて，「あんた，おめえ」となると，粗野な感じが出てくる。「きさま，てめえ」とすると，非難の意がこもる。「お宅，そちら」は場所・方向なので，相手に直接触れない遠回しの丁寧な言い方になる。「あなた様，お前様，お宅様，そちら様」のように様をつけると敬意がこもる。目上の者には社長，おじさんなどの尊称を使うので，代名詞は使えない。喧嘩をするときは上司を「お前」呼ばわりすることもあるが，その場合は相手の立派な服を剥ぎ取り，自分と同じ位置まで引きずりおろす感覚になり，致命的である。口論のときなど，最初は「あなた」でも，激してくると「お前」となり，「てめえ」となることもある。

　歌舞伎では，同一人物が向かい合う相手や状況により自称・対称

を自由に使い分けている。自分を呼ぶときは，侍だと，拙者，それがし（某），み（躬），身ども，おれ，わし，予，手前，わたくし，我などと使い分け，相手を呼ぶときは，そなた，貴殿，汝，その方，そち，お前，あなた，こなた，こなはん，こちの人，あなた様，貴様，そさま，などと言う。台本を見ると，表記も，私とわたし，俺とおれ，我とわれなど，漢字にしたり仮名にしたり一定していない。むしろその多様性を楽しんでいる。現代だと，特に理由のない限りは言い方も表記も一つに定める傾向があるが，古くは，流れる雲のごとく，型にはまらない自由を好んだのであろう。ある戯曲では「私」と「わし」を使い分けている。

(2)　（親鸞）　さめてからのちも私の心はその幸福のなごりでおどっていた。けれどそのときからわしに一つの兆（きざし）があきらかに感じられはじめた。わしが死ぬということが……虫の知らせだよ……（顔色が悪くなる）

（倉田百三『出家とその弟子』）

　ここでは語り手が自分の死を意識したときから呼び方が変わる。すなわち，「私」とは人と向かい合ったときの丁寧な言い方，「わし」とは自分と向かい合ったときの素直な言い方になろうか。またある物語では，家の主人が自分の使用人と女中と妾を責めるときの呼称が異なり，「源助，手前は孝助を疑って孝助を突いたから謝（あや）まれ。」「（竹に）やはり疑ったのだから謝まれ，きみも謝まれ。」「これ国，貴様は一番孝助を疑い，膝を突（つ）いたり何かしたから余計に謝まれ，おれでさえ手をついて謝ったではないか，貴様はなおさら丁寧に詫をしろ。」（三遊亭円朝『牡丹燈籠』）とあり，「おれ」（目上には「私」と言っている）は相手に応じて，「手前，きみ，貴様」と呼んでいる。

　こうした多種多様な言い方とくらべると，英語は単純かつ客観的で，性別や社会での上下関係に捉われず，いつでも I と you が対等な立場で向かい合う。父子であっても夫婦であっても，また目上

116

と目下，上司と部下，大人と子ども，男と女であっても，いつも言い方は同じである。これは，I‐you が，「自分‐相手」を表す記号的な言葉であり，文を作るのに必要な要素であって，そこに何の感情的な色づけも伴っていないからである。音節も人称代名詞はすべて一音節で短く，軽く付与された感じになる。それに対し，日本語にはこの記号的な感覚がない。どんな言葉も必ず情緒的な意味合いを帯びており，状況を無視して自由には使えない。音節も，わたし，あなたは三音節であり，英語と比べると長く重い。だから幼い娘が父親に Oh, my head's on your heart; I can hear it going. What a big heart you've got, father dear. (Mansfield, "The Little Girl") （あのね，パパの胸に頭をつけてるの。心臓の動く音，聞こえるわ。なんて大きな心臓なんでしょう，大好きなパパ）と言うとき，your heart を「あなたの心臓」と訳すと奇妙になる。you は単なる指示だが，「あなた」には強い感情がこもり，幼い娘が父親に使うのは変だからである。

　日本語と英語の大きな違いとして，英語は I‐you が明確に区別されるのに対して，日本語では両者の融合や入れ替えが容易に起こることがある。「われ」は，「われは行く」とすれば自分，関西弁で「われ，何するんじゃ」とすれば相手，「おのれの命の限り」と言えば自分，「おのれ，名を名乗れ」と言えば相手，「手前，生国と発しますは」は自分，「お」をつけて「お手前」とすれば同等の相手への敬称（武士言葉），「手前」を崩して「てめえ」とすれば相手の蔑称になる。あるいは，子供のいる家庭で妻が夫を「お父さん」と呼ぶとき，妻には夫と実の父という二人の「お父さん」がいることになる。母親が「お姉ちゃん」と言うときも，自分の長女と実の姉の二人がいる。女性が見知らぬ男の子に「ぼく，どうしたの」と聞くとき，この「ぼく」は I ではなく you のことである。日本は和を重んじ，個を消すため，こうした入れ替えや融合は容易に起こる。話し手は聞き手と心情的に一体化してしまい，区別がなくなってしまうのである。西欧は個の文化であるから，I は I，you は you でアイ

デンティティがしっかりと確立しており，日本語のような入れ替え
が起こることはない（それだけに，エミリー・ブロンテの小説『嵐
が丘』でキャサリンがヒースクリフに言及して言う，he's more
myself than I am とか，I *am* Heathcliff といった男女の一体感を
言い表す言葉は印象に残る）。

　一方，三人称（他称）とは，会話の当事者ではなく，遠くに見え
る，あるいは話題に上るだけの外部の存在である。たいていは，目
の前にいなくても，二人称の呼びかけと同様，井上，井上さん，井
上部長のような固有名詞で話す。三人称の代名詞はほかの人称と比
べて乏しく，一般的な「彼，彼女」，丁寧な「あの人，あの方」，軽
蔑・親愛を表す「あいつ，やつ，あれ」，複数形の「彼ら，やつら」
ぐらいになる。ほとんどは指示代名詞が土台で，連体詞（代名詞
「あ」＋格助詞「の」）に名詞がついたものになる。たとえば彼女は
「かの女」，「あいつ」は「あやつ」，つまり「あの奴」から来ている。
「やつ」は「やつこ」からだが，この「やつこ」は，今では廃れてい
るものの，「やっこさん」とは言い，親しみのこもった表現になる
（「やっこ」の語源は「家つ子」で「つ」は「の」の意。奴隷や下僕を
指した）。

　三人称は，固有名詞でも代名詞でも最初に話題として上がれば，
それ以降は，一, 二人称と同様，必要のない限りは言及されない。
ただし，文章表現では大きく二つのタイプがある。一つは名前を出
さない書き方，もう一つは名前を繰り返しはっきりと出す書き方で
ある。名前を出さない書き方は古典作品が典型的である。名前は出
さなくても，敬語で誰のことを言っているかが分かる。

　(3)　　雪のいと高う降りたるを，例ならず御格子まゐりて，炭
　　　　櫃に火おこして，物語などして集まりさぶらふに，「少納
　　　　言よ，香炉峰の雪，いかならむ」と仰せらるれば，御格子
　　　　上げさせて，御簾を高く上げたれば，笑はせたまふ。
　　　　　人々も「さることは知り，歌などにさへ歌へど，思ひこ

そ寄らざりつれ。なほ，この宮の人には，さべきなめり」
と言ふ。　　　　　　　　　　　　　　　　　　　（『枕草子』）
(訳) 雪がとても高く降り積もっているのに，いつもと違い，
御格子をお下ろしして，炭櫃に火をおこして，（女房たち
が）話などして（中宮様のそばに）集まってお仕えしてい
ると，（中宮様が）「少納言よ，香炉峰の雪はどんなでしょ
うか」とおっしゃられるので，（私は女房に命じて）御格子
をあげさせ，御簾を高く上げたところ，（中宮様は）お笑い
になる。

　　周囲にいた女房たちも「そのようなこと（白楽天の漢詩）
は皆知っていて歌ったりするけれど，（実際に御簾を上げ
てお答えするとは）思いもよらなかった。やはり（少納言
は）中宮様にお仕えするのに相応しい人物のようだ」と言
う。

　文中の「宮の人」とは中宮様のことである。身分の高い人の名を
直接口にすることははばかられたから婉曲的な表現で言及している
（ちなみに中宮様とは中宮定子，また作者の清少納言の「少納言」
は身分を表す名称で，本名は不明）。こうした暗示は日本語らしい
ものだが，その一方で，連続して名前をはっきりと出す書き方があ
る。敬語はあまり使われず，名前が連続する分，英語に近づくが，
ただ英語と違い，人を代名詞化しない。そうして名前を明示し，連
続させることで，その人物は，状況（文）の中に溶け込んで霞んで
しまうのではなく，逆に状況の中からくっきりと浮かび上がってく
る。『枕草子』のような，女流作家による柔らかくて情緒的な描き
方ではなく，男性作家による力強くて客観的な描き方になる。

(4)　平等院の丑寅，橘の小島が崎より武者二騎引つ駆け引つ駆
　　け出で来たり。一騎は梶原源太景季，一騎は佐々木四郎高
　　綱なり。人目には何とも見えざりけれども，内々は先に心
　　をかけたりければ，梶原は佐々木に一段ばかりぞ進んだる。

佐々木四郎，「この川は西国一の大河ぞや。腹帯の伸びて
見えさうは。締めたまへ。」と言はれて，梶原さもあるらん
とや思ひけん，左右の鐙を踏みすかし，手綱を馬のゆがみ
に捨て，腹帯を解いてぞ締めたりける。その間に佐々木は
つつと馳せ抜いて，川へざっとぞうち入れたる。梶原，た
ばかられぬとや思ひけん，やがて続いてうち入れたり。「い
かに佐々木殿，高名せうどて不覚したまふな。水の底には
大綱あるらん。」
（『平家物語』）

(5)　　　四年目の終りが来た。市九郎の掘り穿った洞窟は，もは
や五丈の深さに達していた。が，その三町を超ゆる絶壁に
比ぶれば，そこになお，亡羊の嘆があった。里人は市九郎
の熱心に驚いたものの，いまだ，かくばかり見えすいた徒
労に合力するものは，一人もなかった。市九郎は，ただ独
りその努力を続けねばならなかった。が，もう掘り穿つ仕
事において，三昧に入った市九郎は，ただ槌を振うほかは
何の存念もなかった。
（菊池寛『恩讐の彼方に』）

　三人称代名詞は，英語の場合は，一人称・二人称と同様，感情的
な色づけのない記号として，状況や人間関係に係わりなく自由に使
える。しかし日本語では第三者は記号でも物でもなく，あくまで人
格を持った人間であるから，その使用にあたっては強い制約を受け
る。たとえば，英語で Is your mother at home? と聞かれ，子供が
No, she's gone shopping. と答えてもなんら違和感はない。しかし
その英語を直訳し，「いえ，彼女は買い物に行きました」とすると，
母親を突き放したような冷たい印象を与えてしまう。日本語では
「彼女」を「母」とするような具体的な色づけがどうしても必要であ
る。部長のうわさ話をするときも，部長は部長であって，彼とは言
わない。彼と言えば，やはり部長を他人扱いにし，その地位から引
きずり下ろす感じが伴ってしまう。だから日本語では目上の者を代
名詞で言及することはできない。

この「彼」とか「彼女」という言い方は，「彼ら」という言い方とともに，もともとは英語の he, she, they の訳語として，明治期に作られたものである。「彼女」の由来は「彼の女」であり，その場合の「彼」とは「あれ」の意味で，もともと男女の区別なく用いられるものであった。しかし「彼」「彼女」が訳語として一度生まれると，英語のような記号ではなく，血が通い，肉を得て，「おれの彼女」「娘の彼氏」のように恋人になったり，使用範囲が青年や大人に限定されて，小さな子供や老人には使えないといった制限を受けることになる。

一方，英語の三人称代名詞は he, she, it と複数形の they である。they は日本語では，人の場合は「彼ら」，物の場合は「それら」と区別するが，英語では区別をつけない。つまり he, she と it は同じ範疇に属する。実際，子供や赤ちゃんはよく it で受ける。一種の物扱い，あるいは中性扱いで，a poor (dear) little thing のように子供や女性を thing で言及することもある（愛情や軽蔑がこもる）。ドアのノックに対しても Who is it? と人を it で捉える。相手が見えず，その性別が分からないからである。しかし分かっていても it で受けることがある。

(6) "Similarly, that girl—" Here I interrupted myself to exclaim: "Good gracious me! I could have sworn it was Miss Eliza Dimbleby over there, with her feet in the fountain."　　　(E. M. Forster, "The Other Side of the Hedge")
（「同様にあの女性は―」と言って私は話をやめ，叫んだ。「こりゃ驚いた！ あそこで泉に足を浸けているのは，間違いなくイライザ・ディンブルビーさんじゃないか」）

ここで it とは that girl のことである。これは日本語で「あの子は」の代わりに「あれは」と言うのと同じで，離れている人物を that (girl) として捉え，それを it で受けていることになる。she でもよいが，she だと相手を人として，it だと物（対象）として捉え

ていることになる。

(7)　[W]hat kind of woman was it who talked to herself and was afraid of an empty house?

(Susan Hill, "A Bit of Singing and Dancing")

（独り言を言って空っぽの家を恐れているのはどういう女性なの？）

これは語り手の独り言なので it ではなく she（直接話法では I）としてもいいところである。しかし語り手は自分に強い違和感を覚え，他者として遠くから見ているので，自分をいわば物体化して it で受けている。an empty house もよく知った友人の家なので the としてもいいところだが，初めて見るようななじみのない家ということで a がついている。

　he や she の使い方でも，直訳した場合，日本語になじまないことがある。

(8)　*Boy:*　　　Did you tell Daddy?

　　　Mother:　Not yet.

　　　Boy:　　　Will he have to know?

　　　Mother:　I expect so. Jonathan, it would be better for you to talk to your father yourself.

（「パパに言った？」「まだよ」「パパ，知らなくちゃいけない？」「そう思うわ。ジョナサン，自分からパパに話すのがよいと思うわ」）

　この母子の会話で，子供が父親を「彼」と捉えることは日本語には合わないし，母親の言う your father も，「あなたのお父さん」と訳すと不自然になる。日本語では夫は妻にとっても「お父さん」で，「お父さん」とは家族みんなの「お父さん」だからである。だから「あなたのお父さん」と言うと，母親が父親を自分から切り離しているような印象を受ける。正確なのは英語のほうであるが，背後には発想の違いがあり，日本語は家という全体の中で人を捉えている

のに対し，英語は個人の視点で捉えていることになる。あるいは，祖母が孫娘に向かい，You didn't think your grandma could do that, did you?（おばあちゃんにはそれができないと思ったんだろ）と言う。自分を I ではなく，孫娘の立場から grandma と言及しているのは日本語と似ている。親近感のこもった言い方になるが，ただ your という代名詞のつくところが日本語とは違う。さらに次の祖父の言葉が興味深い。

(9) 'Well, my girl!' said grandpa. 'Give us a kiss!' Fenella kissed him. 'Ugh!' said grandpa. 'Her little nose is as cold as a button. What's that she's holding? Her grandma's umbrella?'

(Katherine Mansfield, "The Voyage") [us＝me]

（「さあ，いい子だ，キスしておくれ」と祖父は言った。フェネラはキスした。「うわっ。この子のお鼻はボタンのように冷たい。何を持っているんだい。おばあちゃんの傘かい」）

ここでも祖父は自分の妻を，名前ではなく，日本語風に「おばあちゃん」と言っている。しかし，やはり，her がついて，あくまでも「孫娘のおばあちゃん」である。さらに，孫娘は自分の目の前にいるにもかかわらず，you ではなく she で言及している。この客観化は，孫娘に対し，からかうような親しみを込めた言い方になる。日本語なら「このお嬢ちゃんは」というところであろうが，英語は I と you が基本だからこの三人称表現は奇妙に響く。

自分のことを I ではなく，三人称として言及することもある。

(10) "Women don't wear overalls," said Caleb, running along behind her like one of Sarah's chickens.

"This woman does," said Sarah crisply.

(MacLachlan, *Sarah, Plain and Tall*)

（「女の人はオーバーオールは着ないよ」とケイレブがサラのひよ

このように彼女の後ろを走りながら言った。「この女性は着るのよ」
サラが快活に言った）

　「この女性は」とは自分のことである。I と言ってもいいのに，
相手の言葉をそのまま受けて言っている。『ジェイン・エア』でも
目の見えない相手が "Is it Jane? What is it? This is her shape—
this is her size—"（ジェインなのか？　何なのだ。彼女と同じ形，同じ大
きさだ）と言うと，それを受けて，"And this her voice ... She is
all here: her heart, too. God bless you, sir! I am glad to be so
near you again."（Charlotte Brontë, *Jane Eyre*）（そして彼女と同じ声。
その人はすべてここに。その心もまた）と答え，自分を she として言及
している。

　相手の言葉を受けないで自分を she とすることもある。

(11)　Try to take some broth now, and let Sudie go back to her
　　　drawing, so she can sell the editor man with it, and buy
　　　port wine for her sick child, and pork chops for her
　　　greedy self.　　　　　　　　　　　(O. Henry, "The Last Leaf")
　　　（さあスープを飲んでちょうだい，そしてスーディーを絵に戻らせ
　　　てちょうだい。その絵を編集者に売って，病気の子供のためにポー
　　　トワイン，欲張りな自分のためにポークチョップを買えるようにね）

　話し手は Sudie 自身だから let me go back と言ってもいいとこ
ろである。ちょっとおどけた言い方になろうか。こうした発想は，
自分を離れ，外から自分を第三者としてを捉える見方になるが，こ
ういう捉え方は日本語にはない。父親が子供に向かい自分を「お父
さん」と呼ぶことはあっても，それは家の中での固定した言い方で
あり，自分を指して「この人は」と言うことはない。
　母親が子供に対して父親を「お前のお父さん」と呼ぶように，英
語は何でも客観的に言おうとする。和ではなく個，融合ではなく分
離・分析が英語の際立った精神である。それは所有代名詞にも現

れ，英語は一つ一つの名詞につけてその関係を明確にする。

(12) a. He looked at me with those kind blue eyes of his. He rubbed his chin with his hand.

(Somerset Maugham, "A Friend in Need")

（彼は青いやさしそうな目で私を見た。そして手であごをこすった）

b. I made up my mind that I would put my watch in my pocket and with a dramatic cry start up and say it had been picked. (Maugham, "The Luncheon")

（私は腕時計をポケットに入れ，大げさに叫んで驚き，すられたと言おうと決心した）

英語の所有代名詞は日本語にいちいち訳す必要はない。(12a) の後半を「彼は彼の手で彼のあごをこすった」などとすると，その三つの「彼」はどれも違う人を指しているようにも思えてしまう。しかしこれが英語の発想であり，ちょうど物の一つ一つに単複の意識が働くように，一つ一つの物に所有や所属の意識が働くことになる。ただしこの所有代名詞の多用は英語だけの特徴で，ドイツ語やフランス語では「その」の意味を持つ定冠詞を使っている。このことは英語が have を多用することと係わり，所有の意識が特に強くなっていることを示している。

また英語では，話の中に Tom が出てきたら，次にはそれを he で受ける。そうして人称を軽くすることで述語のほうに重点を移すことができる。同時に，たとえば a boy なら，次にそれを he あるいは the boy とすれば同一人物，a boy とすれば別の少年となるように，Tom を繰り返せばもう一人の Tom を指す場合もあるから，he とすることでその可能性を排除している。さらに，人称代名詞の無機的な語感を和らげるために，よく言い換えをする。小説では，Tom が若者なら，単に he だけではなく，the boy, the child, the youth, the youngster, this young creature あるいは状況に応

じて the dreamer, an idler, a poor soul などと言うし，dog も，it だけではなく，animal, beast, creature, object などと言い換える。これは会話でもそうで，相手をただ you と言うだけではなく，親しさを出すためによく文中に，Tom, you were brave. のように話す相手の名前をさしはさんだり，相手が恋人なら，my dear, darling, my sweet, sweetie, honey, sweetheart, love, dearest, sugar, baby, doll, angel, treasure といった呼びかけをしたりする（呼びかけのときは普通名詞でも a をつけない。つけると一人とか一個という意味が生じてしまう）。しかし訳す場合は「蜂蜜ちゃん」とか「お砂糖さん」などとは言えない。そういう発想自体がない。日本語では，信ちゃんという呼び方をしたら，言い換えなどはせず，その呼び方を一貫して続けるほうが自然である。童話でも，桃太郎は桃太郎として話を続けるのが自然であり，それを「彼」とか「この少年」などとすると，突き放したような不自然な感じになってしまう。それはまるで，相手を客観的な存在に変えてしまうかのようである。つまり信ちゃんなら信ちゃん，先生なら先生と同じ呼称を通すことが，敬意や親しみのこもった言い方になる。

　注意すべきは，英語では人称代名詞はその人の声の意味でも使われるということである。たとえば I can't hear you. とか I can't catch you. というとき，この you は「あなたの声・あなたの言っていること」の意である。日本語では単に「聞こえない」と言ってその対象には言及しない。I will obey you. の you も「あなたの言うこと」である。

(13) a.　"Yes, I've no doubt you did—" retorted my mother. But she was drowned in our clamour of questions.

　　　　　　　　　　　　　　　　　　　　(D. H. Lawrence, "Adolf")

　　　　（「ええ，確かだわ，あなたたちが—」母が言い返した。しかしその声は質問の嵐の中にかき消された）

　　b.　"Please don't bother yourself about me." He took her

to mean that she was in no need of financial assis-
tance. (Virginia Woolf, "The Legacy")

（「私のことで思い悩まないでください」彼は彼女の言葉を，経
済的支援は必要としないという意味に受け取った）

c. I'm sorry to have cut you short.

（話をさえぎり，申し訳ない）［人を切断するのではない］

d. You have to shout to make yourself heard.

（大声を出さなければ聞こえないよ）

　英語の代名詞は「主語＋動詞＋目的語」といった文の形を整える
ためのもので，記号的，形式的で，名詞ほどの重みはない。語源的
な意味もなく，しかも一音節なので，音としては軽くて短く，特に
強調したい場合でなければアクセントは置かれない。したがって，
その軽さから関係代名詞の先行詞にはなりにくい。The girl
(whom) I met yesterday was very beautiful. は普通だが，She
(whom) I met yesterday was very beautiful. はぎこちない。従属
文で修飾するには軽すぎるからである。The girl I met yesterday
—she was beautiful. とすると形が整う。ただし古くは he, they
も先行詞となり，He that is slow to anger is better than the
mighty: and he that ruleth his spirit than he that taketh a city. （聖
書「格言」）（怒りを遅くする者は勇士に勝り，自分の心を治める者は町を
攻め取る者に勝る）のようにも言う。また直接話法で人の発言を引用
する際，文末に「主語＋say」をつなげるときは，"Yes," he said.
の語順が好まれ，"Yes," said he. はそう多くない。文を締めくくる
には軽いからである。主語が人名の時はどちらの語順もあるが，そ
の重さから，"No," said Mrs. Williams. とすると文が強勢をもっ
て締めくくられる。日本語の代名詞は「わたし」や「あなた」のよ
うに多音節で，ちゃんとした語源があり，重みがある。だから「ひ
とり耐えていたあなたは立派でした」のように修飾文をかぶせても
違和感はない。

英語のこの軽い形式語は，前置きとして使えば，次に来る内容語を強調することができる。

(14) a. What is it you want?

（君のほしいものは何だ）

b. She waited, Kate Croy, for her father to come in.

(Henry James, *The Wings of the Dove*)

（彼女，ケイト・クロイは，父が入ってくるのを待っていた）

c. It is a strange thing, love. (D. H. Lawrence, "Rex")

（不思議なものだ，愛とは）

d. But he sticks to it that the man couldn't have committed suicide.

(Agatha Christie, "The Market Basing Mystery")

（しかし彼は男が自殺などできなかったろうと主張した）

e. How well she remembered it, that first act in her little trage-comedy, the death of her reverend husband's first wife. (Thomas Hardy, "The Son's Veto")

（彼女はよく覚えていた，自分の悲喜劇の最初の場面，牧師の最初の妻の死を）

2. 人称代名詞の歴史

　日本語の人称代名詞は，日本の社会が内外・上下の関係で成り立っているため，きわめて複雑で，時代の流れの中で誕生や消滅，交替や転用を繰り返してきた。上代では一人称は「あ・わ」，二人称は「な」，不定称は「た」といったア段音の語が基本で，それに助詞「が」をつけて主語や名詞修飾に用い，また接尾語「れ」をつけた「あれ，われ，なれ，たれ」を単独で主語に用いた。自称の「あ」と「わ」の違いは，「あが君」と言えば親愛の情を，「わが君」と言えば改まった感じを表したが，「あ」は平安時代には廃れ，「わ・わ

れ」が優勢になった（この点，後述する英語の thou と you の関係に似る）。この時代，「まろ」も自称として広く使われた（牛若丸の「丸」の元）。三人称ははっきりせず，「し」が人称代名詞と指示代名詞の両方に使われたが，これも廃れて，「これ，それ，かれ，あれ」などの指示代名詞が転用されて使われるようになった（「かれ」が「彼」の元）。貴族の時代が去り，武士の時代になると，揺れ動く社会を反映していろいろな語が現れる。一人称では「われ」のほかに「わたくし」が名詞から転じて目上の人に使う丁寧な自称になり，また「おれ」が，本来は二人称の卑称表現だったが，同輩や目下に使う武士の尊大な自称表現としてはやった。のし上がった者という意識だろうか。これは新しい時代の自我意識を反映するもので，以後，現代まで続くことになる。

　人称代名詞はただ指示するだけではなく，日本独特の，尊敬語，謙譲語，軽卑語の区別があった（丁寧語は平安より）。上代の尊敬語としては，親しみを表す「いまし」，敬意を表す「みまし」，同等以下に対する「まし」，天皇や主君や貴人に対する「君」といった区別があった（「まし」は「有り」の尊敬語「坐す」より）。尊敬語は時代が進むとともに多様化し，なんぢ（汝），なんだち，おまへ，おもと，そこもと，おぬし（御主），そなた，こなた，貴所，貴方，貴辺，貴殿，貴様，御身，御辺，などの言い方が現れる。社会が複雑になり，細かな身分や階層ができると，自称・他称を問わず，その差を言い表すのにいろいろな言い方が必要だったのであろう。ただ現代はもう身分制度もなく，社会は均質化されているので，江戸時代ほどの多様性はない。

　尊敬語の特徴として，しばらく持てはやされると，やがて使い古され，飽きられて，価値が下落することがある。特に「おまえ」や「きさま」は，御前，貴様という漢字表記が示すように古くは尊敬語だったが，「おめえ，てめえ」と崩れ，同等以下の者への，さげすみや親しみの言葉に成り下がっている（お前様，お前さんとすれば敬意が復活する。なお御前の読みは「おまえ，おんまえ，ごぜ

ん」)。「君が代」の「君」も，今は「君とぼく」のように，対等ある
いは目下に使う親しみのこもった男性語になっている。「君とぼく」
は語源をたどれば「君主と下僕」になるが，その意味はとうに廃れ，
江戸期に武士や学者，明治には書生が用いた仲間内の言い方を引き
継いでいる。対語としては他に口語調の「きさまとおれ」，文語調
の「我と汝」がある。

　また目下への軽卑語として，上代には，おれ，おのれ，わけ，が
あった。この語の特徴は一人称にも二人称にも使われたことで，た
とえば「おれ」は，初めは目下の者を指したが，後に目下の者に対
する自分をも指した。現代では，「おれ」は自称に移り，自分を謙
遜して言った「手前」が相手を見下す「てめえ」に崩れてこの軽卑
語に落ちてくる。尊敬語は時と共に価値が下落するが，軽卑語はこ
れ以上下がりようもなく，また上がることもなくて，「おれ」を除
けば，今でもさげすみの言葉のままである。また謙譲語として，上
代には「やつがれ」(やつこ (奴) ＋あれ (吾)) があったが，その後
は，「おのれ，おれ，わたくし，ここもと (そこもとの逆)，それが
し，てまえ (おまえの逆)」などに変わる。

　一方，複数は昔から「たち，ども，ら」をつける。元々「たち」
は神・天皇・貴人などにのみ使われ，敬意がこめられていたのに対
し，「ども」，「ら」は，目下とか軽蔑すべき者たちに対して使われ
た (「ども」の語源は「伴」で伴う者，「ら」は物について使った)。
今日でも，「わたしども，わたしら」とすると謙遜の意がこもる。
「野郎ども」と言えば，乱暴な者たちを軽蔑的に指す。「たち」は上
品なので，詩などでは物に対しても使われ，それを擬人化する (「あ
の日たち　あの日たち　帰っておくれ」立原道造「夏花の歌 (その
二)」)。

　一方，英語の人称代名詞はもともとは主格・属格・与格・対格が
あったが，対格 (直接目的語) と与格 (間接目的語) が重なり，今
日では I－my－me のように三つになる。主格 (主語) の形はあま
り変わらない。変化は機能上のもので，日本語のように人間関係を

主観的に映すものではないからである。主格を見ていくと、一人称・単数は古英語では iċ、中英語で ich、ついで i になったが、草書体にすると mn などの語とまぎれて分かりにくくなるので、近代に至り、読みやすさのために大文字の I になった（発音は /iː/ から /ai/）。複数形は古英語から we (wē) で変わらない。二人称は単数は ðū → thou → you と変化した。複数形は ġē → yē → you である。三人称・単数は、古英語では男性・女性・中性が hē/hēo/hit で複数形は hī だったが、今日では he/she/it/they と変わっている。it は hit の h 脱落形、she は由来不詳、they はヴァイキング（古ノルド語）の代名詞だったものである。こうした変化は、古英語ではすべて h で始まっていたため、紛らわしさを解消しようとする心理が働いた結果であろう。女性の主格 hēo も男性主格の hē と紛らわしかったが、中英語で s が語頭に入ることで判別が容易になったし、また中性・属格 his も男性属格と同一の形だったが、近代になって its に変わることで区別ができた。

　ただし、古英語にだけあって、その後、消滅した代名詞がある。dual（両数）と呼ばれるもので、一人称と二人称のみにあり（wit「わたしたち二人」ġit「あなたたち二人」）、動詞もそれに合わせた変化をした。だから数は、単数・両数・複数という三つの体系から成り立っていた。この両数の概念は西欧のほかの言語でも消滅しているので分かりにくい（古代ギリシャ語、サンスクリット語にあり、現代ではアラビア語に残る）。しかしその概念は both, pair, twin, couple という語や each other, between という言い方に残っているように、2 という数は古代では特別な感覚を帯びていた。人間の目や耳、手や足、唇や肩、頬や乳房やヒップは二つで一組である。また夫婦、恋人、つがいの動物も 2 で成り立つ。だから 2 という数は、ほかの数字とは区別され、一つの単位となるような特別の意味を持っていた。それが消滅したということは、2 という有機的なまとまりがその精神的意味を失い、数の一般的、無機的、抽象的な概念の中に飲み込まれたことを意味する。つまり 2 とは、西欧の

古代的，生命的感覚のこもった数であったと思われる（個の価値に立脚する西欧から見れば日本の和の感覚も独特である。なお漢語には「両，双，対」があり，和語の「片割れ」とは対の一方）。

　現代英語では you は単複同形である。これは考えてみれば実に奇妙なことである。ドイツ語でもフランス語でも二人称の単数形と複数形は区別されている。日本語でさえ「あなた達」，「君ら」「お前ども」など，区別はある。だから区別しない英語は不思議に思える。しかしこれには歴史的な事情がある。英語は中英語までは，ちゃんと単数形と複数形があった。すなわち単数形は thou，複数形は ye で，you は ye の目的格であった。変化が生じたのはノルマン人がイギリスを支配し，フランス語が公用語になってからである。フランス語では一人の人物に対し，二人称の複数形が敬意表現として使われていたため，その影響を受けて英語でも二人称複数形が一人の人物に対する敬意表現として使われた。こうして you と thou が並ぶと，you は目上の者に用い，thou は家族（親から子，夫から妻），目下の者，あるいは友人・恋人などの親しい者に用いるという区別ができた。シェイクスピアの『ロミオとジュリエット』では，ジュリエットは愛するロミオや信頼する乳母には一貫して thou を用い，距離のある両親や求婚者には you を用いる。ハムレットも母親には you を用いるが，感情が激すると thou になる。親から子へは you と thou が使い分けられている。これは人間の感情を表す有益な区別だが，しかし，フランス語やドイツ語ではその二種類の語が今も共存しているものの，英語では敬意表現の you が優勢になって thou がすたれた。それと共に thou – thy – thee という語形変化もなくなり，thou が動詞に要求した -est という語尾も消滅した。その主な原因は，you と thou の区別が社会的な差別と見なされるようになったためで，結局，敬意のこもった you が生き残ることになる。この平等意識は，上下関係を強く意識する日本語とは際立って対照的である。今日，thou は古めかしい言い方として，詩や方言，聖書（神への呼びかけは thou）などに残るくら

いである。[1]

　この you は本来は目的格で，主格は ye だった。しかし発音の類似性（弱音だと共に /jə/ になる）や you / thou の表記の類似性などから混同が起こり，you が ye を押しのけて主格になった。ただし詩などでは ye は主格として使われることもある。こうした変化は，日本語の場合には，「おれ」が卑称から普通の言葉になり，あげくは二人称が一人称と交代してしまう現象に相当するだろう。you は単複同形であるから，区別する必要があるときは，複数形の時は，you all ～，all of you, you guys, 単数形の時は，Jim Hawks, you are ～ と言ったりする。近代英語の一時期，単数形の場合は you was, 複数形の場合は yous were という言い方がはやったが，定着はしなかった。

　一方，日本語の「あなた」は本来は「あちら」という遠称の意だったが，遠くて近づきがたい人ということで，最初は三人称で「あの方」の意，次いで二人称に対する敬意を表した。しかし時の流れの中でその意味合いはすたれ，今日では，遠い人という語感のために否定的な意味を帯びるようになっている（だから目上の人に「あなた」は使えない）。ただし漢字では「貴方（貴男・貴女）」が当てられ，敬意の意味をとどめている。you のような単複同形は，日本語では一人称の俗語に「こちとら」という言い方があり（「こちとら江戸っ子だい」），「ら」が「ぼくら」のような複数の語尾となるが，独りでも複数でもよい。室町期では「われら，わたくしら」を一人の場合でも使い，それは上品な言葉とみなされた。「おいら」も「おれら」から来たもので，自分を指すが，複数を表すこともある。複数にすると，その人を膨らませる効果があり，敬意などの雰囲気が

---

[1] thou は恋人に親しみを込めて使われたので特別な語感がこもる。Shelley が Hail to thee, blithe Spirit! / Bird thou never wert. （ようこそ，汝，陽気なる精よ／お前は決して鳥などではない）と呼びかけるとき，ヒバリは詩神の化身として，心から憧れる親しみのこもった存在である。

出てくる。また「公達」「友だち」の「達」，「子ども」の「ども」も
複数を表す語尾だが，一人の人を指し，複数の場合は「友だち達」
「子ども達」となる。

3.　指示代名詞

　指示代名詞は物を指し示すときの言い方で，英語では this と
that の二種類，日本語では「これ」，「それ」，「あれ」の三種類があ
る。日本語ではさらに疑問を表す「どれ」を付け加えて，コソアド
言葉と呼んでいる。このコソアド言葉は，本来は指示語であり，
「こ」で話し手に近いもの（近称），「そ」で話し手からは遠く，聞き
手には近いもの（中称），「あ」で話し手からも聞き手からも遠いも
の（遠称），「ど」で限定されないもの（不定称）を表す。それを基
本語にして，「これ，それ，あれ，どれ」とすれば事物の指示，「こ
こ，そこ，あそこ，どこ」とすれば場所，「こちら，そちら，あち
ら，どちら」，あるいは少し崩して，「こっち，そっち，あっち，
どっち」とすれば方角，「こいつ，そいつ，あいつ，どいつ」とす
れば人の指示になる（それぞれの語尾につく「れ」は物（者），「こ」
は場所，「ち」は方角，「いつ」（奴）は人を表す接尾語）。格助詞の
「の」をつけて「この，その，あの，どの」とすれば体言につく連体
詞になる。日本語では相手に直接触れるのをはばかる気持ちから，
指示代名詞は人称代名詞の役割も果たしている。「こちらの方（か
た），そちらの方，あちらの方，どちらの方」とすれば，こいつ，
あいつという見下した感じの言い方と違って，丁寧な言い方になる
（「方」を「ほう」と音読みにすれば方角。「かた」は和語）。you の
一般的な訳語「あなた」も，本来は方向を指し，あちらの方向の意
味で，こなた，そなた，あなた，どなたという言い方の一つにな
る。上代では遠称は「か」で表し，「かなた」と言ったが，「か」が
「あ」に変わって「あなた」となった。また he の「かれ」も，本来
は近称「これ」の対語として遠称を指したが，後に「あれ」に取っ

て代わられたものである。

　指示代名詞はいろいろな形で使われる。「こ」からは「これ，こうだ，こんな，こうして，これから，これなら」，「そ」からは「それ，そうだ，そうか，そんな，そうして（そして），それから，それなら」，「あ」からは「あれ，ああだ，あんな，ああして，あれから，あれなら」，「ど」からは「どれ，どうだ，どうか，どんな，どうして，どういう，どうにか」などが生まれている。とりわけ「それ」から作り出される表現が豊かで，上記以外にも，「それこそ，それじゃ，それぞれ，それで，それでは，それでも，それどころか，それとなく，それとも，それなのに，それなり，それに，それゆえ」などがある。

　一方，英語の指示代名詞は this と that の二種類である。this は話し手にとって近いもので「これ」と訳し，that は遠いもので，「それ」あるいは「あれ」と訳す。この区別は here と there の区別と同じである。実際，here の語源は，this に場所を表す語尾 -r (-re) がついたものであり，there は，that に -r (-re) がついたものである。指示代名詞は人を指すこともあり，人を紹介するときは This is Mr. Jones. と言う。電話での会話だと，「こちらは山田です。そちらは井上さんですか」は，"This is Yamada (speaking). Is this Mrs. Inoue?" "Yes, this is she." と言う（ただしイギリスでは「そちら」は that を使う。this とは this voice のこと）。電話でなくても，Is this a relation of yours?（こちらの方はご親戚の方ですか）のように言う。

　ただし，この this と that は初めから反意語としてあったのではない。どちらも指示代名詞ではあるが，this は近いものを指す働きしかないのに対し，that は今の this, that を含めて広く使われ，定冠詞や関係詞や接続詞などの役目も果たした。だから今でも名詞の反復の際は The population of Tokyo is larger than that of Osaka., 関係代名詞も He is the only man that survived the accident. のように that を用い，this は使わない。that のほうが使い方が広いた

めである。しかし 13 世紀になって the が that から独立すると共に，that は this の反意語としても使われるようになった。一方，ドイツ語やフランス語の指示代名詞は英語の古い形をとどめている。ドイツ語の場合，der が「これ・それ」どちらも指す中立的な代名詞で，特に近いものを指すときは dieser（英語の this に相当）を使う。英語の that に相当する jener は，文で前者・後者（jener, dieser）という対句で使うぐらいで，「それ」（that）と指示する働きはなく，ほとんど廃れてしまっている（代わりに場所を示す da, dort（there に相当）を使う）。フランス語も同様で，ce が「これ・それ」どちらも指し，特に「それ」を指すときは cela を使うが，「これ」を意味する ceci は対比の場合ぐらいしか使わない。

　日本語と英語の指示代名詞を比べたとき，なぜ英語は二種類で，日本語は三種類なのかという疑問が生じる。英語の場合，I と you という対立が人間関係の基本であり，それに対応して this と that，here と there がある。しかし he に対応する語はない。三人称 he, it というのは I と you の会話の中に浮かび上がってくる外部の存在であり，I と you ほどの重要性は持たない。それに対し日本語は独立した個人と個人が対等に向かい合うのではなく，そうした区別がない和の世界であり，人は必ず誰かと結び付いているから，こちらとそちらという当事者にあちらという第三者が加わって和の関係を構成する。この第三者は時に当事者よりも大きな存在となる。したがって，その人物を話題にするとき，その人が高位の人であれば，目の前にいないにもかかわらず，あたかも目の前にいるかのように敬語を使って話す。第三者とは英語の he のような純粋に外部の人間ではなく，すぐそばにいる人間に等しくなる。この時，話し手と聞き手は一つに融合して「我々」「こちら」という内側の存在になり，第三者は「あちら」「彼・彼ら」という外の存在となって向かい合うことにもなる。だから日本人の発想には二区分よりも三

区分のほうが便利だった。[2,3]

　この「あちら」は「あなた」という高い敬意のこもった人称代名詞に発展する。遠い距離は手の届かない心理的距離を暗示し，それが高い身分の者に対する敬意になる。室町時代では「こなた」は目上，「そなた」は同等か目下への敬意の語であったが，江戸時代にはその敬意もすり減り，また平安時代からあった「お前」も価値が下落したため，代わって「あなた」が同等や目上の者に対する高い敬意の語として現れた。ただしその価値も昭和初期までで，現在では対等か目下の者に使う語になり，目上の者にはもう使えなくなっている。「あなた」に代わる語はなく，目上の者には部長とか伯父さんとかの敬称を用いている。

　注意すべき点として，it と that の違いがある。it は「それ」と訳すが，指示する働きがあるわけではない。たとえば "What is that?" "It is a dog." と言うとき，that は目に見えているものを指しているのに対し，it は文中の語，すなわち that を受け，that の代わりとして，文の主語の役割を果たしている。"Is this what you want?" "Yes, that's it."（そのとおり）と言うときは，that は前文で具体的に言及されている this を指し，it は what you want を受けている。つまり it は文を作るのに必要な形式語であり，「それ」という意味を持つものではない。それはたとえば，It is good that he joins us. で，it は that 以下の文の代わりに主語として用いられて

---

　[2] 奈良以前には「こ」と「そ」の対立しかなかったという見方もある。どちらもオ段音であることも示唆的。

　[3] ラテン語には hic, iste, ille という，「これ・それ・あれ」に相当する指示代名詞があった。古代の日本語と同様，本来の人称代名詞は一，二人称の ego と tū だけで，三人称はないため，指示代名詞で代用し，ille（あれ），is（既出のもの）を使って，それぞれに男性形，女性形，中性形があった。ロマンス語群の指示代名詞は，フランス語，イタリア語は二つ（this と that に相当），スペイン語は三つあり，東洋では，中国語は二つ，朝鮮語は三つである（日本語には朝鮮語の影響があろうか）。

いる形式語であり，「それ」と訳すことができないことからもうかがえる。「それ」という訳があてがわれたのは，「これ，それ，あれ」のうち，this に「これ」を，that に「あれ」を当てたので，余った「それ」を，意味上ではなく，便宜上，it に当てたということであろう。日本語にはこういう文法的に必要とされる，それ自体に意味のない語というのはないので，理解しにくいものになっている。

4. 疑問代名詞・不定代名詞・関係代名詞

　英語では what, which, who は，その語を使った疑問文が名詞を答えとして求めるため，疑問代名詞と呼ばれる。主語のときは，不定のため，Who is coming? のように単数扱いになる。副詞（句・節）の形で答えを求める when, where, how, why は疑問副詞となる。英語で wh- のつく上記の語は wh-words と呼ばれる。how だけ wh- ではないが，古英語では h(w)ū で，もはや w は脱落していたが，もともとは hw- の表記を持つ when (hwænne), where (hwær), what (hwæt), why (hwī) と同じ仲間だった。who (hwā) も w の表記は残るが発音では消え，w を発音して h を省くこともあるほかの語と対照をなす（古代の hw- は音位転換で wh- になったが，発音は /hw-/。日本語では「あらたし」が「あたらし」（新し）に変わる類）。これに対応する日本語は「なに，どれ，だれ」そして「どこ，いつ」で，これは代名詞になり，「どう，なぜ（どうして）」は副詞になる。英語の疑問詞はそのままの形で関係詞や接続詞になったり，whereabouts や whatever のように他の語と結びついて名詞や副詞の複合語を作る。一方，日本語のほうもそのままの形で疑問詞になるとともに，助詞などと結びついてさまざまな言い回しを作る。「なに」を例に取ると──

　(1)　「何だかお腹すいちゃった。何かない？　何でもいいよ。パンなんかでも」

　「あら，ごめんなさい。今，何もないのよ」
　「なんだ，がっかり。なんで何もないの？」
　「なにしろ忙しくて。なんなら，お金あげるから何か買っ
　てくる？」
　「いいよ。自分でなんとかする。… なんて言ったけど，
　やっぱりお金ちょうだい」

　これを英訳した場合，「何だか」「なんとか」は somehow，「何か」
「何でも」は something，anything，「何もない」は nothing，「なん
だ」は what，「なんで」は why，「なにしろ」は you know，「なん
なら」は if you like となり，いろいろな訳し方をする。このこと
は「何」に限らず，「だれ・いつ・どこ」など，不定代名詞のすべて
に当てはまる。そもそもが何にも限定されない言い方だからであ
る。よって，「いつ」からは「いつ (when)」，「いつも・いつでも
(always)」，「いつもの」(usual)，「いつか・いつぞや (someday)」，
「いつになく」(unusually)，「いつまでも」(forever)，「いつしか」
(before one knows)，「どう」からは「どうやって」(how)「どう
して」(why)「どうにか・どうやら」(somehow)「どうせ」(any-
way)「どうも」(whatever)「どうか・どうぞ」(please)「どうで
も」(anyhow)「どうにも」(in no way)「どうしても」(at all
costs)「どうなりと」(anyway)，「どこ」からは「どこか」(some-
where)「どことなく・どこかしら」(somewhat)「どこそこ」(such
and such a place)「どこまでも」(endlessly)「どこも・どこもか
も・どこもかしこも」(everywhere)「どこでも」(anywhere)，「だ
れ」からは「だれ」(who)「だれか」(someone)「だれでも」(any-
one)「だれにも」(everyone)「だれも（〜ない）」(nobody)「だれ
かれ」(everyone)「だれだれ」(so-and-so) といった言い方が出て
くる。

　英語では wh- が疑問詞に共通する語幹であった。日本語の場合
には「い」や「ど」などがそれに当たる。今の「こ・そ・あ・ど」は

上代では「こ・そ・か・いつ」という体系をなし，不定称は「いつ・いづれ・いづこ」などと共に，物の質を表す「なに」や，物の状態の「いか（に）」，数量を表す「いく（つ）」があった。このうち，「いづこ」が「いどこ」になり，語頭のイが落ちて「どこ」が生まれ，その「ど」から「どれ・どなた・どちら・どんな」などが生まれてくる。「なぜ」は「何せむに」が「なぜに」になり，ニが抜け落ちて「なぜ」になる。人称代名詞の不定称は上代から「た・たれ」で，濁音化して「だれ」となる。

　英語の不定代名詞 one は「1」が原義で，そこから，「（同じ種類の）一つのもの」(one of them) とか「人」の意が派生する。日本語の「人」も，数えるときは「ひとり」となるように，「一つ」と根が同じである。日本語で「人」が「一（ひと）」になるのは，一人の人間が持つ存在感の強さのためであろうか。英語の one は一般化された人で，a man とか we, you, they, people などで言い換えられるが，I で言い換えられる場合も多い。I と明言したくない場合に代用として使われる。

(2)　I have always hesitated to give advice, for how can one advise another how to act unless one knows that other as well as one knows oneself?　(Maugham, "The Happy Man")
（私はいつも忠告するのをためらってきた。というのも，自分を知るのと同じくらい相手のことも知っているのでなければ，行動の仕方をどうして教えられるだろう）

　次に関係代名詞を見ると，今日，その使い方ははっきりと定められている。先行詞が人のときは who，物のときは（what ではなく）which で，that はどちらの場合でも使える。先行詞が人と物，最上級や all, only, first などで限定されているときは that になる。ただし，人であっても，He looked like an artist, which he really is.（彼は陶芸家のように見えたが，実際にそうである）のように，地位や身分や性格を表す名詞の場合は，人というよりも人にかぶせる概

念になるので，物扱いとなって which となる。I estimate from my brief examination of the body that it has not been dead for more than an hour. (J. Jefferson Farjeon, "Waiting for the Police") （簡単な検死をして，死後一時間もたっていないと判断した）という文でも，日本語なら「死んで一時間もたっていない」のは「彼」だが，ここでは the body（死体）を受けているので it になる。所有格で接続するときは，人のときは whose，物のときは of which，あるいは whose を用いる。関係副詞では，先行詞が場所なら where，時なら when，理由なら why で，制限用法が基本，ただし when, where は非制限用法にもなる。こうした細かい取り決めのイメージとして，関係詞とは部品と部品を接続する金具であり，部品の状態に合わせて，使うべき金具はあらかじめ決まっていると見ればよい。そのことで意味のしっかりと通った頑丈な文を組み立てられることになる。

　しかしながら，昔からしっかりと決まっていたわけではない。昔からあるのは指示代名詞 that を使ったもので，元の形が，I read a book; that is interesting という二文だとすると，それが接続されて I read a book that is interesting. となる。文法的には指示代名詞から関係代名詞に変わっている。次に生まれたのが関係副詞の構文で，I sleep in a room; my mother died there. の二文が接続されて，I sleep in the room where my mother died. となる。who, which などを用いた関係代名詞は最後に現れる。この場合も，which には「どちらの人か」の意味もあるので，先行詞は人でも物でもよかったし，who で物を受けることもできた。さらには what も先行詞を取ることができたが，現在では先行詞を持たず，I know what he said.（元は I know that which he said.）のように，「～であるもの」(the thing which ～) という形で単独で使われている。この what の場合も，What was left of the family moved to New York.（残された家族はニューヨークへ引っ越した）のように，人の場合にも使われる。

　また関係詞に用いられる語は接続詞としても使われる。関係詞の使い方が二つの文をつなげることだから，当然，接続詞としても使われることになる。I declare that I will not obey. の元の形は I declare that（＝this）: I will not obey. で，that は I will not obey を先行して受けた代名詞であった（今日なら，I declare it that I will not obey. と言うところ）。接続詞になったことで，that は「〜と」と訳すことになる。when は「〜するときに」でよく使う接続詞であるし，強めの -ever をつけた whatever, whenever, wherever, however も譲歩文を主文につなげる接続詞になる（while も接続詞として使われるが，wh- で始まるとはいえ，本来は「ある一定の時間」の意の名詞）。

　興味深いものとしてゼロ関係詞というものがある。たとえば I will read the book you recommend so much. だと，関係詞はないが，the book の後に which が省略されていると見ることができる。He is the man I think would become great.（彼が，偉くなるだろうと（私が）思う人だ）[would は仮定法]も，the man の後に I think が続くことで，the man と I の間に関係詞の省略があると感じられる。日本語で関係代名詞の訳語として「（〜する）ところの」を使ったが，それが取れた形なので日本語に近づく。しかし次の文は，口語や方言ではよく使われているとはいえ，違和感を覚える。

(3) a.　It's Jim ate the apple.
　　　　（ジムがあのリンゴを食べた）

　　 b.　I have an uncle is a lawyer.
　　　　（弁護士の叔父さんがいます）

　　 c.　There is a strange man wants to see you.
　　　　（変な人があなたに会いたがっています）

　　 d.　There is no creature loves me. (Shakespeare, *Richard III*)
　　　　（私を愛する人は誰もいない）

この関係詞のつかない文は，主節が there is 〜，It is 〜，I have

〜 といったときに現れ，それは古英語から一貫して続く古い言い回しになる（目的語の後につく関係代名詞が省略されるようになるのは中英語から）。最初の文を例に取ると，There is a strange man. という平易な基本形で主節の意味が確定するから，関係詞がなくても意味は誤解なく読み取れる。しかもこの文を日本語にすると，「変な人がいてあなたに会いたがっている」となり，関係代名詞というものを持たない日本語の感覚と似てくる。英語は中英語で屈折語尾を失い，その埋め合わせに語順，関係代名詞，形式語 it などの文法形式が整えられていく。ゼロ関係詞はこの波の中で生き残ってきたものであり，古代から続く，そして日本語の発想に近い，素朴で力強い発想を受け継ぐものなのかもしれない。

5. 再帰代名詞

英語の I や you は，日本語のように主観的に膨らんだものではなく，人を表す文法上の記号のようなものだった。だが，それだけにとどまらず，人はさらに分解され，意識主体としての自分と，その自分が働きかける客体としての自分に分けられる。客体としての自分とは一種の他者であり，自分の肉体あるいは心になる。キリスト教では魂とその容器である肉体を区別するが，その対立を反映している。したがって He flung himself on his bed. は「彼はベッドに身を投げた」，He washed himself. は「体を洗った」となる。この場合，him を使うと別人になるので，その行為が自分に向けたものであるなら himself を用いる。その方向性がなく，単に物と自分との位置関係を示すような場合は，He saw a dog near him., I have no money with me. のように him や me になる。「体を洗う」は wash my body と言いたくなるが，そういう言い方はしない。myself だと身体としての自分，my body だと心から切り離された物体としての身体となる（堅い言い方だと person）。

(1) And then she scrubbed herself with a little block of pumice …. When she had dried herself she stood in front of a mirror in her bedroom and looked at her body.

(John Steinbeck, "Chrysanthemums")

(彼女は小さな軽石で体をこすった … 体を乾かすと寝室の鏡の前に立ち，自分の肉体を見た)

最後の文では肉体そのものに焦点が当てられるため，herself ではなく her body となる。Wash my body with rose-water after my death.（私の死後，バラ香水で私の体を洗うように）とか，He ate slowly, quietly and contentedly, aware only of himself and his body being warmed and made tolerable once more by food. (Alan Sillitoe, "Uncle Ernest")（彼は，食べ物のおかげで，心と体がもう一度温められ，元気になることだけを感じながら，ゆっくりと，静かに，満足して食べた）といった文でも，心とは切り離された肉体としての body が強調されている。wash oneself の場合，体だけでなく，手や顔だけ洗う場合もこう言う。日本語では具体的に手とか顔とか指定しないと意味をなさない。心としての自分に対しては，I said to myself. は「心に思った」，I thought to myself. は「心ひそかに考えた」，I persuaded myself. は「信じた」となる。thought の例では to myself はなくてもいいが，「自分に向かって」という方向性が強調されるから，心に思いが浮かぶというより，自分に言い聞かせる感じになる。いくつか例を見る。

(2) 体に働きかける場合

a. Jay Prakash let himself be dragged along by the ascetic.

(Alain Danielou, "The Game of Dice")

(行者に体を引かれるままにした)

b. I felt myself going cold as I stood there.

(立っていると体が冷たくなるのを感じた)

c. She finds herself in the parking lot.

144

　　　　　（気づけば駐車場にいた）

d.　[A girl] stooped over a little too far and showed the least bit of herself.

　　　　　　　　　　　（Erskine Caldwell, "The Strawberry Season"）

　　　　　（少女は少し深くかがみこんで肌を少しだけあらわにした）

e.　The two lovers throw themselves ecstatically into one another's arms.　　（Aldous Huxley, "The Portrait"）

　　　　　（愛し合う二人は夢中で抱き合った）

f.　She looked at herself in the glass.

　　　　　（彼女は鏡で自分の姿を見た）

(3)　心に働きかける場合

a.　He amused himself watching children's games.

　　　　　（彼は子ども達の遊びを見て楽しんだ）

b.　He had forced himself upon her in this very house.

　　　　　　　　　　　（Woolf, "The Legacy"）

　　　　　（まさにこの家で彼は彼女に対して我を押し通した）

c.　He cried himself out.

　　　　　（気が済むまで泣いた）

d.　It was difficult to shake himself free of dark thoughts.

　　　　　（心から暗い思いを払いのけることは難しかった）

e.　She taught herself how to live in this cruel world.

　　　　　（この残酷な世での生き方をみずから学んだ）

f.　He pulled himself together.

　　　　　（彼は気持ちを落ち着けた）［"break to pieces" になった心を寄せ集める感じ）

g.　He kept himself to himself for three days.

　　　　　　　　　　　（Rudyard Kipling, "Thrown Away"）

　　　　　（彼は三日間閉じこもった）

h.　You took me away from myself.

　　　　　　　　　　　（Lawrence, "The Shades of Spring"）

（あなたのせいで私は自分を見失ってしまった）

i.　She could not bring herself to return the letter.

（その手紙を返す気持ちになれなかった）

j.　He found himself thinking about the way his life had
turned out.　　　　　　　　(Bernard Malamud, "The Prison")

（気がつくと自分の人生の成り行きについて考えていた）

(4)　物が主語となる場合

a.　The uneasiness spread itself to me.

（その不安が私に伝わった）

b.　Her roughened hands clasped and unclasped them-
selves in the folds of her skirt.

(Mansfield, "Frau Brechenmacher attends a wedding")

（彼女はスカートのひだの中で荒れた両手を握ったり開いたり
した）

c.　A simple and natural explanation of the matter soon
presented itself to his mind.

(Hearn, "Of a Promise Broken")

（問題に対する単純で自然な説明がすぐに自然に心に浮かんだ）

d.　The words never formed themselves on his lips.

（言葉は口から出てこなかった）

e.　Her mouth smiled to itself.

（唇がひとりでにほころびた）

f.　Viewless and unexpected events thrust themselves con-
tinually athwart our path.　　　　(Hawthorne, "David Swan")

（予見できぬ思いがけない出来事が次々と現れて我々の行く手
をはばんだ）

　古英語では self は名詞や代名詞の後につく形容詞だったため，
himself, herself, themselves のように対格の後につくが，中英語
では self が名詞化して，myself, ourselves, yourself, yourselves

のように所有格の後にもつく。今では self は名詞で，my real self（本当の自分）のように言う。所有格の場合は，oneself は代名詞になるので，myself's house ではなく，my own house となる（own は元は所有する意の owe の過去分詞）。

　この oneself を目的語とする文表現は近代英語になって顕著になったもので，それまでは I wash me. のように単純目的語を取っていた。現在では oneself を使うが，堅い表現なので，behave のように oneself を省いて自動詞となったものもある（wash にも自動詞形がある）。amuse, enjoy, exert, raise などは他動詞しかないので必ず oneself を目的語に取る。他動詞の中には受身表現にできるものもある。その場合，I persuade myself that 〜（私は信じる）とすると行為に，I am persuaded that 〜（私は信じている）とすると状態に力点がある。dress myself は自力で着ることに力点があるので，よく can を伴って小さな子供や病人に使われる。一般的には get dressed で，服を着た状態になる，即ち，服を着るとなる。

　日本語の「私自身」とか「彼自身」という言い方は，myself や himself の訳語として生まれたものである。日本語には古代から「おの，おのれ」という言い方があり，「おのが名」「おのずから」「おのおの」のように使ったり，名詞として「おのれを知る」「おのれに勝つ」のように言う。代名詞としては相手を指す言い方になり，「おのれの態度はなんだ」と言ったり，「おのれ，やったな」のように呼びかけにも使う。「われ」も「おのれ」に似，「我から我が企てを洩らして歩く」の「我」とは「私」のことではなく「自分」のことである。我関せず，我と思わん者，我に返る，我を忘れる，なども自分の意である。今は「おのれ」「われ」を主語にせず，「自分が行きます」のように「自分」を使う（元は軍隊用語）。この「自分」を含め，「自己，自身」という言い方は漢語になる。共通する「自」は象形文字では鼻を表し，鼻を指して自分を示すことに由来する。いずれにしても限られた言い方であり，英語のような広い用法はない。

　最後に自己意識の強く現れた英語の文を見ておく。次の文では I,
my, myself が数多く使われ, 自分というものが前面に押し出され
ている。いかにも自己意識の強い英語ならではのものになる（日本
語の訳にはあまり反映されない）。

(5)　I will tell you what I will do and what I will not do. I
　　 will not serve that in which I no longer believe, whether
　　 it calls itself my home, my fatherland, or my church: and
　　 I will try to express myself in some mode of life or art as
　　 freely as I can and as wholly as I can, using for my de-
　　 fense the only arms I allow myself to use—silence, exile,
　　 and cunning.

　　　　　　　　　（James Joyce, *A Portrait of the Artist as a Young Man*）
　　　　　（どうするか, どうしないかを君に言うよ。ぼくは自分が信じてい
　　　　　ないものに仕えることをしない。それがぼくの家庭だろうと, 祖
　　　　　国だろうと, 教会だろうと。ぼくはできるだけ自由に, そしてで
　　　　　きるだけ全体的に, 人生のある様式で, それとも芸術のある様式
　　　　　で, 自分を表現しようとするつもりだ。自分を守るための唯一の
　　　　　武器として, 沈黙と流寓とそれから狡智を使って。）（丸谷才一訳）

　古典では『リチャード三世』がある。悪夢を見て自己分裂に陥っ
ている。

(6)　What do I fear? myself? there's none else by:/Richard
　　 loves Richard; that is, I am I./Is there a murderer here?
　　 No. Yes, I am:/Then fly. What, from myself? Great rea-
　　 son why:/Lest I revenge. What, myself upon myself?/
　　 Alack. I love myself. Wherefore? for any good/That I
　　 myself have done unto myself?/O, no! alas, I rather hate
　　 myself/For hateful deeds committed by myself! .../Nay,
　　 wherefore should they [pity me], since that I myself/Find

in myself no pity to myself?　　(Shakespeare, *Richard III* 5.3)
（何を恐れるのだ？ この俺を？ ほかには誰もいはしない。リチャー
ドはリチャードの身方，そうさ，俺は俺だ。人殺しでも来たとい
うのか？ 来るものか──そうだ，人殺しは俺だ，こわければ逃げ
ろ。ふむ，自分から逃げるのか？ なぜそうしなければ──俺の復
讐がこわいから。俺が俺に復讐する？ そうはゆかぬ，俺は自分が
かわいい。何かいいことでもしてくれたからか？ おお，それどこ
ろか！ 俺は，自分で自分を憎んでいるくらいだ，憎むべき罪の
数々を犯した俺自身を！ … 俺自身，自分に愛想をつかしているの
に，誰が涙を？）　　　　　　　　　　　　　　　　　（福田恆存訳）

第5章　冠詞と数

(1) 'Let's go to a place which has lots of whisky,' he said. 'Lots of whisky and a man with egg on his beard serving it.'　　　　　　　　(Roald Dahl, "Someone Like You")

（「酒がどっさりある店に行こう」と彼が言った。「酒がどっさりあって、ひげに卵をくっつけた奴が出してくれる店に」）

この文は、冠詞に関し、日本人には分かりにくい次のような問題を提起してくれる。

(2) a.　place は which 以下で限定されているのに、なぜ the ではなくて a なのか。

　　 b.　whisky は lots of で複数を表す -s がついているのに、なぜ them ではなく it で受けるのか。

　　 c.　egg は一個二個と数えられるはずなのに、なぜ冠詞がついていないのか。

こうした意識は訳には反映されていない。日本語ではそういう意識がないためである。しかし英語の論理的発想を知るためにはきわめて重要な事柄になる。

冠詞はその発達こそ遅いものの、西欧文化の根幹である牧畜文

化，あるいは狩猟民族としての発想が端的に表れているように思われる。牧畜民族にとって，動物は一個の独立した存在であり，狩りをするとき，あるいは家畜を管理するとき，その数を正しく即座に読み取ることが必要になる。その発想は人間の側にも反映し，個人を一個の独立したもの，社会を個人の集合したものとして捉える発想につながる。一方，日本文化の根底にあるものは稲作文化，農耕民族としての発想である。稲は田に群生するまとまりであり，一株一株を識別する発想は生まれない。それが人間の側にも反映し，個人ではなく，家や村（あるいは学校や会社，江戸時代なら藩）といったまとまりを重んじる発想になる。まず和を土台とするしっかりした共同体があり，個人とはそこに属し，そこから浮かび上がってくるものになる。この個をめぐる意識の違いが冠詞の有無の問題とも係わってくる。言語表現では，西欧語は言いたいことを SVO といった全体的な骨組みで示そうとし，そこに具体的な語彙をはめ込み，肉付けする。それは牧畜民族らしい一種の解剖学的な発想であり，冠詞も名詞のあり方を具体的に定めてその全体の骨組みに接続させるものになる。一方日本語は言いたいことだけを言葉にして，あとは暗示にとどめる。だから霧の中から主な言葉が浮かび上がるだけで，細かいことは見えてこない。見えないものは，同じ共同体に属し，同じ価値観を分け持つ限り，わざわざ言葉に出さなくても容易に推測のつくものである。名詞についてもその種類だけが浮かび上がり，細かい数については霧に隠れたままで，必要がない限りは浮かび上がってこない。

1. 冠詞と接頭語

名詞の前につく a や the といった冠詞は日本語にはないものだから，ちょっとした飾りぐらいにしか見えず，日本人には理解が難しい。しかし冠詞 article とは，冠といったものではなく，語源は small joint，つまり小関節であり，文に名詞をつなげる役目を果た

す。だからもし冠詞を取り除いてしまったら，意味が変わってしまったり，意味をなさなくなってしまったりする。a man with egg on his beard でも，「あごひげに卵を乗せた男」だから，卵が丸ごと一個，あごひげの上に乗っかっている図を想像してしまう。しかし egg には一個という意味の an がついていないから，一個という意味を失い，卵の一部，つまり調理されるなどした卵の断片のことになる。だから「あごひげに卵（の一部）をくっつけた男」の意味になる。The house smelt of dog. では，今度は dog に a がついていない。a がつくと一匹の犬だが，今，犬の姿が見えるわけではなく，ただ犬のにおいがするというだけなので，a はつかないことになる。もし数が分かっていれば，その時点で a dog や dogs になる。だから a がなくなって抽象的になるというより，a がついて個体になると考えたほうが分かりやすい。She is with child. は身ごもっている意だが，やはり赤ちゃんは見えないので a はつかない。He began life as surgeon in the Navy.（彼は海軍で外科医としての人生を始めた）では surgeon に a がついていない。a がないと一人という感覚がなくなり，「一人の外科医として」ではなく「外科医という資格で」の意になる。性質を表す形容詞に近い感覚になる。あるいは，「彼はわたしの友達だ」と言うとき，英語では He is my friend. という言い方のほかに，He is a friend of mine (one of my friends). という言い方がある。a を使うと，a は 1 ということなので，何人かいる友人の中の一人ということになる。それに対し，my friend は特定の一人，あるいは a とは数えられない唯一の友になる（my best friends という複数形もある）。このように冠詞の有無は，名詞に意味を与えて限定している。

　英語では数の決定と対象の認識は同時的である。語順ではむしろ数の決定のほうが早い。だから数が決定されてから対象が認識されると言ってもいいくらいである。実際，「わたしはゴリラを見た」と言いたいとき，I saw a で思考上の一つのまとまりがあり，対象を一頭と限定した後で，その対象をどう捉えるかで，まず lion, wolf, horse, gorilla, monkey, dog, elephant といった語群の中から gorilla が選ばれ，次いでそれをどう表現するかで，gorilla, big ape, large primate, big animal, large monkey, horrible creature, wild beast といった選択肢の中から適当な一つが選ばれる。一瞬の選択であるが，しかし認識上は対象と数は同時であり，表現上は数の決定が先行する。a か the かの選択も，名詞に先立って成される。初めて述べること，一つという意味合いを持つ不特定のことなら a，すでに述べたこと，一つしかないと限定したいことなら the で，その方向性が決まった後に，具体的に名詞を示すことになる。

　日本語にはこういう冠詞はない。ただし，英語にはなくて日本語だけにつくものがある。名詞の前につける「お」や「ご」という接頭語である。和語の場合は，「お菓子」「お手紙」「お風呂」「お庭」「お花」「お水」など，漢語の場合は，「ご飯」「ご無沙汰」「ご機嫌」「ご馳走」「ご意見」「ご成功」など，「お」や「ご（御）」をつけて尊敬や丁寧の意を表す。おニュー，おビール，おトイレのようにカタカナ語につくこともあるし，「お月さま」「ご苦労さま」「お客さま」「おまわりさん」のように，接頭語に加え，「さま」などの接尾語を付けることもある。ただし，つける義務はなく，話し手の意識しだいである。この接頭語は名詞だけでなく，動詞や形容詞にもつき，動詞だと，お話しなさる，お助けくださる，形容詞だと，お美しい，お上手だ，お恥ずかしい，などとなる。だから人により，「客が来た」とも言えるし「お客様がおいでになった」とも言える。

　背後にあるのは話し方の基本精神の違いである。英語は物を見，それを客観的に捉えようとし，日本語は人を見，相手に応じて主観的に描き出そうとする。名詞についても，英語はその個体としての存在をありのままに捉え，日本語は相手に応じて色づけたり膨らませたりする。もっとも，どちらの言語においても，個々の単語は，具体的な文の要素として生まれ出るまでは，何の限定も受けない抽象的なイメージとして心の底に沈んでいる。そして実際に文の要素

として使うときに，その時の状況に合わせて，単語はさまざまな限定を受け，具体化されて，外に出てくる。日本語の場合は，話す相手に合わせて「お」や「ご」をつけるかどうかという意識が働く。英語の場合は，話す相手に関係なく，語それ自体として，a か the か無冠詞かを決める。言語習得においても，子供はまず「お」や「ご」，a や the のない形で単語を覚え，次いでそれらの付加語を学習する。したがって，抽象的イメージがまず土台としてあり，それを具体化する過程で付加語をつける・つけないという二次的な操作をすることになる。

2.　「お」と「ご」

　日本語では「お」と「ご」は尊敬や丁寧の気持ちを表す接頭語としてよく使われる。「お」は和語につき，「ご」は漢語につく。これは英語で，子音で始まる語には a がつき，母音で始まる語には an がつくといった区別と似ている。ただし漢語にいつも「ご」がつくわけではなく，「お正月，お時間，お饅頭，お茶碗，お弁当，お天気，お勉強」のように「お」がついたり，「お返事／ご返事，お加減／ご加減，お誕生日／ご誕生日」のようにどちらもつく語もある。日常よく使われる語は漢語でも「お」になりやすい。一方，和語に「ご」がつくことはない。和語が日本語の土台だからである。数についても，お一つ，お二つ，お一人，お二人，のように一と二には「お」をつけるが，三以上にはつけない。古くから使われる生活に必要な数は一と二で，それ以上は漠然と多になるためである。なお，ひとつ，ふたつ，みっつと読めば和語，いち，に，さんと読めば漢語になる。

　上で述べた語は必ずしも「お・ご」をつけなくてもよい語である。「お・ご」は尊敬や丁寧の気持ちを表すから，つけなければただ事実だけを述べることになる。それに対し，つけなければ意味をなさない語もある。おかず，おなか，おかげ，おこげ，おしめ，おしゃ

れ，おすそわけ，おなら，おひや，おふくろ，おまけ，おばけ，お
みおつけ，おやつ，ごちそう，ごはん，ごめん，などは接頭語と名
詞は一つに溶け合っており，分離するとわけが分からなくなる。形
容詞の，おいしい，も「いしい」に「お」がついたもので，今では
不可分ある。英語なら the sun など，常に the をつけて使う語に相
当しよう。(「ごきぶり」の「ご」も敬意がこもるが，この原義は「御
器かぶり」で，お茶碗をかじるものの意。「ごたく」「ごたいそう」
の「ご」，「おんぼろ」の「おん」（御）は皮肉。)

　一方，「お・ご」をつけないものもある。尊敬や丁寧の気持ちを
表す必要のないもので，漢語が多い。道路，水道，電車，公園，
駅，小学校，郵便局など公共のもの（個人に係わるものなら「お」
をつけ，お家，お車となる），肺炎，癌，脳梗塞，骨折などの病気
（個人に係われば，和語ならお風邪，お怪我，漢語ならご病気），地
球，宇宙，大地，生命，植物，雨，雪，鳥，虫など客観的，科学的
な語感を持つもの（和語なら，お命，お花，お空，お馬），地震，
火事，津波，泥棒，殺人など悪い意味のものにも当然つけない。こ
れらは，英語で喩えるなら a も an もつかない物質名詞などに相当
しようか。

　この「お」はもともとは「み」から派生したもので，「み」に「お
ほ（大）」がついて「おほみ」となり，そこから「おほん→おん→お」
と変化した。「み」は神仏や天皇への敬意，あるいは丁寧や美称の
気持ちを添え，古い語であるから，今ではほぼ固定した語につく。
みかど（帝・御門），み仏，み子，み心，み教え，みさき（岬・御
先），みち（道・御路），みね（峰・御根），みや（宮・御屋）（さら
に「お」をつけてお宮），みき（神酒・御酒）（おみき）など，切り
離しのできない語が多い。さらに美称として，み空，み雪，み山の
ようにも言う。

　話し手の判断で名詞に「お・ご」をつけるときは，その気持ちは
動詞や助動詞にも及ぶ。名詞だけに尊敬や丁寧の気持ちがこもり，
文全体にはこもらないというのは変だからである。「お手紙」なら

「拝読しました」「読ませていただきました」「読みました」となり，「お手紙を読んだ」は不調和感が残る。「おれがご案内いたします」も不調和である。「お仕事でのご苦労，お察し申し上げます」は「お・ご」が連続するが，敬意が文全体に及ぶため，正しい用法になる。敬語表現では「お〜になる」（尊敬語）「お〜する」（謙譲語）という形で定式化されている。これは，英語では主語が三人称・単数・現在なら一般動詞には -s がつくことなどに相当しよう。

　「お」や「ご」は対象にかぶせることで，ヴェールをかけるようにその対象を美化し，ふくらませるが，数についても，数字のままむき出しにはせずに，なんらかの形でふくらみを与える。一つは，一個，二本，三冊，四枚，五杯，六台といったように助数詞をつけることである。そのことで一，二，三という抽象的な数字が物と結びついて，形を持つ具体的なものになる。人の場合は三名様という言い方もある。もう一つは数をぼかす方法で，リンゴを三個ほどくださいとか，四本ぐらいお願いしますといった言い方で，数を言い切るのではなく，ぼかして柔らかい響きにする。また，英語と違い，a や複数形を表す -s はないので，数についてはあいまいになりやすい。「鳥が飛んできた」といっても，一羽なのか数羽なのかを意識することはない。しかし英訳しようとすると，意識せざるを得なくなる。「心なき身にもあはれは知られけり鴫立つ沢の秋の夕暮」という西行法師の歌は，鴫は群棲するのでたくさんという印象を持つが，芭蕉の「古池や蛙飛び込む水の音」は一匹だけポチャンと入るという印象を受ける。しかし日本をこよなく愛したラフカディオ・ハーンの英訳は複数形になっており，数匹が連続して，あるいは間を置いて飛び込んだことになる。これは田舎の水辺を歩けばよくあることである。単数か複数かというのは英語の発想であり，日本語の発想ではない。日本語はぼかし，その陰影や柔らかさを好むが，英語は照らし，その明瞭さや正確さを好む。日本語は霞の言語であり，英語は光の言語である。その精神は数の表現にはっきりと表れている。

3. 不定冠詞

不定冠詞 a, an の語源は古英語の ān（＝one）で，古英語にはまだ不定冠詞はなく，中英語になって，その語に強勢があるかないかで one と an に分化した。古英語では，前置詞の後など，名詞が無冠詞の場合も多く，ān がつく場合は名詞の性と格に応じて変化した。不定冠詞が，母音の前では an，子音の前では a となったのは 13 世紀末以降（16 世紀には確立）で，発音のしやすさから，子音の前では an から -n が脱落して a となった。one が語源だから，book, dog, tree などの名詞に a がつくときは，その名詞が一個の独立した個体であるという感覚を付与する。ただし，指標であり，one ほど意味は強くないので，「一つの」と訳す必要はない。I'll start in a day or two. とか，It takes an hour to finish the job. のように，数が意識されているときは「1」と訳す必要がある。次の詩でも a には「1」の意味が出ている。

(1) To see a world in a grain of sand, / And a heaven in a wild flower, / Hold infinity in the palm of your hand, / And eternity in an hour. (William Blake)
（一粒の砂に世界を見，一輪の野の花に天国を見るため，手のひらに無限をつかめ，瞬時のうちに永遠をつかめ）[hour は flower と /áuər/ の韻を踏むための語で，内容的には an hour＝a moment]

数えられる名詞でも a がつかないと，それは，先の egg や dog のように，ただ概念にとどまり，その対象が一個という具体的な個体になっていないことを示す。野菜だと，cabbage, cucumber, onion, potato, pumpkin など，a がつけば丸ごと一個の野菜を指すが，a がつかなければ料理されてその形をとどめない断片としての野菜になる。野菜を混ぜ合わせたサラダは輪郭がないので当然数えられないが，一枚のお皿に盛り付けると形を得，a salad となる。リンゴなどの果物も同様で，an がつけば丸ごと一個のリンゴ，つ

かなければ切ったりおろしたりして一個という概念を失ったリンゴのことになる。Put apple in the salad. というときは切って原形をとどめないリンゴである。切ったリンゴの断片は，a piece of apple のように数える（piece は断片の意）。fried chicken（チキンの唐揚げ）もニワトリの形をとどめていないから a はつけられず，数える時は a piece of 〜 をつけて一個と数える（一羽丸ごとの唐揚げなら a）。生き物でも fox, mink, crocodile などは，食用ではないため，a がないとその毛皮の意になる。あるいは flower は，a がつけば個体として独立して一輪の花になるが，つかなければ抽象的なイメージのままで，Tulips are in flower.（チューリップが満開）のように使う。voice についても，a がつけば，speak in a loud voice のように具体的に発せられる声だが，a がないと声の状態になり，be in good voice で「声の調子がいい」となる。また question は，a がつけば具体的な質問や問題だが，a がないと疑い（doubt）の意になり，beyond question（疑いなく），bring 〜 into question（〜を疑問視する）のように言う。the がつけば今目の前にある「問題」で，out of the question は問題外，不可能，の意になる。

　これらの例のように，単語によって a がつくかどうかが決まっているのではなく，文脈の中でその単語がどういう意味を持つかによって決まる。では感情はどうだろうか。感情は目には見えないから数えられない気がするが，その一方で，怒り，悲しみ，喜びなどさまざま種類があるから数えられる側面も持つ。英語では感情は feeling, emotion, passion の順で激しくなるが，最初の feeling を考えると，元の意味は「触れること」（動名詞）で，そこから体の「感覚」や心の「感情」になる。「感じること」という作用・能力の意味では抽象的で不可算だから，I lost all feeling in my fingers.（指の感覚をなくした），He plays with feeling.（感情を込めて演奏する）のように a がつかない。しかし「感じること」から「感じたもの」という結果・表現になると具体的になり，可算となって，a sad

158

feeling, a feeling of coldness, a feeling that he may be wrong
となる。一方，理性に対して感情というときは，一つの感情ではな
くたくさんの感情が含まれるから，その全体を feelings と複数形
にし，I can't express my feelings. と言う。このように「感じるこ
と」に重きがあれば不可算，「感じたもの」に重きがあれば可算と
なる。日本語で「酒」と「お酒」の違いは丁寧に言うかどうかの違
いだが，英語では対象をどう捉えるかの違いになる。thought の場
合も同様で，考えること，思考力という精神活動の場合は不可算
で，act without thought, after much thought, She was lost in
thought. となるが，ふっと浮かんだ思い，一つと見なせる具体的
な考えのときは可算になり，A happy thought occurred to me. の
ようになる。「意見」というときは，いくつもの考えのまとまりだ
から speak my thoughts のように複数形になる。ただ一つではな
く，さまざまな意見を述べることになる。

　a は，「形容詞＋複数形」という形に付いて，一つのまとまりを
表すことがある。

(2)　The lovers have a good two hours to make their final
　　preparations [for marriage].　(Aldous Huxley, "The Portrait")
　　（恋人達はたっぷり2時間使って最後の準備をする）

　two hours という複数形に a がつくのはおかしな感じだが，全体
を一まとめにする感覚になる。a great many houses, a nice six
weeks, an extra three dollars なども，名詞は複数形だが，その全
体に a がつくことで一つのまとまりとなっている。few や little は，
それ自体は「数が少ない」意だが，a がつくことで一つのまとまり
として捉えられる。a がないと，egg に an がない場合と同様，一
つのまとまりという感覚がなくなり，「ほとんどない」の意になる。
a dozen eggs, a hundred guests の a は 1 の意で，次の dozen や
hundred にのみ掛かる。だから独立させれば a hundred of guests
となる（複数扱い）。a person's feelings も複数形に a がつくが，

この場合の a も person にのみ掛かる。

　a lot of students のような場合の lot は，もともとはくじ引きによって得た戦利品や財産などの「分け前」の意で，そのひと盛りということから「たくさん」という意味が生じている。a があるからといって two lots of ～ とは言えない。a で全体を一つのまとまりとして捉えているからである（2 区画の土地の意で two lots of land は可。日本語でも水の「一杯」は二杯目があるが，たくさんの意の「いっぱい」にはない。「一杯」と「いっぱい」は同語源であるがアクセントの位置が異なる）。同様に，a crowd of strangers（大勢の見知らぬ人），a pack of dogs（犬の一群），a sea of young faces（たくさんの若者の顔），a flutter of wings（鳥の羽ばたき），a veil of gray clouds（灰色の雲のベール），an armful of books（一抱えの本），a flow of words（言葉の流れ），a babbling of birds（鳥のさえずり），a train of events（一連の出来事），a whirl of apologies（一連のおわび），a succession of misfortunes（不幸の連続），a line of palm trees（ヤシの木の列），あるいは a shattering series of yelps（一連の甲高い叫び声）のように言う。数については，a（一つのまとまり）に重きを置くか，その後の複数形（たくさんの個体）に重きを置くかで単・複両方の形を取る。上例では人や犬など個体性の強い場合はどちらも取りうるが，それ以外は単数扱いになろう。lot, crowdについては，多さを強調して lots of ～，crowds of ～ ともするが，whisky など輪郭のない不可算名詞が続くときは，どれだけ付け足しても不可算のままである。ただし量の多さは強調される。次の文では，実際には個々のものから成り立つものの，全体が一つのまとまりとなっているために a になる。

(3) a.　The street lights cast a dim glow over the house-tops.

　　　　　　　　　　　　　　　　　　（Erskine Caldwell, "Rachel"）

　　　（街灯は家々の屋根にぼんやりとした光を投げかけていた）

　　 b.　Carriages went with a musical rumble over the smooth

asphalt.　　　　　　　　(Stephen Crane, "An Ominous Baby")

（車両はゴトゴトという心地よい音をたててなめらかなアス
ファルトの上を進んだ）

c. Many spectators gave me a great clap.

（たくさんの観客が私に大きな拍手をしてくれた）

d. A murmur of approbation broke from those who lis-
tened.　　　(Somerset Maugham, "The Man with the Scar")

（聴衆から賞賛のつぶやきが起こった）

e. There was a ragged report, and the four men fell.

(ibid.)

（ダダダダと銃声がして四人の男が倒れた）

f. There was a noise of dripping everywhere as the ici-
cles melted from the eaves.

(John Wain, "The Two Worlds of Ernst")

（軒からツララが溶けると，至る所でぽたぽたという音がした）

g. Ordinary girls were bad enough, but nurses were a
fright—they knew too much.　(Frank O'Connor, "Judas")

（普通の少女も実に悪いが，看護婦ときたら恐怖だ。知りすぎ
ている）

h. We are a haphazard bundle of inconsistent qualities.

(Somerset Maugham, "A Friend in Need")

（我々は矛盾した性質を危なっかしく束ねたものである）

i. The evenings in London were a time when it was im-
possible for him to keep Millicent under observation.)

(Evelyn Waugh, "On Guard")

（ロンドンでの幾晩かはミリセントをまったく監視できないひ
と時だった）

j. They heard a shuffling, skipping sound approaching
along the flagged passage.

(Evelyn Waugh, "Mr Loveday's Little Outing")

（敷石の通路を，足を引きずったりスキップしたりしながら近づいてくる音が聞こえた）

k. There is such a laughing, and shouting, and clapping of little chubby hands, and kicking up of fat dumpy legs.　　(Charles Dickens, *Horatio Sparkins*)

（子供たちは笑ったり叫んだり，ふっくらした小さな手を叩いたり，ずんぐりした足を蹴り上げたりした）

a は，限定されていないから，「〜というもの」「いかなる〜でも」(any) の意を表すこともある。たとえばあるよそ者について話をするとき，What should we do to (　　) stranger?（よそ者にはどう対処しよう）という文だと，the を入れると問題となっている特定のよそ者，a を入れるとそのよそ者に限定されず，よそ者一般の意になる。次の例でも，実際は目の前の具体的な物や人について言っているのだが，the ではなく a にすることで一般化している。

(4) a. "Surely you're too big for a rocking-horse!" his mother had remonstrated.

(D. H. Lawrence, "The Rocking-Horse Winner")

（「あなたはもう揺り木馬で遊ぶような子供じゃないのよ」と母親は諭した）

b. What does a woman think of her husband at such a moment?　　(D. H. Lawrence, "Rex")

（そんな時，女性は旦那さんのことをどう思うのだろうか）

c. The ceiling is a ceiling: flat, white, plain.

(Doris Lessing, "A Room")

（この天井は普通の天井だ。平らで，白くて，簡素で）

d. Do you want to leave a great big clue right here in the middle of everything where the first detective that comes snooping around will find it?

(James Thurber, "Mr. Preble Gets Rid of His Wife")

（お前はこんなど真ん中にでっかい手がかりを残しておきたい
のか。やって来た刑事がすぐに嗅ぎつけてしまうぞ）

名詞は初出の場合は a がつくが，次に出てきたら the で受ける。
しかし新たに形容詞がつくと，別の様相を呈するため，同じ名詞で
も a で受ける。

(5) She went upstairs and opened the door of the room. It
was a tiny bedroom.

（彼女は二階に行ってその部屋のドアを開けた。そこは小さな寝室
だった）

It は the room であるが，それが a tiny room と，a で受けられ
ている。ドアを開けて見る様子は初めて見るものだったためであ
る。the をつけると，前に見たあの部屋となる。

(6) a. He set off alone, on foot, by the path that follows the
river—now a joyous torrent.

(Alain Danielou, "The Game of Dice")

（彼は川沿いの道をただ独り歩いて出発した—川は今は楽しげ
に流れていた）[follows は不変のことなので現在形になっている]

b. Then he was in the real sea—a warm sea where irreg-
ular cold currents from the deep water shocked his
limbs. (Lessing, "Through the Tunnel")

（すると彼は本物の海にいた—深海からの冷たく不規則な流れ
が彼の手足にぶつかってくる温かな海だった）

c. Kate was the new maid, a tall red-haired country
woman. (Sherwood Anderson, "Nice Girl")

（ケイトは家の新しいメイドで，背の高い赤毛の田舎女だった）

d. It is my task to narrate the gradual corruption of Grim-
worth manners from their primitive simplicity—a mel-
ancholy task, if it were not cheered by the prospect of

the fine peripeteia. (George Eliot, *Brother Jacob*)

（グリムワースの態度がその自然な素朴さから徐々に崩れてい
くのを語るのが私の仕事だ。憂鬱な仕事だ，もし良いどんでん
返しがあると知っていなければ）

e. He had the eye of a vulture—a pale blue eye, with a
film over it. (Edgar Allan Poe, "The Tell-Tale Heart")

（彼はハゲタカの目をしていた――淡い青色の目で，薄膜がか
かっていた）

f. He had known that there would be no answer, because
of the badness within him, a badness which was living
and growing like a cancer.

(Susan Hill, "The Badness Within Him")

（彼は答えはないと分かっていた。心に潜む悪のため，癌のよ
うに生き，大きくなっていく悪のために）

a は新出の名詞につけ，何の限定も色づけもないことを示すが，
新出でなくても a がつくことがある。

(7) He'd been all night in a house on his own.

(Alan Sillitoe, "Enoch's Two Letters")

（彼は一晩中ひとりで家にいた）

この house は少年の両親の家だから本来なら the がついてもい
い。しかし父も母も少年を捨てて出てしまい，家はがらんとして馴
染みのないものになってしまう。その冷たい感覚が，a house とい
う表現になって出ている。

自分の体，たとえば顔を言うときは，He washes his face., He
lifted his face., She turned her face away. のように所有代名詞を
使って限定する。しかし形容詞がつく場合は She turned a sad
face on me., He lifted a troubled, utterly puzzled face to her. の
ように a をつけ，his とか her といった所有代名詞はあまりつけな

い。a sad face だとその時は sad だったという含み，her sad face
だといつも sad な表情をしているという含みがある。この区別は
月の場合と同じである。月は一つしかないから the をつけるが，形
容詞がつくといろいろある様相の一つとなり，a をつける。それと
同様に，人の顔も一つしかないから my などをつけるが，形容詞
がつくといろいろある表情の一つとなり，a をつけることになる。
ただし She looked up, her sad little face following him. のように，
続く動詞の主語になるときは her が必要になる（a だと誰か別の人
の顔になってしまう）。

　また所有格が複数形だからといって，それと係わる語がすべて複
数形になるわけではない。たとえば our path だと皆が同じ一つの
道をたどっており（He stands in our path.（彼が我々の行く手を阻ん
だ）），our paths だと皆がそれぞれに違った道をたどっている（Our
paths crossed again.（我々は再び出会った））。また主語が複数形でも，
目的語などが単数になる場合もある。The two men took a look at
him., Let's have a drink., We talked over a cup of coffee. などの
単数形には each の意が込められている。Let's have a drink. はみ
んなで一杯のお酒を飲むわけではない。ただし They had an apple.
はみんなで一個のリンゴを食べたのであり，一人一人が一個のリン
ゴを食べたのではない。お酒の場合は each があると分かりやすい
が，each を省いても誤解が生じない場合は省かれる。

(8) a. There was an envelope in their mail boxes at work
from Mr. X saying that he would resign.
(職場の彼らの郵便受けには X 氏からの封筒が入っており，辞
職すると書かれていた)

b. The schools were English ... and there was usually a
ghost in them. 　　　　(Frank O'Conner, "The Idealist")
(学校とはイングランドのことだ ... そこにはたいてい幽霊がい
た)

c. The fellows in our school hardly ever stole, though they only got a penny a week. (ibid.)

（学校に盗みを働くやつはほとんどいなかった。たとえ週に1ペニーしか稼げないとしても）

d. They were like the Spartans, and concealed their smart under a smiling face. (Elizabeth Gaskell, *Cranford*)

（彼らはスパルタ人のようで, その苦痛を笑顔の下に隠していた）

e. At nine o'clock the whole school had to go to their desks and spend one hour writing a letter home to their parents. (Roald Dahl, *Boy*)

（9時に学校中の生徒は机に向かい, 故郷の親あてに1時間かけて手紙を書かなければならなかった）

f. They spoke to each other rarely in their incomprehensible tongue, but always with a courteous smile and often with a small bow.

(Graham Greene, "The Invisible Japanese Gentleman")

（彼らがそのわけの分からない言葉で話すことはめったになかったが, いつも礼儀正しいほほえみを浮かべ, しばしば軽く会釈していた）

またa double suicide（心中）, a double life（二重生活）, a double tongue（二枚舌）, a double vision（複視）, a double collision（二重衝突）, a double-knock at the door なども, 数としては2であっても, 重なって一つになるものなのでaになる。心中は二人で死ぬが, 心を一つにして同時に死ぬので1の感覚であり, a double vision も, 酔った時のように像は二重だが, 本来は重なって一つの立体像となるべきものなのでaとなる。

4. 定冠詞

a, an の不定冠詞に対し，定冠詞 the は名詞を特定の一つに限定する。語源は that であり，古英語ではまだ定冠詞と指示詞の区別はなかったが，中英語で the と that に分化する。しかし，ちょうど a が one を語源にしつつも，one ほど「1」の意味が強くなかったように，the も that ほど指示する働きが強くないため，必ずしも訳す必要はない。しかしいつも「その」という意味を秘める。a のついた対象はただそこにあるだけだが，the のついたものは焦点化されて浮き立つ感じになる。

the は前に出てきた名詞を受け，引き立てるが，前に出てきても，それを特定して受けるのではなく，ただ同じ種類のものというときは one（複数なら ones）を使う。「その種類のものの一つ」といった意味があるから，数えられない名詞は受けられない。この one は代名詞としての扱いで，日本語に該当するものがないため，直訳はできない。「その本」ではなく，「そんな本」ぐらいの意になる。たとえば He has a luxurious sports car. I want （　　）. と言った場合，かっこ内に it を入れれば，彼が持っているそのスポーツカー，one を入れれば，彼が持っているようなスポーツカーになる。ただし I will get one if you like it. のように，その one は it で受ける（人の場合の one はそのまま使うか，he/she などで受ける）。

前に出てきてはいない単語でも，状況から一つに限定されるものには the がつく。Do you have the time? の the は今のこの時間を指定しているので「今何時ですか」の意，Do you have time? の time は何の限定もないので「お時間ありますか」の意になる。「一人息子」と言うとき，He is an only son. は無限定なので客観的に一人で他にきょうだいはいないが，He is the only son は the が家族の中でという限定になって，他に女のきょうだいがいることになる。Please open the window. は，窓が一つしかないとか，ほかの

窓は開いているとかで，開けるべき窓は一つに限定されている。a
window とした場合には，いくつかある窓のどれか一つを開けるこ
とになる。

(1) I went to the bar and got the beer and carried it outside
and wandered down the garden toward the pool.　It was a
fine garden with lawns and beds of azaleas and tall coco-
nut palms.　　　　　　　(Roald Dahl, "Man from the South")
（私はバーに行き，ビールをもらうとそれを持って外に出，ぶらぶ
らと庭をプールのほうへ歩いていった。立派な庭で，広い芝生と
ツツジの花壇，それに高いココヤシの木が何本もあった）

　最初の文はすべて the で限定されているが，それは対象がたまた
ま目に入ったものではなく（その場合は a），目の前にあって自分
が係わりを持つ特定の焦点化されたものであることを示す。つまり
もう知り，なじんだものになる。しかしそこで the garden とあっ
たものが後半の文では a fine garden となる。これは形容詞がつく
ことで初めて見る感覚を伴うからである。もし the にした場合には
「あの立派な庭」となり，以前すでに見ていることになる。lawns,
beds の複数形は一区画の芝生なり花壇なりがいくつもあることを
示すから，広い芝生，広い花壇くらいの意になる。

(2) 'Face her (the cow) into the sun.'
'Into the sun?' I said.　'There isn't any sun.'
'There's always sun,' Rummins said.　'Them bloody
clouds don't make no difference.　Come on now.　Get a
jerk on, Bert.　Bring her round.　Sun's over there.'
　　　　　　　　(Roald Dahl, "Ah, Sweet Mystery of Life")
（「牛を太陽に向けろ」「太陽に？　太陽は出ていないよ」「いつだっ
て出てる。雲が出てても何も変わりゃしねえ。さあやるぞ。引っ
張り続けろ，バート。牛をぐるっと回せ。太陽はあそこだ」）〔文

168

中の二重否定は強調。them = those]

　この会話は定冠詞の使い方について分かりやすいヒントを与えて
くれる。すなわち，今目に見えている太陽なら the をつけ，目に見
えていないなら the をつけないということになる。この区別から，
swim to (the) shore についても，具体的に岸が見えていれば the
をつけ，岸が見えず，単に岸のほうへということなら the をつけな
い。the に限らず，a についても，先の smelt of dog は，犬の姿が
見えないから無冠詞，with egg on his beard も卵の形が見えない
から無冠詞ということになる。

(3)　It was about five o'clock and the light was beginning to
　　fail. Without the snow it would have been dark already,
　　but the snow held more light than the sky.

(John Wain, "The Two Worlds of Ernst")

　　（5 時頃となり，暗くなり始めていた。雪がなければとうに暗く
　　なっていたろうが，雪のおかげで空よりも明るかった）

　この文では light と snow に the がついているが，これは今，目
の前に見えているものとして限定されているためである。しかし最
後の light は無限定で抽象的なものを指しているため，無冠詞に
なっている。

　moonlight も不可算だが，I walked home. の後には，無冠詞の
by moonlight, 定冠詞の in the moonlight, どちらも入る。違いは，
無冠詞の場合は限定されないから，月光というものを手段にして，
という意識になるのに対して，冠詞がつく場合は，限定されている
から，今この場にある具体的な月光の中で，つまり月光を浴びて，
という意識になる。手段のほうは，そのつもりだったが実際は月光
がなかったということもあるが，in the moonlight は月光はちゃん
と目の前にある。これは by car と in my car, by letter と in a let-
ter の違いと同じで，無冠詞のときは抽象的な手段によって，冠詞

のときは具体的な手段によってということになる。

(4) I heard her [Mother] below in the kitchen, making the breakfast …. After breakfast, we went into town.

(Frank O'Connor, "My Oedipus Complex")

（下の台所で母が朝食を作っているのが聞こえた　朝食のあと，我々は街へ行った）［目的語の her は母のたてる物音の意］

この文では最初の breakfast には the がつくが，それはその日の具体的な朝食を指しているからであり，次の文の breakfast が無冠詞なのは一日の習慣としての朝食だからである。His wife set a breakfast of bacon and egg before him.（妻は夫の前にベーコンエッグの朝食を出した）のように一回限りの具体的なものには a がつく。同様に，go to bed は習慣としての「寝る」，go to the bed は一回限りの行動としてそのベッドのところに行く意，be in bed は「寝ている」という習慣的行為，Nick lay in the bed with his face in the pillow.（Hemingway, "Ten Indians"）（彼は顔を枕にうずめてベッドに横たわった）のように the がつくとその時一回だけの行為になる。一般に習慣化したものは何の限定も受けず無冠詞になる。go to town は田舎や郊外から町の中心地へ行く意だが，それは，go to a town（ある町）が一回だけの行為，go to the town（その町）が一回から何回かの行為を表すのに対し，習慣的に何度も行っていて特定意識がなくなり，「その町」と限定する必要のない行為になる。go to school, go to prison も，一回限りではなく，長期的に行くこと，つまり通学する，服役するの意で，the がつく場合は単にその建物に行く意になる。ただし会社に行くは go to work のほか go to the office とも言い，the がつくと（仕事ではなく）職場の意，病院に行くは go to (the) hospital で，イギリス英語では治療の意で the はつかないが，アメリカ英語では建物の意で the がつく。

また初出の名詞でも，それがこの世に一つしかないものであれば the がつく。the sun, the moon, the sky, the earth などである。

ただし形容詞がつくときは限定されてその対象の一側面を表すことになるから，a full (half, crescent, silver) moon, a blue (cloudy, starry) sky などとなって a がつき，互いに別個のものとして区別される。それに再び言及するときは the がつく。いきなり形容詞なしで a moon とあることもあるが，その場合でも a half moon などのある特定の形相の月が含意されている。あるいは，もし地球以外の惑星で，そこには月がいくつかあるとしたら，そのうちの一つになる。

(5)　The walls and the ceilings were a milky-blue and this, combined with the sea and sky, had a strange hallucinatory effect as if sea and sky moved indoors.

(Edna O'Brien, "The Mouth of the Cave")

（壁と天井は乳のような青色で，それは，海や空と結び付いて，まるで海と空が部屋の中に入ってきたかのような不思議な幻想的効果を生み出した）

sea や sky は目の前にある大きな広がりなので通例は the で限定されて区別されるが，and で結ばれるときはよく無冠詞になる。ここでは the がつく場合とつかない場合が区別されているが，つくものは目の前の現実の空と海，つかないものはイメージとしての空と海になる。The fields had turned to a sea that gleamed like sun on glass. (MacLachlan, *Sarah*)（野原は海に変わり，グラスに映った日光のように輝いた）における a sea もイメージとして捉えられている。a がつくのは「一面の」という気持ちだろう。

　日光（sun, sunlight, sunshine）は数えられるものではないので無冠詞のこともあるが（I bask myself in warm sun.），今降り注ぐ太陽という意識があれば the で限定されて a place in the sun, bathe in the sun のようになる。

(6)　And there were two tiny spots of sun, one on the inkpot, one on a silver photograph frame, playing too.

(Mansfield, "The Garden-Party")

（日光が小さく二箇所に当たって揺れていた。一つはインク壺，一つは銀の写真フレームだった）

　この文では on の目的語が二つあるが，一方には the がつき，一方には a がつく。この違いは，inkpot はその部屋にあるただ一つのものという意味で the，photograph frame は silver という形容詞に限定され，種類を表しているために a になる。

　方位を表す語は，中心となる点があり，それに対して方向が定められるから，the right – the left, the west – the east のように the がつく。ある基準点に対して，空間全体が区分けされることになる。the town – the country は人間の住む世界を二分して，都会と田舎に分ける。"Do you play games?" she said. "Not in the school," he said. "In the yard we do." ... That was the best part of school（Saroyan, "The First Day of School" 改）（「ゲームをするの？」と彼女が言った。「校舎じゃない。中庭で遊ぶんだ」... それが学校生活で一番だった）でも，the がつくことで場所が区別され，つかないと抽象的な学校生活の意になる。

　同様に時間も the で互いに区別されて the past – the present – the future，物語などでも the beginning – the middle – the end，世代でも the younger generation – the older generation と分けられる。morning, evening などは，Morning came and the sun rose. とか，Dawn is breaking. のようにそれ自体は無冠詞だが，人が活動するというときは一日の時間が区分けされて，in the morning – in the afternoon – in the evening のように限定詞がつく。夜については at night と無冠詞だが，これは，night は眠る時間であり，活動する時間ではないため，他の時間帯と区別されないことによる（活動する夜の時間帯は evening）。点を表す at がつくのは，眠ってしまえば長さの意識がないため，就寝から目覚めまでが一瞬とし

て知覚されることによる。ただし習慣的ではない一回だけの夜の出来事については，in (during) the night となり，the をつける (When he awoke in the night he heard the wind in the hemlock trees outside the cottage. (Hemingway, "Ten Indians") (夜目覚めると小屋の外のツガの木をわたる風の音が聞こえた))。dawn も短い時間なので at dawn となるが，形容詞がついたり，長さが意識されるときは in the clear dawn のようになる (dusk も同様)。対句の場合は from morning till night, right and left のように，リズムが優先して無冠詞になる。season も一年の気候に基づき区分された特定の時期なので the をつけ，the rainy season (雨季，梅雨)—the dry season (乾季) のように言う。四季は，他の季節と区別する場合はやはり the をつけ in the spring とするが，その意識がなければ無冠詞になる。the spring season とするときは一年を四つに分けたときの一つだから the をつける。曜日 (Sunday) や月の名 (January) は，その頭文字が示すように固有名詞化しているので the はつけない。

　楽器の演奏も play the piano のように the をつけるが，これは合奏などで多くの楽器の集まりの中からその楽器だけを区別するためと言われている。ただし a battered old piano のように形容詞がつくと a (the だと「例の」)，職業として専門に演奏する場合は無冠詞となる。スポーツの場合は合奏のように集合的には考えず，単独での扱いになるので，play baseball のように無冠詞になる。名詞が序数詞や最上級で限定されるときは一つに限定されるから the がつく。しかし a second time, a most beautiful woman のように a がつくこともあり，その場合は限定感が薄れ，another 〜, a very beautiful 〜 の意になる。また本の題名で *The Study of English Literature* とすると，the は唯一の，決定的な，といった意があるが，*A Study* とすると，いくつかある研究の一つとなり，決定度が落ちる。

　初めて出てきた名詞でも，その後に of 〜 や to 〜 などがついて

限定されていれば，一つしかないものとして定冠詞 the がつく。
We reached the entrance to a cave.（洞窟の入り口に着いた）だと，
cave は a だから，ある洞窟の意，あるいはいくつかある洞窟の一
つの意になるが，entrance には the がつくから，その洞窟の一つ
しかない入り口となる（an なら他にも入り口がある）。He was
sorry to see, from the absence of a ring on her hand, that she was
not married.（G. C. Thornley, *True or Not*）（手に指輪がないことから，
彼女は未婚なのだと知り，気の毒に思った）だと，the は「指輪の，そ
の不在」というように限定されている。the edge of the sea, the
sound of locusts, the thoughts and emotions of our neighbors,
the last light of day などもその後続語句に限定を受ける例になる。
次の文では the が，「〜の，その〜の，その〜の」という形で，後
続の名詞をすべて受けている。

(7) We still don't have the complete answers to the fascinat-
ing phenomenon of the migration of birds.
（我々は鳥の渡りという魅力ある現象に対する完璧な答えをまだ得
ていない）

ただし，名詞に one の意味があるときや不定や同格などのとき
はその後に前置詞句の限定があっても a になる。a wave of his
stick は棒の「一振り」，a cloud of smoke は煙の「一吹き」，a
word of reproach は非難のこもった「一言」，a stare of hatred は
憎しみのこもった「一瞥」，A large photo of her favorite pop star
はお気に入りスターの「一枚」の大写真，a rush of love は「一ま
とまり」の愛のほとばしりになる。The girl glanced at me with a
quick darting of her brown eyes. のように動名詞に a をつけて「一
瞥」の意を出すこともある。a feeling of sorrow, a sensation of
excitement の of は同格で「〜という」意になる。
　関係代名詞がつく場合も同様である。

(8) a. I have the book which you want to read.

b. I have a book which you want to read.

(8a) のように the がつくと，which 以下で限定された一冊の決まった本，(8b) のように a がつくと，one of the books の意で，該当する本が何冊かあり，そのうちの一冊ということになる。したがって，I have the book と語られたところで，聞き手は特定の一冊であると認識し，次にその一冊がどういう本なのか示されることを期待するし，a book なら，その時点でほかにも類似の本があることを感じ取り，それらがどういう性質の本なのか語られることを期待する。

(9) a. I have the thought that sincerity is the best policy in life.

（誠実さは人生で一番の処世術だと私は考えている）

b. I have a notion that something good may come to me today.

（きょうは何かよいことが起こるんじゃないかって思う）

この場合も，I have の次にどんな冠詞を持ってくるかで枠が決まる。the は一つしかないもの，決定的で確かなものを示すとき，a は一つに限定されないもの，ほかにも候補があるものを示すときの指標となる。冠詞の後に来る名詞は，thought はよく練られた考え，notion は漠然とした根拠のない考えのことなので，前者には the，後者には a がつきやすい。that 以下で示される内容も，その概念に合ったものになる。「考え」には idea もあるが，それは一般的な語で，the をつければ確かな考え，an をつければ，ふっと湧いた一つの思いつきという意味合いになる。

(10) Ideas enter our minds that we should be ashamed to confess but never, never had the idea come to me that I might deliberately rid myself of an intolerable burden.

（告白するのを恥じるようなさまざまな思いが我々の心に入るものだが，しかし決して，耐え難い重荷をなんとか免れようという思いは私の心には浮かばなかった）

　この文は ideas は that 以下が idea の中身というよりはその性質を示す付加的な説明なので非限定となって the はつかないが，次の the idea は that 以下がその具体的内容となっているので the がつく。

　関係詞がつきながら，the ではなく，a がつく例を見ていく。a は「ある」「どんな」「ひとつの」といった漠然とした意味で，強い限定がないため，続く関係詞節はそれに軽く説明を付け加える感じになる。したがって多くの場合，名詞の後をコンマで区切ることも可能である。

(11) a. She gave me an adult stare that made me tremble.

(Rosemary Timperley, "Harry")

（彼女は私に，ぞっとするような大人の眼差しを向けた）［一瞥］

　　 b. There was an expression on their faces which I have only seen once before. (Muriel Spark, "The Twins")

（彼らの顔にはかつて一度だけ見たことのある表情があった）［ある表情］

　　 c. "I have told you," she interrupted, speaking with a passionate earnestness that he had not known her to show.

(Ambrose Bierce, "The Eyes of the Panther")

（「前に言いました」と彼女は話をさえぎったが，その情熱のこもった真剣な口調は今まで見たこともないものだった）

　　 d. She looked up from a book that she had begun to read soon after dinner.

（彼女は食後すぐに読み始めていた本から顔を上げた）［ある本］

　　 e. Once he got drunk and was taken to a police station where a police magistrate frightened him horribly.

(Sherwood Anderson, "Loneliness")

（一度酔って警察署へ連行されたが，そこで警察判事からひどく脅された）［ある警察署］

f. One day I went to a field where I knew the strawberry crop was good.

(Erskine Caldwell, "The Strawberry Season")

（ある日，いちごが豊かに実っている畑へ行った）［ある畑］

g. A Russian might fail to see anything amusing in a joke which would make an Englishman laugh to tears.

(L. G. Alexander, *Developing Skills*)

（ロシア人は，イギリス人なら涙が出るほど笑い転げる冗談に，何もおもしろいところを見出すことができない）［a, an は any の意］

h. I almost get a creepy feeling that they will all walk in through that window. (Saki, "The Open Window")

（私は，彼らがみんなあの窓から入ってくるのではないかという，ぞっとする気持ちを抱いた）［that は同格］

5. 無冠詞

抽象名詞や物質名詞は，本来，独立した形や輪郭がなく，一つ二つとは数えられないものだから，a という限定詞はつけない（既出・既知であれば the）。air, earth, water, fire, wood, iron, bread, sugar, light, paper といった物質名詞の場合，それ自体は元素的で，決まった形がなく均質に広がっているものであり，一個の独立した物体としての性質を持たない。だから，Steel is an alloy of iron and carbon.（鋼鉄は鉄と炭素を混ぜたもの），Sugar dissolves in water.（砂糖は水に溶ける）のように a はつかず，またいくつ重なっても There was smoke from many tall chimneys. のように -s はつかない。cold water, damp air, bright light のように形

容詞がついても，表面的な感覚が変わるだけで，元素の状態に変わりはなく，質的に変化しているわけではないから，独立性を示す指標である a はつかない（水と湯は日本語では質が違うが，英語ではどちらも water で質が変わるわけではない。それは酒が，冷たくても温かくても酒であるのと同じ）。

　しかし物質名詞は目に見えるものであり，コップなどにくめばその容器で数えられるから，a glass of water, a spoonful of sugar, a bright beam of light, trails of smoke, two slices of bread のような数え方をする。日本語の場合，数えられるかどうかに係わりなく，水一杯とかパン一切れといったように語尾をつける。この「杯」とか「切れ」は英語の物質名詞につける a glass of 〜 といった表現に相当しよう。したがって日本語は物を，個としてではなく，種として，あるいは概念として見ていることになる。また英語では，物質名詞から作られたもので，一個と見なされる独立した形を伴うものは数えられるものになる。a light は電灯，an iron はアイロン，a paper は新聞（a sheet of paper は一枚の紙），a sugar は角砂糖一個，an air はその人から漂う具体的な空気（雰囲気）で，He has an air of confidence.（彼は自信ありげだ）のように使う（airs とすると雰囲気過多で「気取り」となる）。a がつくことで，無定形の元素の海からある形を取って外に生み出される感覚になる。

　wind は個体性がないので数えられない名詞となり，a gust of wind（一陣の風）として数える。通常は the をつけて今吹いている風を指し，The wind is blowing hard. のように言う。形容詞がつくと a wild west wind のように a をつける。物質名詞と同様に元素的ではあるが，物質名詞と違って動くものであり，それ自体が変化して様相を変え，ほかの風（a gentle wind, a cold wind, a sharp wind など）と区別された独立性を持つからである。

(1)　A strong wind drove the clouds over a clear blue sky. And in this wind the buds and few crocuses in the gar-

dens were trembling.　　　　　　(John Galsworthy, "Once More")
（強い風が雲を吹き払い，きれいな青空になった。この風の中で庭
のつぼみやわずかなクロッカスが揺れていた）［the ... few とつな
がる］

　cloud はたえず形を変えて流れ動くものだから本来は不可算で，
a thick layer of cloud, a wisp of cloud, the long thin streamers
of cloud などのように表現する。しかし一かたまりの雲と言うと
きは明確な形を持つので a がつき（I saw a huge cloud.），複数形
になると多さを示す。上例の the は限定なので，それまで出ていた
たくさんの雲の意になる。sky は本来は the だが，形容詞がつくと，
a dark sky や a rainy sky と区別された個別性を持つので a がつく。
既に前に言及されているときは「その」の意の the になる。後半の
文の the は「庭に咲くその」の意で，語り手は花を意識して見つめ
ている。
　rain, snow といった自然現象も数えられない。元素的で，広範囲
にわたり均質に広がるものであり，明確な輪郭を持たないからであ
る。だから Rain began to fall. のように無冠詞だが，特に焦点化
されるときは the で限定し，I'll walk in the rain. となる。種類を
言うときは a spring rain, a heavy rain, a cold rain のように a を
つける。a をつけると，他と違う降り方をする一回の雨という感じ
になるが，a をつけないこともあり，その場合は他との比較の意識
はなく，単に今降っている雨の性質を述べている。rainfall, shower
（にわか雨），downpour（どしゃ降り）は一回，あるいは一時的な雨な
ので，a をつける。thunder, lightning は数えられそうな気もする
が，元素的で，個体というよりは現象になるので，やはり a rumble
of thunder, a bolt of lightning として数える。形容詞がついても，
質的に変化して種類が変わるわけではないので a はつかない。た
だし thunderbolt（落雷）は a がつく。bolt（太矢の意）が可算名詞の
ためである。

　集合名詞の場合，全体を一つの概念と捉える見方と，その個々の要素を捉える見方がある。hair だと，髪の毛全体を捉えるときは無冠詞で単数，一本一本を捉えるときは a をつけて個別化し，複数形にもなる。grain も全体として捉えるときは不可算，一粒一粒数えるときは可算になる。ただし rice, sand, salt, sugar のように粒の細かいものは不可算で，a grain of salt, two spoonfuls of sugar のように数える（oats のみ例外。大粒の故か）。角砂糖は塊なので a がつけられる。fruit は，日本語のフルーツは数えられるが，英語では不可算で集合的に捉え，I want to eat fruit. のように言う。リンゴ，ナシなど，個別の種類を言うときは例外的に可算になるが，many fruits を many kinds of fruit のように不可算でも表現する。種類ではなく，単に一個と言うときは，a fruit ではなく a piece of fruit になる。一方，範疇を示す vegetable や plant, animal や mineral といった語はすべて可算なので，なぜ fruit だけ不可算なのかという疑問が生じる。実は fruit はもともと「大地の産物」(the fruits of the earth) の意で，果物，果実，穀物，野菜を含めて使っていた。しかしその用法が廃れ（今は文語），日常語では果物だけに意味が限定されたため，不可算扱いとなっている。同じ集合名詞に people があるが，人の場合は fruit とは違って複数扱いになる。数える場合は，一人のときは one person，それ以上は two people として複数形として扱う（two persons は堅い言い方）。two peoples と -s をつけてしまうと，people が一つのまとまりになるから，二つの民族の意となる。the がつけば限定されて，貴族に対する庶民，あるいは他と区別された特定の集団を指すことになる。

　抽象名詞の場合，truth, liberty, beauty, wisdom, experience, construction，あるいは madness, happiness, freshness, darkness という語は，具象的な個体ではなく，いわばさまざまな個体から抜き取った抽象的なエッセンスなので，目には見えず，数えられるものにはならない。love, hate, joy, sorrow, fear, anger, shame といった感情も，物体ではなく，流動的，現象的なものだから，基

本的に数えられず，a はつかない。

(2) a. I was filled with horror in silence and darkness.
(沈黙と暗闇の中で私は恐怖に打たれた)

b. He read the letter with extreme distaste.
(彼はこの上ない嫌悪の情でその手紙を読んだ)

c. She was a young girl, full of life and curiosity.
(彼女は生命と好奇心に満ちた娘であった)

しかしながら，抽象名詞は多く a をつけて一個のものとして具体化でき，数えられるものにもなる。たとえば beauty は，それ自体は不可算だが，人に注ぎ込まれると，a girl of beauty → a beauty で美人の意となる。war は，peace の反対概念として「戦争というもの」を表すが，a がつくと個々の具体的な戦争のことになり，disappointment（失望）も，a をつけると具体化されて，What a disappointment you are! のように，失望した人とか事になる。同様に，trouble（心配）は a がつくと具体的な心配事，a success は成功した人（事），a failure は失敗した人（事），a kindness は親切な行為（複数なら many kindnesses），a sadness は悲しみをもたらす出来事である。また pity は哀れみ，relief は安堵の感情で不可算だが，It is a ～ とすると，残念なこと，ほっとすることとなる。It was a thousand pities that ～ と強調することもできる。

(3) "It's a shame!" we shouted, in muffled rebellion, from the sheets.
"I'll give you shame, if you don't hold your noise and go to sleep," called our mother from her room.

(D. H. Lawrence, "Rex")

(「ひどい！」と私たちは反抗心を押し殺し，シーツの中から叫んだ。「口を閉じて寝なければひどい目にあわすよ」と母は自分の部屋から叫んだ)

　ここでは shame に a がついているときは母がした具体的な行為のことを言い，無冠詞のときはまだ具体化されていない抽象的な行為のことを言っている。具体化されれば a がつくことになる。

　この可算・不可算の区別は動詞の名詞化を考えると分かりやすい。expression は，一つの意味は express することで，give expression to my thoughts のように抽象概念になるから不可算である。しかしもう一つの意味は express されたもので，That is a nice expression. のように具体的なものになるから可算になる。同様に，creation は創造（すること）（不可算）と創造されたもの（可算），recollection (remembrance) は思い出すこと（不可算）と思い出されたもの（思い出）（可算），thought は考えること（不可算）と考えられたこと（可算）のようになる。collision, conclusion, submission, disclosure, communication, revelation などもそうで，collision だと，The two cars came into collision. のように抽象的に衝突という状態を述べるなら不可算，There was a collision between two cars. のように具体的に衝突という出来事を述べる場合は可算になる。

　物質名詞は cold water のように形容詞がついても a はつかなかったが，抽象名詞に形容詞や形容詞句がつくと限定されて a がつく。ただし性質を表すだけなので複数形にはならない。具体的事物から抽象されたものが限定を受けてまた具体的なものに戻る感覚である。death は brave, calm, early, horrible, miserable, natural, peaceful, sudden などがつくと個別の死に方になるので a がつく。しかし approaching, certain（確実な），gradual, imminent, mental, physical などは死の種類ではなく程度や状態なので a はつかない。あるいは horror は，He had a horror of dogs. のように，限定され，具体化されると a がつく。comfort, joy, terror, delight なども，形容詞（句）がつくと特定のものになるので，a secret delight のように a がつく（「一つ」という意識が薄れるとつかないこともある）。time, silence, sleep も，Time flies., They ride in silence. (無言で乗る), I shrug off sleep. (眠気を払う) と言うときは状態を表し，数えられないが，long, short, dead といった形容詞がつくと，限定されて，A long time has passed., There was an awkward silence., He sank into a deep sleep. のように個別のものとなる。There was (a) dead silence. だと，silence 自体は抽象名詞で不可算だが，a が入ると一つのまとまった形を得て，ある限られた時間の長さを意味するようになる。たとえば森の中の静寂ならそれが常態だから a は不要だが，会話上での沈黙なら一時的なので a がつき，しばらくの間という意味を帯びる。after a hesitation とか，for a time (少しの間) の a も同様である。

(4) There was a dead silence. Poor Cecilia lay with all the use gone out of her. And there was dead silence. Till at last came the whisper. (D. H. Lawrence, "The Lovely Lady")
(完全な沈黙が訪れた。セシリアは虚脱状態で横たわっていた。完全な沈黙は続いた。それからやっとささやき声が聞こえてきた)

dead silence は最初は a がつき，次にはつかない。a には一つのまとまりとしての存在感が意識され，沈黙が訪れたという感覚があるが，a がなくなると，まとまりが消え，沈黙の状態が恒常的に続く感覚になる。

普通名詞から a が抜ける場合もある。keep house (家事を切り盛りする)，move house (引っ越す)《英》，play house (ままごとをする) は，a が入ると具体的な建物になるので，a をつけないことで抽象化し，一個とは数えられない漠然とした家庭内の活動を指すことになる。The birds fall with weary wing into the water, having found no land for a resting-place. (Thomas Bulfinch, *The Age of Fable*)(飛び疲れた鳥たちは休める土地を見出せず海へ落ちる) では wings でもよいものの，そこから -s が取れて飛翔力という抽象的概念になっている。He saw a man standing there, pistol in hand. の場合，最後の副詞句は with a pistol in his hand とも書けるが，

前置詞や冠詞を省くと，物の所持という具体的な感覚が薄れ，形容詞のような，軽く直接的な感じになる。この文例だと，すぐにでも銃を使いそうな切迫感がある。

　抽象名詞の中には a のつかない抽象性の高いものがある。形容詞がついてもやはり a はつかない。advice, damage, fun, furniture, harm, information, luck, music, news, weather, work などで，それらは物質名詞と同じく元素的なものになる（advice はかつては複数語尾の -s がつき，information はドイツ語・フランス語では可算というように普遍的ではない）。たとえば furniture （家具）は，それ自体が一個の物体ではなく，机，いす，たんす，テーブル，ベッドといったものを総称する抽象的な概念である。いくつもの具体的なものから抽出されたものだから，それ自体は固有の形も明確なイメージも持ちえない。だから a はつけられない。数える必要があるときは，水を a glass of water と数えるように，a piece of furniture と数える。a をつけて具体的に言いたいときは，furniture を使うのではなく，desk, chair, bed のような明確な形を持った語を使う。逆に a をつけて具体的に言いたくないときは furniture になる。この種の抽象名詞はすべてこの特徴を持つ。weather も雨，晴れ，曇り，霧，強風などの具体的な語をまとめる総称，music も classical, popular, folk, dance など様々な音楽を総称するものになる。advice であれば，具体的には guidance, recommendation, opinion, suggestion, counsel, instruction, direction, hint などになり，news なら report, announcement, story, account など，luck なら fortune, chance, fate, destiny, lot, accident などになる。nature も「自然」の意では抽象度が高く，自然界にあるもの，すなわち，空，山，海，草木，動物，雨，風など，人間の作ったもの（文化・文明）を除くすべてを総称する語で，限定詞 the はつかず，しばしば Nature と頭文字になって神格化される。日本語の「自然」よりも広く，キリスト教の創造主によって造られたもの，すなわち太陽や月や宇宙までも含める。

人の地位や身分，職業，国籍，性格など，人の属性を表すときは
しばしば無冠詞になる。ドイツ語やフランス語では一般的な用法
で，I am a student. のような文でも，形容詞などで限定されてい
なければ a をつけない（英語では基本的につける）。属性なので名
詞よりも形容詞に近くなる。英語の用法としては，Her husband
was captain of a mercantile boat.（商船の船長だった）とか He was
clerk to a commission agent.（仲買人の事務員だった）のように be
動詞の補語として，あるいは He set up as publisher in London.
（出版業者として身を立てた）のように as をつけて，あるいは James
Lennon, driver of the engine, witnessed the accident.（機関車の運
転手のジェイムズ・レノンがその事故を目撃した）のように同格として
使われる。もちろん a もつけられるが，He turned cashier of a
private bank.（彼は個人銀行の出納係になった）のような場合は turn
が自動詞で turn red のように形容詞を要求するので a はつけられ
ない。つけると turn は他動詞になり，意味が違ってくる。役職が
president や mayor など一人に限られる場合は，a がつくと他にも
いることになるので，a はつけない。

(5) "I am doing you a favour. Hearing of your predicament
   and pressed to help you, I agreed in a moment of gener-
   osity. Stranger though you were I did not say no."

   "That does not make you a gentleman."

   "And I do not claim it does. I am gentleman enough
   without it."   (William Trevor, "A Meeting in Middle Age")
   （「私はあなたに好意を施そうとしているのです。あなたの苦しみ
   を聞き，あなたを助けるよう勧められて，つい寛大な気持ちで同
   意したのです。あなたは他人ですけど，私はノーとは言いません
   でした」「だからといって，あなたが紳士ということにはなりませ
   ん」「そう主張するつもりもありません。そんなことしなくても，
   私は十分に紳士ですから」）

　この会話で，相手は a gentleman と a をつけているのに対し，他方は a をつけず，ただ gentleman と言っている。a をつけないのは紳士という属性を表すからであり，形容詞と同じ働きをしている。あるいは，少女たちだけで踊る場面で，Girls banged each other and stamped on each other's feet: the girl who was gentleman always clutched you so. (Mansfield, "Her First Ball") (少女たちは互いにぶつかり，足を踏んづけ合った。紳士役の少女はいつもそんなふうに抱きついてきた) と言うとき，gentleman には a がついていないが，それは少女が踊る際の紳士役を務めているからである (a がつくと少女は男になってしまう)。また先の引用で stranger にも a がないが，この構文のときは a がつかない。元は「as 形容詞 as」で，そこから最初の as が取れ，次の as が though に入れ替わったもので，形容詞を要求する。だから名詞から a を取ることで形容詞としての性質を持たせていることになる。

　日本語では同じ意味であっても，英語では単語が違うと用法も違うものがある。怒りは抽象名詞で，anger, rage, fury などがあり，この順に怒りの度合いが強くなる。前置詞句では，anger は in anger となり，感情だから基本的に a はつかないが，ほかの語は in a rage (fury), fly into a rage (fury) と a をつける。この違いは，a がつかないと状態，a がつくと一時的なものになり，a fit of 〜 (発作) と同じになることによる。anger が一般的な怒りなら，rage は激怒，fury は逆上であり，発作的な感情の爆発になる (同様に passion には a がつき，indignation にはつかない)。一方，with の場合は rage も fury も a はつかない。in がすっぽりその感情の中に入る感じなら，with は「伴って」の意なのでその時の状態を表すことになる。笑いと言う場合，laugh は具体的な笑い声を指すから have a laugh のように a をつけるが，laughter は抽象的な笑い (笑うこと) で，burst into laughter のように a はつけない。笑いの状態に入るという意味合いになる (具体的には一回限りの laugh と比べて連続した笑い)。ただし，a burst of laughter とする

と発作になり，数えられる。同様に hurry と haste も違い，in a hurry に対して，in haste（文語的）となる。a がつくと，状態というより，日本語の「ひと走り」と同じで，一つのまとまった動きになる。

company はよく使う語だが特殊な使い方をする。原義は「パンを共に食べる仲間たち」で，一緒にいるという抽象的な意だから，I will keep you company.（あなたのお相手をします），He is in good company.（よい仲間と付き合っている）のように無冠詞になる。この語はまた集合名詞として「一緒にいる人（たち）」も指し，一人であっても無冠詞で He is good company.（一緒にいておもしろい人だ）となる。日本語で「同じ釜の飯を食う」と言えば一緒に生活する親密な仲になるが，「パンを共に食う」場合はただ一緒にいるというだけで，friend（語源は「愛する人」）ほどは親しくない。company はさらに皆で作る組織の意で「会社，団体」になり，これは一個の独立したものと見なされて This is a good company. のように a がつく（office は場所としての会社）。companion（仲間）とすると人に限定され，可算名詞になる。

effort は本来は「努力すること・努力というもの」で数えられないが，具体的な行為については可算で，make an effort (efforts) とする。an effort は日本語の「ひと苦労」の「ひと」に似て，一通り，ひとしきりの意になる。efforts とするとたくさんの努力をしてという強意形になる。difficulty も「難しさ」の意の抽象語だが，a がつくと具体的な苦労になり，difficulties と複数形にすると苦労が重なって大きなものになる。

また God, Heaven, Hell は，キリスト教ではよく使われる語であり，固有名詞化されているので無冠詞・頭文字になる。神道の八百万（や　およろず）の神や仏教の八大地獄のようなときは複数形になる。一神教の神でも形容詞がつくと，I, the Lord thy God, am a jealous God.（「出エジプト記」）（汝の神なる我は妬み深き神である）のように a がつく。a benevolent God（慈悲深き神）のように別の姿を現すこと

もあるからである。Sunday も頭文字で固有名詞化されているが，こちらは on Sunday, on Sundays, on a Sunday といった用例がある。無冠詞が一般的で，-s がつくと日曜日はいつも，a がつくとある日曜日（certain の意），あるいはどの日曜日でも（any の意）となる。

　病気の場合，一般的な illness, sickness は形容詞に -ness のついたもので，病んでいる状態を表すときは不可算（because of illness），特定の病気で他と区別する場合は可算（a serious illness）となる。フランス語由来の disease は正式な病名のつく病気を指す客観的な語で，やはり可算・不可算の両方を取る。具体的な病名については病状を表し，不可算で，diabetes（糖尿病），cancer（癌），dementia（認知症），tuberculosis（結核），heatstroke（熱中症），food poisoning（食中毒）といった重い病気から，diarrhea（下痢），constipation（便秘），nausea（吐き気），hay fever（花粉症）という日常的なものまで，広くをカバーする。tumor（腫瘍），ulcer（潰瘍）（時に cancer も）という輪郭のあるできものや，heart attack（心臓発作）や ruptured aneurysm（動脈瘤破裂）などは一回限りで数えられるので a がつく。軽度で一過性，日常的な病状やけがなどは a がつく。headache（頭痛），fever（熱），cough（咳），bruise（打撲傷），sprain（捻挫），burn（やけど）などで，cold（風邪）は a がつくこともつかないこともあるが，a bad cold のように形容詞がつけば a が必要になる。また the がつくこともあり，flu（インフルエンザ），measles（はしか），mumps（おたふくかぜ），chills（悪寒），shakes（震え）などはしばしば the をつけて病名であることを示す（たとえば単数形の measle は囊虫の意で，the がなければその複数形とも読める）。

　今まで見てきたように，a か無冠詞かは語や表現によってさまざまで，必ずしも一定していない。「～の一部」も (a) part of ～ で，a は任意だが，古くから無冠詞だった。part 自体に一部という意味が含まれているためであろう。しかしその「1」を強める場合や形

容詞がついて種類となる場合は a がつく。fog, mist, scent, perfume, moss, spirit, birth, benefit, あるいは settlement, prophecy, infection, evaluation, vocabulary, pressure, proposal といった語は，話し手の捉え方で可算・不可算どちらにもなる。それは日本語で，話し手の気分次第で「箸／お箸」と言うのと同じであろう。さらに慣習として，本文中では冠詞をつけても，記事の見出し，かっこ内，戯曲のト書き，注といった補足部分ではよく省かれる。人に呼びかける場合も，Waiter! のように無冠詞になり，挨拶の場合も，Good morning, Merry Christmas, Happy birthday のように a を省く。本来は I wish you a 〜 という文だったものである。

　そもそも古英語では不定冠詞は未発達で，定冠詞もつけたりつけなかったりだった。中英語でも be 動詞や make, call の後は無冠詞（it is pity），決まり文句（give answer, keep promise）や前置詞の後（on foot, go to bed, for fear of 〜, in memory of 〜, on condition that 〜, in stead of 〜（今は instead と一語））も無冠詞だった。a, the の発達と共にだんだんと理論化され，整理されていくが，前置詞句では中英語のままのものも多い。

6. 複数形

　日本語の場合，複数を表す語尾として，「たち」「ら」「ども」がある。「たち」は昔は神や貴人に使い，敬意が強かったが，今は丁寧な言い方になり，人だけでなく，「鳥たち」「花たち」のように人以外にも使う。公達（元は「きみたち」），友だちは，一人であっても「たち」をつけて膨らませ，敬意や親しみを出す言い方になる（英語の二人称単数の you も本来は複数形）。だから複数形にするときは「友だちたち」となる。「ども」「ら」は，「野郎ども」「やつら」のように見下す感じがこもるため，目上の人には使えない。自分につける場合も，「わたしたち」よりは「わたしども」「手前ども」

のほうがへりくだった言い方になる（「ども」は単数の場合にも用いる）。また「子ども」のように，一人であっても，やはり「ども」をつけて親しみを出す。複数形は「子どもたち」となる（英語のchildren も二つの複数形語尾のついた語）。それ以外の言い方として，「みなさま方」「ご婦人方」の「方」，「若い衆」「みなの衆」の「衆」は敬意のこもった言い方になる。また接頭語として「諸」があるが，これは諸問題，諸事情，諸君のように漢語に限定される。

　この複数を表す語尾と数字は結び付かない。英語なら three kids のように，数字がつけば名詞はそれに呼応し，-s がついて複数形になるが，日本語では「三人の子供たち」とは言わず，「三人の子供」とか「子供が三人」と言う。「人々」という場合も，やはり単独で使い，「五人の人々」とは言わず，「五人の人」となる。五人という言い方で複数ということが分かるから，わざわざ人々とはしない（文学では堀辰雄の『風立ちぬ』のように「それらの夏の日々」と言うこともある）。語順は，日本語では一般的に名詞を最初に出して「子供が三人（いる）」のように言う。この三人はつけなくてもいい。しかし英語の場合は数詞は必ず名詞の前に置き，省略する場合でも名詞に複数語尾の -s が必要になる。また日本語で「の」を使う場合，数が限定されるので，「十枚のカードを配った」とするとカードは全部で十枚になり，「カードを十枚配った」とすると，たくさんあるカードの中から十枚の意になる。あるいは，「五十キロの魚が釣れた」だと魚は一匹，「魚が五十キロ釣れた」だと魚は複数匹になる。英語では the の有無で区別し，ten of the cards はたくさんのカードの中から 10 枚，the ten of the cards はカードは全部で 10 枚になる。

　a をつけることで個体性を意識する英語は，複数形についても強い意識を持つ。英語の複数形の語尾 -s は，ただ単に複数の指標というだけではなく，独立した個体が複数集まっているという感覚も表す。個体でないものは，a lot of water のように，どんなに付け足しても -s はつかない。この -s はもともとは古英語で名詞の大多

数を占めていた強変化男性名詞の複数語尾で，それ以外の名詞は -u, -a, -an といった語尾を持ち，性・格によってその形を変えた。しかし簡略化の大波が押し寄せ，性が消え，複雑な語尾変化も洗い流され，ただ -s だけが生き残った。そして 15 世紀以降は複数形は -s という形で統一され，一般化していくが，この -s の語尾が洗い流されなかったということは，発音上，強い子音のために消えにくかったということと共に，英語では単・複の区別が絶対的に不可欠だったためでもあろう。複数形はほかに，ox‐oxen, child‐children のように -s 以外の語尾をつけるものや，foot‐feet, man‐men のように母音変化によるものなども生き残ったが，これは古英語の弱変化やウムラウト変化の形を受け継ぐもので，数の点ではきわめて少ない。

　sheep, deer, swine などの集合名詞の場合は，一匹のときは a sheep のように a をつけるが，複数であっても three sheep とし，複数語尾の -s をつけない。それらは古英語では強変化中性名詞で複数語尾は -u だったが，その後脱落して単複同形になったものである。horse, fowl, word, thing, ship などもその部類だったが，18 世紀以降，複数形は -s という大きな流れの中に組み込まれた。一方，fish はもともとは強変化男性名詞で，複数形は -s がついた。それが単複同形になったのは，sheep と同様，群れを作るためで，個体性が薄く，全体を一かたまりとして見る意識が強かったことによる。羊は日本人の感覚だと，ヤギや馬と同様，一匹，二匹と数えられるものだが，牧畜文化である西欧人の感覚では，羊は馬などと違って大群として飼育されていたため，一個の個体としては見られてこなかったのであろう（羊はその大群の故にドン・キホーテは軍隊と勘違いして突進していくし，空一面に広がる羊雲はドイツ語では文字通り Schäfchenwolken (sheep clouds) と呼ぶ）。家畜の頭数を数えるときも thirty head of cattle のように head は単数形になるが，これも一頭一頭を区別して数えるのではなく，頭だけ集合的に数えているためであろう。

　日本人には理解しにくい複数形もある。空は一つしかないから定冠詞がついて the sky だが，よく (the) skies と複数形にする。日本人の感覚だと，空は一つの大きな広がりであるから，空の複数形というのは理解しにくい。しかし数意識の強い英語では，複数形にすることで，空がたくさんあるという感覚，つまり空の広大さを表現することになる。雲などで空が区分けされるので，その区分けされたものがたくさん集まっているというイメージになろうか。また時間とともに空模様が次々と移り変わるので天候の意でも複数形になる。heaven も同様に，the heavens で空の意になる（本来はheaven で空の意だったが外来の sky がその意になったため，今は天国の意）。同じ感覚で，water は数えられない名詞にもかかわらず，waters と複数形にすることがあり，たくさんの水がある海や川や湖を表したり，cold waters were gurgling over his ankle（冷たい水が彼の足首をこえてゴボゴボと流れていた）のように次々と流れる水を表す。また定冠詞をつけ，the water とすれば識別意識が働いて海や池，あるいは水中の意になり，He ran straight into the water. のように使い，ただの water とすれば物質名詞の非限定の水となり，He scooped up a handful of water from the cool sea. のようになる。「森」の意の wood もしばしば woods となる。複数形にすると一つのまとまりとしての wood が複数あることになり，広大という感覚が生まれる。a woods のように a がつくと，全体を一つのまとまりと見ている（イギリス英語では複数扱い）。丘や野は，単数形では一区画という狭いものになるが，複数形にしてhills, fields とすると，連続した広がりになる。だから She looked away over the hills. と複数形にしたほうが広がりが感じられる。また mustache は基本的には単数だが，thick mustaches とするとその多さが強調されて「豊かな口ひげ」になる。whiskers（ほおひげ）の場合は左右に一つずつあるための複数形である。ドライブで，単数形でもよいのに roads と複数形にしたときは，一本の道ではなく複数の道をたどったことになる。また mist も単数形でよいの

に複数形になるときは，ひとかたまりの霧が次々と流れることを暗示する。shadow は輪郭のある一つの影なら a，shadows とするとその集合としての暗がりや夕闇，単に the なら抽象化され，漠然とした広がりとしての陰になる。抽象名詞も，depth は深さだが，depths とすると深さの重なりとして，in the depths of the forest (the ocean, despair) のように奥深い所，どん底などの強まった意味になる（この点，日本語の深さ，深みの違いに相当）。具体的な深さをいうときは at a depth of ten meters となり，a をつける。

　things は，限定されないさまざまな事ということから，漠然と「事情・状況」の意になり，things are getting better とか how are things with you? のように使われる。日本語では「物事」に相当する。物事とはいろいろな物や事，つまり一切の事物といった意味で，「物事をありのままに受け入れる」と言えば，すべてのことをの意になる（英語では物も事もどちらも thing になる）。circumstances（事情，状況），surroundings（環境），affairs（社会的・政治的な情勢）などもいろいろな要素の集まりということで複数形になる。environment（環境，状況）については -ment が状況を表す語尾なので単数形になる。

　メガネは glasses で，左右両方にレンズがあるので -es の形を取り，複数扱いだが，a pair of glasses とすると一式となり，続く動詞は単数として受ける（代名詞は複数形で受ける）。trousers（ズボン）も左右の脚部の組み合わせなので -s がついて複数扱いになり（a pair of 〜 で単数），clothes（服）もいくつかの布地を縫い合わせたものなので複数形になる（a suit of 〜 で一着）（布の複数形は cloths。clothing は動名詞で衣類全般）。馬を操る手綱も左右にあるので（a pair of）reins と複数にする。目，耳，唇，肩，手，ヒップなども，左右に一つずつあるから，両方に係わるときは複数形になる。「ダンサーはお尻を優雅に振った」は，The dancer swayed her hips gracefully. で，複数形にする。単数ではお尻は振れない。キスするときは kiss her on the lips と両方の唇に。また She holds a baby in her arm. とすると片腕で赤ちゃんを抱き，arms とすると両腕で抱いていることになる。

　複数形でも，Ten years is too long for me. のように，10 年という年月を一つのまとまりとして捉えれば単数形の扱いとなり，Ten years have passed since then. のように，1 年 1 年が過ぎ去って 10 年になったと言うときには複数形の扱いとなる。だから this last fifteen months という言い方もできる（those とすると一つ一つ数える感覚）。a ten days' (a ten-day) holiday とすると 10 日間を一まとまりの休暇と捉えることになる。お金についても，Two hundred dollars is not enough. のように全体を一つのまとまりと捉えて，単数形で受ける。足し算だと，2＋3＝5 は，two and three is (are) five で，動詞は単・複どちらでもよい。足した全体を一つのまとまりとして捉えるか，個々の集まりとして捉えるかの違いである。しかし The sum of two and three とすると，sum は単数形なので，動詞は is になる（sum は of 以下で限定されているので the）。正式には Two plus three equals (is) five. と単数形になる（plus は前置詞）。

　「列車を乗り換える」(change trains)，「友人になる」(make friends with him)，「握手する」(shake hands with her) のように二つの物や人が係るときには複数形になる。こちらとあちらと両方あるからである。ただし I shake hands with him. は We shake hands. と同じで相互的だが，I shake her hand, I shake her by the hand. は「私」からの一方的な行為になるので単数形になる（by the hand の the は部位の限定）。

　数えられない抽象名詞が二つ結ばれるときは，一つ一つは別物なので複数形になるが，一つのまとまりと見れば単数形になる。

(1) a. Time and tide wait for no man.
　　　（歳月人を待たず）[time and tide で複数扱い]

　　b. Come what come may, time and the hour runs through

the roughest day.　　　　　　　(Shakespeare, *Macbeth*)

（何が来ようと，荒れ狂う日の中を時間は流れ過ぎていく）
［time and the hour で単数扱い］

c. Love and affection were a trespass upon it [the rabbit].
　　　　　　　　　　　　　　　　　(D. H. Lawrence, "Adolf")

（愛や情はウサギには迷惑なことだった）［love は強い愛，af-fection は穏やかな愛で，二つ足して複数扱い］

d. His silence and his agonized, though hidden, shyness were both the result of a secret physical passionate-ness.　　　　　　(D. H. Lawrence, "Lovely Lady")

（彼の沈黙と，見えないが苦悩に満ちた内気さは，ひそかな肉体的情熱の結果だった）［silence と shyness で複数扱い］

e. Incompetent, she was, finally, for all her energy and hard work and self sacrifice.　She wasted most of it, through incompetence.

　　　　　　　　　　(Margaret Drabble, "Crossing the Alps")

（彼女は力と頑張りと自己犠牲にもかかわらず，無能だった。彼女は無能さのためにそのほとんどを浪費していた）［all her energy and hard works and self sacrifice を it で受けて単数扱い］

　また名詞が二つ並ぶとき，冠詞は最初だけにつけ，her coat and scarf, the time and place, the shadow and sunlight, the smoke and flame, the road and forest, her mother and aunt, the length and breadth, あるいは a son and daughter, a big hat and blue dress, a knife and fork, a door or window のようにすることがある。そうすると二つの名詞が一つのまとまりとして捉えられる。ただし or を除き複数扱い。どちらにも the をつけると，一つ一つを別々に見ていることになる。対となる場合は man and wife のように無冠詞だが，a man and wife, a man and a wife, the man and wife, the man and the wife といった言い方もできる。

複数形は they で受けるが，内容的に単数形で受けることもある
し，逆に単数形を複数形で受けることもある。その前後関係の意味
による。

(2) a. I rather liked his visits, though it was an uncomfort-
able squeeze between Mother and him when I got into
the big bed in the early morning.

(Frank O'Connor, "My Oedipus Complex")

（彼（父）の来訪はむしろ好きではあった。それは早朝に大きな
ベッドに入ったとき，母と彼との間に押しつぶされることでは
あったが）［visits を概念化し，it で受けている］

b. Books! 'tis a dull and endless strife.

(William Wordsworth, "The Tables Turned")

（書物！ それは退屈で果てない闘争だ）['tis＝it is で books を
受ける]

c. An intellectual—I do like them best, you know.

(Muriel Spark, "The Fathers' Daughters")

（知識人──私はそういった人たちが一番好きだ）［an intellectual
を them にして一般化］

d. I heard a scream. At first I thought it was a sea bird
since sometimes they can cry like children.

(Walter Macken, "The Coll Doll")

（叫び声を聞いた。最初，海鳥かと思った。というのも時々子
供のように鳴くからだ）

e. Once in a while, on pay-day at the warehouse, I would
bring home a new record. But Laura seldom cared for
these new records.

(Tennessee Williams, "Portrait of a Girl in Glass")

（時々，倉庫の給料日に新しいレコードを持ち帰った。しかし

　　　ローラがそういった新しいレコードを気に入ることはめったに
　　　なかった）

　以上見てきたように，英語は細かく分析的で，数を意識し，単数
と複数の区別は明確である。この点，数の意識の薄い日本語とはき
わめて対照的である。絵画に喩えたら，英語は，西洋画のように写
実的で，どんな小さなものも一つ一つ丁寧に立体的に描き出そうと
し，日本語は，日本画のように，さらっと淡く平面的に描く。a の
あるなしは，その立体感のあるなしと同じである。西欧は個の文化
であり，人でも物でも，一個の独立した存在として捉える。日本は
和の文化であり，人や物を集合的に見るため，一個一個の輪郭はぼ
やける。社会も，西欧はまず個人があり，その集合として（契約を
通して）成立するのに対し，日本はまず家や一族などのまとまりが
あり，そこから個が浮かび上がる。言葉だと「犬が三匹」は，まず
犬という概念があり，そこから三匹が現れる形だが，three dogs だ
と a dog が集まって三匹になる形になる。この個を重んじる英語
の発想は Many a book is heaped on his desk. という言い方によ
く表れる。Many books are heaped on his desk. と同じ意味だが，
many a book には個の精神が表れており，個体としての本がたく
さん集まっているという感覚で，動詞も a book に支配されて単数
扱いになる。文語的な言い方であり，古くは『ハムレット』のオ
フィーリアが，Good my lord, / How does your honour for this
many a day?（ハムレット様，この頃はいかがお暮らしですか）と言って
いる。この for this many a day は，現代なら these days となると
ころである。この many は，肯定文では a lot of 〜 が好まれ，
many は否定文，疑問文でよく使われると言う（否定文・疑問文で
使われる any との発音の類似性によるものか）。この a lot of 〜
は，many の反意語である few の a few of 〜 に対応する言い方に
なるが，a という不定冠詞があることで，a のない many よりはそ
の存在が浮き立つことになる（かつては a few に対応する a many

という言い方があったが，a good many ～ という言い方を残し，
廃れた）。

第6章　前置詞と助詞

1. 性質

　前置詞とは，名詞や代名詞の前に置かれて，その語が文中のほかの語とどういう関係にあるかを示す役割を果たす。英語のほか，ヨーロッパの諸言語に見られる品詞で，日本語では名詞に続く後置詞，つまり「東京へ」の「へ」，「庭で」の「で」などの格助詞に相当する。ただし，格助詞は名詞につくだけの付属語としての役割しかなく，一語として独立できないが，前置詞は，ラテン語などと同様，もともとは副詞として一語で独立して使われており，それが名詞と結び付いて前置詞句を形成するようになった。だから今日でも前置詞は，Please come in., He goes on., Something passed by. のように副詞としても使われる。訳す場合も to「〜のほうへ」，in「〜の中に」，over「〜の上に」，for「〜を求めて」，with「〜を持って」のように名詞や動詞で補う必要がある。だから watch the children at play（遊んでいるのを見る），help him into the car（助けて車に乗せる），The cup crashed to the floor.（床に落ちて砕けた），The man staggered to his feet and out of the room.（よろよろと立ち上がって部屋を出て行った），He was the last off the ship.（船から下りた最後の人）のようになる。したがって前置詞はそれ自体に意味があるため省略できないが，格助詞は補助的な付属語なので，「が」

や「を」などは話し言葉ではしばしば省略され,「あいつ,また遅刻だ」「ランチ行くぞ」「あの道歩くの嫌い」のように言う。そのほうがすっきりして,なめらかに聞こえる。書き言葉でも,手紙では,「お手紙拝見しました」「わたし,明日,帰国します」「ご栄転,心からお喜び申し上げます」のように助詞をよく省く。古典では,「男ありけり」「火おこす」のように格助詞をつけないのが普通であった。とりわけ漢文読み下し文では,「国敗れて山河あり,城春にして草木深し」のように,格助詞のないほうが格調高く響いた。しかし「が」や「を」をつけることで,格調や情緒よりも論理性や構築性が出てきて理解しやすくなる。

　「前置詞＋名詞」で構成される前置詞句は,副詞および形容詞として使われる。副詞としては,We started at once., To my surprise, she married three times. のように動詞や文を修飾する。形容詞としては,The man in a black coat is my uncle. のように名詞を修飾したり,He is of great help to me. のように補語となったりする。日本語では「友人と」「東京で」のように,名詞に「と・で」のような格助詞をつければよい。ただし「名詞＋格助詞」の句が名詞にかかる場合は,「東京での会議」,「友人との会話」「故郷からの便り」のように,さらに「の」という格助詞をつける。名詞修飾が「わたしの本」のように「の」を必要とするためで,節が他の語句に掛かる場合も,「父の上京してきた日」「通知の来る日が待ち遠しい」のように,「が」に代わって「の」が使われる。「通知が来る日が待ち遠しい」のように「が」のままでもよいが,「～の～が」としたほうが形が整う。英語にもこれと同じようなことがある。He insisted on me going. (彼は私が行くことを主張した) の me は my でもよい。me とすれば on の目的語,my とすれば所有格として going を修飾する。

　前置詞は,かつて英語の名詞などが持っていた格変化の代わりとしても使われる。英語は昔,名詞は語尾変化を行い,その形で主

格・対格・属格・与格を区別した。[1]動詞や前置詞の目的語となる場合，その種類によって名詞の取る格が決まっていた。しかしその格変化がなくなった結果，主語（主格）と直接目的語（対格）は動詞の前と後という語順で示され，所有格（属格）は of，間接目的語（与格）は to や for といった前置詞で示される。前置詞の場合も，古英語では in は静止であれば与格，動きであれば対格の名詞を取ったが，今は in，into で区別される。on，onto も同様である。over も与格と対格の区別があったが，今は over 自体が「上方に」という静的意味と「越えて」という動的意味を持っている。under も同様である。日本語の場合は「が・の・に・を」の格助詞で主格・属格・与格・対格を示す。たとえば My father sent a picture of the lake to my aunt. は，格助詞を下線で示せば，「父が叔母に湖の写真を送った」となる。

　英語の自動詞の中には特定の前置詞を要求するものがある。これは古英語で属格や与格を目的語として取り，それに副詞としての働きを持たせていた動詞である。古英語ではほとんどの動詞は対格の目的語を取ったが，これは今では直接目的語になり，前置詞はつかない。属格や与格を取っていた自動詞も，中英語では名詞の格屈折語尾が消失し，SVO の構文が支配的になるに及んで，格の区別を失い，他動詞化していった。しかし一部の自動詞は，他動詞形とともに，「自動詞＋前置詞＋名詞」の形で元の格を保持した。すなわち，属格の目的語を取った approve, boast, complain, repent, think などは「of＋名詞」を従える。また形容詞も属格の目的語を取ったものがあり，full, glad, sure, worthy などが「of＋名詞」を従える。一方，与格目的語だったものは前置詞として to を取り，

---

[1] 古英語には主格・属格・与格・対格のほかに具格があり，「が・の・に・を」に対し，「で」という手段（by, with）を表した。ラテン語の奪格（by, from: 〜で，〜から）に相当するものだが，古英語では名詞での用法はすでに与格に吸収されて存在せず，why（＝by what）など一部の語にしか残っていなかった。

動詞では assent, belong, consent, contribute など，形容詞では cruel, hateful, important, kind, useful などがこの部類に入る。さらに「属格＋対格（与格）」を取ったものも前置詞で区別し，「rob 人 of 物」の形を取るものは「of 物」が属格の名残であり，この類は accuse, ask, cheat, clear, cure, deprive, remind など，「give 物 to 人」では「to 人」が与格の名残で，与える意の bring, sell, send, take, tell, throw など，「buy 物 for 人」では「for 人」が与格の名残で，得る意の catch, earn, find, gain, get, make などの動詞がこの部類になる。さらに hinder 人 from ～，thank 人 for ～ といった前置詞も取って一つのまとまった意味を構成する。

　前置詞は自動詞と結び付いて句動詞を作り，動詞の状態や動作を限定したり方向づけたりする。たとえば look だと，前置詞を変えることでさまざまな見方を表現できる。

(1) a. I look about me.

　　　（あたりを見回す）[about は周囲]

　b. I look after my father.

　　　（父の世話をする）[父親の後ろを見守る感じ]

　c. I look at him.

　　　（彼を見る）[at は一点を表す。look out at the window は「窓の所から外を見る」，あるいは「向かい側の窓を見る」]

　d. I look down on him.

　　　（彼を見下す）[on は接触，down は副詞]

　e. I look for the dog.

　　　（犬を探す）[for は「～を求めて」の意]

　f. I look forward to seeing him.

　　　（会うのを楽しみにしている）[to は方向・目的，forward は副詞]

　g. I look in the well.

　　　（井戸をちょっとのぞく）[in は中]

h. I look into the well.

（井戸の中をのぞきこむ）［into は「in＋to」で，to で方向性が出る］

i. I look on him with pity.

（哀れんで彼を見る）［on は接触なので視線が触れる感じ。古くは look の前置詞は on。17 世紀より at］

j. I look over the paper.

（書類を調べる）［over は一面にわたって］

k. I look through the paper.

（書類に目を通す）［through は貫通］

l. I look to him.

（彼のほうを見る）［to は方向］

m. I look up to him.

（彼を尊敬する）［down on の逆，up は副詞］

　こうした多様性は，言わば同じホースの先にさまざまな器具を取り付けて水の出方を変えるようなものである。あるいは，look を本体とするなら，そこにさまざまな交換レンズを取り付けて見方を変えるようなものであろう。日本語では「見る」につく助詞は「を」，判断の場合は「と」に限られているが，違う動詞と結びついて多様な表現を作り出す。たとえば，見飽きる，見上げる，見出す，見入る，見送る，見落とす，見返す，見限る，見かける，見極める，見下す，見込む，見捨てる，見損なう，見そめる，見つける，見積もる，見通す，見直す，見習う，見抜く，見逃す，見張る，見守る，見回す，見分ける，見渡す，あるいは，仰ぎ見る，垣間見る，透かし見る，試みる，鑑みるなど実に多い。英語は動詞を一つに定め，副詞や前置詞でその方向づけをするが，日本語は動詞を二つ重ねることで方向を定めることになる。

　英語には接頭辞となって動詞や名詞と結合した前置詞もある。tomorrow, tonight, today は語の頭に共通して to- がついている

が，これは本来は前置詞の to であり，昔は to day のように 2 語で表記されていた（今でも to-day の表記あり）（to = at, on）。『マクベス』に To-morrow, and to-morrow, and to-morrow, / Creeps in this petty pace from day to day / To the last syllable of recorded time. （明日が，その明日が，そのまた明日が一日一日とゆっくり過ぎて，やがては時の最後に行きつくのだ）（小津次郎訳）というせりふがあるが，to-morrow はハイフンがつくことで，朝（morrow）に向かって（to）這っていく感じになる。また beside, behind, before, between, below (beneath), beyond の語頭の be- は by（～のそばで）の意味で，before は by fore（前のところで），behind は by hind（後ろのところで），below (beneath) は下のところで，between の -tween は 2，beyond の yond は yonder（向こう）の意になる。古代ギリシャ語由来の encourage, include, impose の en-, in-, im- は in であり，encourage だと put courage in (someone) の意になる。exclude, export, expect, exit, expire の ex- は out of の意なので，export だと carry (something) out of (somewhere) の意になる（これは「前置詞＋動詞」の形を取るドイツ語の分離動詞に似ている。分離動詞はその組み合わせで一語だが，主文中で定動詞となるときは前置詞の部分が分離し，文末に来る。vorziehen（= prefer to（選ぶ））だと Ziehen Sie Kaffee oder Tee vor? （コーヒーと紅茶とどちらがいいですか）のように二つに分離する）。

　前置詞を使う効果として，文を分析的，論理的にするということがある。たとえば a single man in possession of a good fortune must be in want of a wife (Jane Austen, *Pride and prejudice*) は，もっと単純に書けば，a single man who has a good fortune must need a wife，主語の部分をさらに簡略化すれば a single rich man とも書ける。それを原文のように書くと，堅くて整った文語的イメージになる。平易な動詞 1 語を使った場合と比べると，語数が多くなり，リズムにも弾みがついて，格式ばった重い感じを与える。ちょうど一音節の語よりも複数音節の語のほうが重厚な感じを

与えるように（たとえば great と magnificent），前置詞と名詞の組み合わせが，まるで物を金具で連結するような堅く整った雰囲気を出すことになる。by means of 〜，with regard to 〜，in view of 〜，in case of 〜，for the sake of 〜，on account of 〜，owing to 〜，up to 〜，as to 〜 なども，一語で書けるところを前置詞句を使うため，論理的，客観的な表現になる。イメージとすればプラモデルの組み立てで，前置詞という接続器具を用いてパーツとパーツをしっかりと組み合わせて一つのまとまった部品を作る感覚になる。日本語では助詞に名詞や動詞がついて一つのまとまりを成し，助詞の機能を補強する言い方がある。「〜を話す」の「を」を「〜について」，「〜で成功した」の「で」を「〜によって」，「〜してもむだ」の「しても」を「〜したところで」，「〜していると」を「〜しているとき（あいだ，うち）に」，「〜ないので」を「〜ないために（せいで）」，「こうやって」を「このとおり（よう）に」のように，名詞や動詞を追加することで意味をふくらませ，分かりやすくしている。ただし「〜した所で」の「所」や「この通りに」の「通」はひらがな書きにするように，元となる名詞や動詞の意味はかなり薄れてしまっている。

　前置詞を使った英語の表現は，日本語の観点から見ると，ずいぶんひねった印象を与える。We … stood in each other's arms.（Erskine Caldwell, "Rachel"）（わたしたちは抱き合った）の文字どおりの意味は「お互いの腕の中に立った」，Young men with shining red faces walked awkwardly about with girls on their arms.（Sherwood Anderson, "Sophistication"）（きれいな赤ら顔の若者たちは娘たちと腕を組んで歩き回った）は文字どおりには「腕の上に娘たちを乗せて」である。例を挙げる。

(2) a. He had gone beyond hearing distance.
　　　　（彼は聞こえる距離の向こうへ行った → もう呼んでも彼に声は届かなかった）

b. She felt herself to be within touching distance of some very important piece of knowledge.

(Susan Hill, "How Soon Can I Leave?")

（彼女は自分が重要な知識に触れる距離内にいると感じた → もう少しで重要な知識をつかめると感じた）

c. It had driven him near to distraction.

（それは彼を錯乱の近くへと駆り立てた → もう少しで逆上するところだった）

d. It goes without saying that money is important.

（お金が大切なことは言うことなしに行く → お金が大切なことは言うまでもない）

e. They were never up to anything that I could see.

（彼らは私が見ることのできる何かの所まで上がっていなかった → 見たところ何かをたくらんでいるというふうではなかった）

f. I ran out of money.

（お金の外へ走った → お金を使い果たした）

g. He went out of his way to buy me a flower.

（彼は私に花を買うために自分の道の外に出た → わざわざ買いに行った）

h. The carpeting was going into holes. (Doris Lessing, "A Room")

（じゅうたんが穴の中に入りつつあった → 穴だらけになりつつあった）

　前置詞を使った句は日本語に直訳できないことがあるため，その場合は動詞として訳す必要がある。英語は名詞を連ねて石のように堅い文を作るイメージがあるが，比較すると，日本語は動詞をつなげて流れるような文を作る。日本語で同じように堅く格式ばった雰囲気を出そうとすれば，柔らかな和語ではなく，漢字熟語を使った表現にする。たとえば「富を持つ独り身の男は妻がほしいに違いな

い」に対し，「財産を所有する独身の男性は細君を必要とするに相違ない」のように。

2. 場所・時間の前置詞

まず場所を表す前置詞。in は，I live in Tokyo. のように広い範囲を，at は I bought a book at the bookstore. のように一点を表す。ただしその感覚は相対的で，同じ場所でも，He stands（　　）the center of a crowd of people.，We arrived（　　）a strange town. の（　　）にはどちらも入り，at は点，in は広がりとして捉えている。a strange town の代わりに Tokyo とすると，in は東京という地域，at は東京駅という点になる。都市名も I will stop at Osaka. とすると，大阪は旅の途中の通過点となる。at は地図で見て一点と定めるような外からの縮小する視点，in はその場所の内（あるいは近く）からの拡大する視点になる。He works（　　）the company.（会社で働く）は，at だと点で会社の所在地を表し，in はその建物の中にいることを表す（会社に勤めるというときは一般には「〜のために」の for を使う）。I saw a house 〜 だと，in the distance は広がりだから「ずっと遠くに」，at a distance は点なので「少し離れたところに」となる。心は，He is a good man at heart. だと心を点と捉え，I feel guilty in my heart. だと広がりで，心の中で，になる。精神的にも at は点で，意識がそこに集中し，in は意識が広がる感覚になる。be hard at work（熱心に仕事に向かう），sit (down) at table（食卓につく）[to にすると方向]，be good at 〜（〜が得意）は意識が一点に集中し，I am surprised (shocked) at his ignorance. は目が一点に釘付けである。be absorbed in 〜，be interested in 〜，be engaged in 〜 などは広い領域に心が吸い込まれる感覚になる。

一方，on はその人（物）がそこに接触していることを表す。だから We play on the road. は道路との接触が示され，in the road

は道路の中なので，邪魔になる感じを伴う。同様に I am on my way home. は帰り道の途上にあり，Don't stand in my way. は相手が道をふさいでいる。The boy sat (　　) his mother's lap. は，on は膝の上に（接して），in は膝の中に（包まれて）という感覚になる（lap は座ったときにできる平らな広がり，衣服のすそでおおわれる部分）。He has something (　　) mind. で，in mind だと，心の中で何かを考えている，on his mind だと，何かが心に触れている → 何かが気にかかっているとなる。There is a rowboat drawn up (　　) the lake shore.（湖岸にボートが引き上げられている）では，on とすれば岸に接触，at とすれば地点になる。against だとこすれて強く接している感じになる。She tapped (　　) his door. も on（接触）か at（地点），あるいはぶつかる意の against になる。bang, bump, hit, strike といった動詞も同様である。I lie on the bed. と I lie in bed. では，on はベッドの（ふとんの）上に乗っており，in はベッドの（ふとんの）中に入っている。in bed は慣用句なので the はつけないが，on the bed はその時限りの行為なので the をつける。概して習慣的に用いる句は具体的な個別性が消えて抽象化するので the が消える（go to school, at table, at work, in town, in class など）。あるいは by は，My house stands by the sea. のように「かたわら」という感覚を表し，海が見えるが，near とすると漠然と近いになり，海は見えなくてもいい（near の本義は比較級なので比較的近い。by はすぐそば）。He stands by me. はすぐそばに立って力になってくれるが，near me はたまたま近くにいるというだけである。He stands close to me. とすると触れるほど近くになる（「近くに」の意の close は「閉じる」意の close と同源で，間が閉じていること）。beside は，by が漠然と「そば」なのに対し，真横（左右）になる（be- = by）。受身文では行為者が by で示されるが，文字通りには「～の面前で」ということになる。手段を表すときは go by bicycle (car, train) のように無冠詞で言うが，この by も自転車などのそばにずっといる

状態で行くという感覚になる。無冠詞なのは特定の具体的なものに言及するのではなく抽象的な概念を表すからで，具体的に言う場合は go on a bicycle (the train)，go in my car のように，「乗る」意を持つ前置詞と冠詞などで限定された名詞で表す。「徒歩で」は on foot (on は接触) になるが，by (そば) でないのは自分の足だからである (ただし by car などとの対比で by foot も使う)。by chance, by mistake, by the way という慣用句も「そばで」の感覚が伴う。

　日本語では場所を表す助詞は「東京に」とか「本屋で」のように「に」や「で」で表し，英語のような細かい区別はない。前置詞 near は「近くで」と訳すが，「で」が助詞で「近く」は名詞になる。日本語の問題としては，「に」と「で」の使い分けがある。「道で遊ぶ」「本屋で買う」はいいが，「道に遊ぶ」「本屋に買う」とは言わない。一方，「机の上に本がある」「木の下に人がいる」はいいが，「机の上で本がある」「木の下で人がいる」とは言わない。この例から，「で」は動きに対して使い，「に」は静止した位置について使うことが分かる。「で」の元は「にて」で，〜において何かを行うという連想がある。ややこしいのは，同じ意味でも，「東京に住む」「東京で暮らす」のように，動詞によって助詞を使い分けることである。「住む」は「そこにとどまる・落ち着く」ことで，静のイメージがあるのに対し，「暮らす」(語源は「暗くする」) は「日が暮れるまで過ごす」ということで，動のイメージがある。その違いが助詞の違いになっている。動詞が同じでも，「列車は東京で停まった」と「列車は東京に停まった」は，「で」は動きを求めるので，どこかへ向かう途中に，という暗示がある。

　「〜の上に」という場合 (品詞は「格助詞「の」＋名詞「上」＋格助詞「に」」)，日本語ではその一語で，動きを表す場合は「で」になるが，英語では on, over, above と細かく区別する。on は学校では「上」と教えるが，正しくは何かに接触した状態を表す。だからThere is a vase on the table. は「テーブルの上に」でよいが，

There is a picture on the ceiling.（天井に絵が貼ってある）は「天井の上に」とは訳せない（「下に」も変）。反対語は off であり，「〜から離れて」の意で，「下」という意味はない。above は何かから離れて「上のほう」にあることで，反対語は below（be＋low（低い））になる。over は above に広がりが加わり，真上にあっておおいかぶさるイメージになる。その広がりから動きも表す。I heard heavy footsteps over the ceiling. とすると，天井の上の音になる。over の反対語は under で，真下，あるいは under the burning sky のように上に何かがおおいかぶさっているイメージになる（なお，above は「a（on）＋b（by）＋ove（upward）」で，over はその ove の比較級。under も元は比較級）。なお on の強意形として upon（up＋on）があるが，これは文語的で，once upon a time, upon my word のような決まり文句によく使われる。一音節の on と違い，弱強の二音節になるのでリズムを作りやすい。

　場所を示すこの前置詞はさまざまな形で使われる。

(1)　on の場合（接触が基本）
　　a.　knock him on the head
　　　　（彼の頭をたたく）［on はたたくものが頭に接触すること］
　　b.　give a lecture on history
　　　　（歴史の講義をする）［on は触れること，つまり「〜について」。about にすると「その周囲」］
　　c.　depend on him
　　　　（彼に頼る）［彼に接触していること］
　　d.　lie on his back
　　　　（仰向けに寝る）［背中が地面に接触している。うつ伏せは on his face，腹ばいは on his stomach］
　　e.　put on weight
　　　　（体重が増える）［服のように重さを身に付ける。逆は take off ではなく lose］

f. The sand was soft on the feet.

　（砂は足に柔らかかった）［砂が足と接触した状態。「足の上に」
　は変。むしろ「足の下に」。beneath the feet でもよい］

g. He was thrown out on the back of his head.

　（投げ出されて後頭部を打った）

h. Toni has been two hours on her hair and face.

　　　　　　　　　　　(Raymond Carver, "Are These Actual Miles?")

　（トニは2時間，髪と顔に当たっている）

(2)　above の場合（上方の静止位置。地面との接触はなく，運
　　動も伴わない）

a. He is above suspicion.

　（彼には疑いはない）［「疑いの上」。逆は below ではなく under
　で「疑いがかかって」。on suspicion とすると，接触なので，
　「～の疑いで」］

b. The book is above my comprehension (my head).

　（その本は私の理解を超えている）［逆は within］

c. He is above betraying us.

　（彼は決して裏切らない）［not above ～ だと「平気で裏切る」］

(3)　over の場合（静止の場合は「真上に」「一面に」，動作の場
　　合は「超えて・向こうに」）

a. talk over lunch

　（ランチを食べながら話す）［「ランチの真上で話す」］

b. look over one's shoulder

　（肩越しに見る）［「(肩を越えて) 後ろを見る」］

c. get over the shock

　（ショックを乗り越える）［「～の上を越えて行く」］

d. help the boy over his shyness

　（少年が内気さを克服するのを助ける）［out of だと外へ，over
　だと上へ］

　日本人にとって分かりにくいのは on の使い方で，たとえば顔の傷跡と言うとき，a scar on his face と言う。この on は体に服や化粧をつけるときの on で，傷跡は顔の上に付けているものという感覚になる。a scar in his face とも言えるが，on と比べると，傷跡が顔に刻み込まれている感覚になる。バス・列車・飛行機・船などの大型の乗り物に乗るときは get on a bus のように言う（逆は get off）。しかし car, taxi, rowboat のような小さな乗り物のときは get in a car になる（強調形は get into a car で「乗る」ではなく「乗り込む」）（逆は get out）。バスなどの on は改まった言い方では go on board (a bus) とも言い，床・甲板など大きな板・台の上に乗っかって移動する感じになる。それに対し，車などは board の感覚がないので on ではなく in になる。ただし馬や自転車はお尻をつけるので get on ～ になる。また put a blanket （　　）the baby は on でも over でもよいが，over が全体を覆うのに対し，on は「触れる」だから体の一部になる。

　前，後ろの位置を表す前置詞は before と behind になる。句前置詞では in front of ～，at the back of ～ となり，名詞を含むから，日本語の「前・に」「後ろ・に」に相当する。after は時間や順番に用い，場所には用いない。shut the door behind you は「（通り抜けてから後ろにある）ドアを閉める」こと，shut the door after you は「出た（入った）あとでドアを閉める」ことである。after you（お先にどうぞ）は部屋の出入りなど，あなたの後からついていく意であり，gaze after them も去っていく後ろ姿を見送る意になる。左右については一語で表す前置詞はなく，on the right (left) of ～ という句前置詞となる。使われる前置詞はそれぞれ違うが，in は広い視野を示し，on はそれより狭く，地面に接している感覚，at はさらに狭く，一点になる。前方は視野が広がるから in，後方は開けず，一点に狭められる感覚になるから at になる（アメリカでは in front of の対として in back of ～ も使う）。before と in front of には区別がある。before は目的語として人などの動く名詞

を取り，in front of は建物・物体などの静止したものを取る。before を接続詞として使う場合も，before you go のように行動・動作を表す文が来る。日本語の「前」と一致しないものもある。He sat behind the wheel. は車のハンドル（wheel）の前に座る，He sat behind his desk in a counting-room. は机に座って仕事をする，I waved to the man behind the piano. もピアノを前に演奏している人に手を振ることになる（at the piano だと点で「従事」）。この behind には大きなものを背後で操作しているという感覚がある。パソコンやテレビなどは小さいので in front of になる。赤信号で車が止まるときは，日本語では「停止線の前」で止まるが，英語では stop behind the stop line となる。さらには front に the がつくかつかないかでも意味が異なる。front は建物などの正面部（原義は「額」）を指すから，in the front of the house とすると建物の「その」前面部，in front of the house とすると，建物の前方となり，建物は含まない。日本語ではこのような細かい区別は一切せず，すべて「〜の前に」となる。

　時間を表す前置詞は，場所を表す前置詞と重なり，in は，in the year 2021, in December のように広い範囲を，at は at three o'clock, at noon のように一点を，on はその中間で，on that day, on Sunday のように日にちや曜日を表す。係わりを持つ（そこに接触する）特定の日は on で，朝は一般には in the morning だが，ある出来事が起こる特定の朝は on the morning of her birthday となる。one morning, tomorrow morning, every morning のように副詞句として使うときは前置詞は不要になる。夜に係わる前置詞は，in を使うと，She was surprised at being rung up in the night.（夜電話されて驚いた）のように「夜間に」の意，at は，He works at night. のように「（皆が寝ている）夜に」の意，on は，on Saturday night のように特定の夜に用いる。at は，夜は眠っていて長さの感覚がなく，感覚的に一点と捉えられるためで，昼間働く場合は in（during）the day になる。日本語では「12月に」「3時

に」のように静止した状態を表す「に」を用い，英語のようには細かく区別しない（「12 月で」とすると次に「やめる」のように行為を要求する）。

in は使われる文脈が過去か未来かで意味が少し違ってくる。I haven't seen him in ten years., It's the hottest day in ten years. では「この 10 年の間」だが，I'll see you in an hour. は「1 時間したら，1 時間後に」で，以内の意味は薄れる（after an hour は「1 時間過ぎた後」）。以内のときは within an hour を使う（in under an hour という言い方もある）。何かを成し遂げるための時間も in で表し，I learned English in three months.（3 か月で，3 か月かけて）となる。期間の限度は by ～（までに）で，I have to finish the job by tomorrow. はそれまでに行為を完了する意，until (till) はその時まで行為を継続する意で，完了する必要はない。in time は「時間がたったら」から「そのうち，やがて」の意で使われるが，「時間のうちに」，つまり「間に合って」の意でも使われる（I was in time for the party.）。on time は on が接触なので，「時間どおりに」となる。for は，for a month（1 か月の間）のように，継続する時間の幅を表し，ある行為にかかった時間を示す。だから moment の場合は，in a moment とすると「一瞬したら」から「すぐに」の意，for a moment だと「ちょっとの間」になる。at the moment は at が点，the が今という限定された時を表し，「ちょうど今」になる。during (dure（続く）＋ ing) の場合は during the month のように期間を限定し，その期間の間ずっと，あるいはその期間のある時に，という意を表す。for の原義は before の -fore と同じで，「～の前に」，だから 1 か月がたつ前にの意になる。また 6 時前のときは before six o'clock だが，6 時過ぎのときは after を使い，behind は使わない。after は動作，behind は静止のイメージを伴うからである。behind the times とすると，時代の後ろにいる，つまり「時代に遅れて」の意味になる。

前置詞はその後に名詞を従えるが，そこから発展して動名詞や文

（節）を従えることもできる。in 〜ing（Be careful in driving a car.）は「ある行為の中で」，そこから「〜する際に」の意になる。on 〜ing（On seeing me, he cries.）は，on が接触を表すから，ある行為が前の行為と接触している，つまり「〜するとすぐに」（as soon as 〜）の意になる。before と after はその後に文を従え，接続詞になる。ただし before は日本語とニュアンスの異なる場合があり，It was ten o'clock in the evening before his wife came home. だと，主節の行為・状況の時間の長さを強調し，「夜の10時になってやっと妻は帰ってきた」のようになる。なお before he comes の元の形は before that he comes であり，that he comes という名詞節を目的語に取っていたが，その that が省かれた結果，前置詞から接続詞へと昇格したものである。after は af＝off の比較級（より離れて）で，副詞から前置詞に転用されたものである。

3.　動き・状況を示す前置詞

　次に動きを示す前置詞を見ると，「〜に向かって」という方向を示すものとして，I go to Tokyo. の to，I leave for New York. の for がある。to は到着を暗示するが，for は方向だけである（だから leave は to を取れない）。バーナード・ショーの戯曲『聖ジョウン』で，ジャンヌ・ダルクが Who is for Orleans with me?（誰が私と一緒にオルレアンへ行く？）と叫ぶと，騎士たちが熱狂して To Orleans! と答えるが，for が方向を示すのに対し，to は到達を暗示するから，必ず着いてやるという意志が見える。日本語では「〜へ」「〜に」という助詞になる。「へ」は「〜に向かって」という行動の方向や目標を表すのに対し，「に」は静止で，「〜の中に（入る）」という感覚がある。だから「東京への旅」とは言うが，「東京にの旅」とは言えず，単に「東京（で）の旅」となる。なお「実家に戻れてうれしかった」は He was happy to be back in his old home. のように，今はもう戻って「いる」ので in を使う。

　方向や目標を表す to は，turn to the left, the way to success, the train to London のように使われる。progress toward 〜 の toward（to + ward（方向を示す語尾））も方向を示すが，to が到達することを前提にするのに対し，単に方向を示すだけである。face to face は顔を相手の顔のほうに向けて，rise to one's feet（立ち上がる）は「足で立った状態に向けて」で，立っている状態なら stand on one's feet となる。on は接触だから，「足を地につけて」，つまり「立って」になる（足は二つあるので複数形。単数なら片足）。knee だと drop to one's knees はひざまずく，on one's knees は地にひざをついた状態，get up off (from) your knees だとひざをついた状態から起き上がることになる。一方，turn という動詞は，to me とすると私のほうへ向く，on me とすると，on が接触だから私に襲い掛かることになる。hold だと，hold him は彼をしっかりつかむ，hold to him は方向で，彼につかまる，さらに接触の on を追加して強調し，hold on to (onto) him でしがみつくとなる。the boy climbed up on to the rick（干草の山に上った）でも up は上昇，on は接触，to で到達となる。この to はある行為が向けられる目的・目標だけでなく，その行為が向かったことによって生じた結果も表す。He was shot to death.（彼は撃たれて死んだ）は結果であり，It was boring to death.（死ぬほど退屈だった）は，本当に死んだわけではないので，死に至るほどのという程度を表している。To my surprise, he was not dead. も，ある事実がわたしの驚きに至ったことを表現する。into（in + to）はただ至るだけでなく，さらにそこに入り込むことで，run to her なら彼女のところまで走ること，run into her は走っていって食い込むこと，つまりぶつかることである。She flew into a rage., burst into laughter, throw 〜 into confusion などはみな中へ入り込む。She began to cry silently into her handkerchief.（Irwin Shaw "The Girls in Their Summer Dresses"）は，ハンカチの中にのめりこむ，つまりハンカチに顔を押し当てて泣く感覚である。Tears come to (into) her eyes. は「涙

が出てきた」だが，日本語では涙は目から出てくるものだが，英語では涙は目のところに「来る」ものでもある。to 不定詞の to も前置詞の to と元は同じであり，「〜に向かって」という意を持つ。たとえば I want to sleep. だと，「〜へ向かうことを欲する」というのが原義になる。I study hard to enter the university. だと，to は「〜するために」という目的を表すが，元の意味は，「大学に入ることに向けて」一生懸命に勉強する，になる。

一方，方向を表す for は，元の意味は「〜の前に」(before) であった。だから leave for Tokyo は，「東京を前にして出発する → 東京へ向かう」になる。ask for 〜, long for 〜, wait for 〜, look for 〜, make for 〜 なども同様で，「〜を前にして … する → 〜を求めて … する」という発想になる。listen は to をつけるが，for をつければ，まだ音は聞こえておらず，「(〜が聞こえないかと) 耳を澄ます」意になる。あるいは I walked for three days (three miles). では，3日という期間に向かって歩いた → 3日間歩いた，となる。I bring some flowers for my mother. は「母を前に (母を念頭に) 〜する → 母のために」となり，to my mother とすると，単に「母の所へ」で，事実だけを述べている。あるいは She cried for joy. は，「喜びを前に→喜びのために」と理由を表す言い方になり，この理由を表す前置詞が，for the reason that 〜 と発展し，for that 〜 となり，that が省かれて，I fell asleep, for I was very tired. という理由・原因を表す接続詞になる。

この to と for は，「〜にとって」という意を表すときの前置詞になる。ある動詞なり形容詞なり名詞なりがどちらの前置詞を取るかはその語によって決まる。基本的に to は「〜に対して」という方向を表し，for は「〜のために」という利益や目的を表す。a surprise や a shock という名詞は，利益になるものではないので to を取る。kind, cruel, familiar, dear, nice, polite という形容詞は「〜に対する」態度や状態になるので to を取り，easy や difficult はその人の利益という観点から見てという含みで for になる

(for (a person) to (do) とするとはっきりする)。important, necessary, useful, suitable, convenient, depressing などは to, for, どちらも可だが，It is important for you to come. のように不定詞が続く場合は to の連続を避けるため for になる。The hat is too small for me. のような場合も同じ理由で for になる。動詞についても give は物の移動なので to（人）として方向を示し，buy はその目的を for（人）として示す。

　この「〜に向けて」の逆は，「〜から離れて」であり，of と from がある。of の原義は off，すなわち away from であり，clear the table of dishes（食卓から皿をかたづける），deprive him of freedom（彼から自由を奪う），cure him of his illness（彼の病気を治す），あるいは He comes of a good family.（彼は名門の出だ）のような使い方として残っている。最初の三例は二つの目的語を持ち，それはそれまでは一体化してものが二つに分離する感じである。形は hit him on the head と同じで，まず対象全体を示し，次に行為の及ぶ具体的箇所を示す。strip a tree of its bark（木の皮をはぐ）だと，目的語の語順を変えて strip the bark from (off) a tree とも言える。この語順で of を使うと the bark of a tree で一つのまとまりになり，of が分離ではなく所属になるので意味が違ってしまう。of を分離の意で使おうとすれば先の語順にするしかない。He took a key off his watch-chain.（懐中時計の鎖から鍵を外した）も of だと時計の鍵になってしまう。マクベス夫人は王を殺した血染めの手を見て，A little water clears us of this deed.（ちょっとの水でこの（殺害）行為は洗い流せる）と言った。of は引き離す感覚である。あるいは May I ask a favor of you?, It's kind of you to help me. といった表現も，of はその行為が相手の内から外へ出てくることを暗示する。しかしこの「離れる」意は現在では of の強意形である off で表現されるようになっている。of の現在の主要な用法は所有・所属を表すものだが（フランス語の所有格 de の影響），本来の感覚は残っている。たとえば a leg of the table, the king of beasts は全体から

取り出された部分を表している（人の場合は the house of Mike とすると取り出す意がこもり，おかしいので，Mike's house のように所有格を使う）。a friend of mine も，わたしが持つ何人かの友人の中から取り出された一人の友達，a cup of coffee もコーヒー（という数えられないものの中）から分離されて外に現れた一杯のコーヒー，a statue of bronze（ブロンズ像）もブロンズ（青銅）から分離され，取り出された像（in にすると青銅の中で形を取る感覚）となり，of は out of 〜（〜の内から離れて外へ）の意を含む。聖書には And the Lord God formed man of the dust of the ground.「創世記」（そして神は大地の塵から人間を作った）とある。ただし，two of us は「我々の中の（誰か）二人」だが，the two of us は the で限定されているため「我々二人」の意で，我々と二人は同格になる（Just between the two of us, we know our love is gone. という歌がある）。an angel of a girl（天使のような女の子）も，an angel は a girl の中から外に出てきたイメージ，make a fool (a man) of him（彼を笑いもの（一人前の男）にする）も同様である。from は away from の意であり，She hurried from the room. のように，起点を表す。from の代わりに out of も使えるが，from は起点なのでその後に to the office のような方向が暗示されているのに対し，out of は単にその外へ出るという動きを表す。We stay home from school. は状態なので，「学校には行かずに」の意になる。先の strip the bark from (off) a tree では，from は移動の起点を示すもので木の表現から移動させる感じになるのに対し，off あるいは of は，木の中から外へ（out of）取り出すことで，密着した状態から引き剥がす感じになる。この off は of からの派生だが，I was now a great way off of it [dismal imagination]. (Daniel Defoe, *Robinson Crusoe*)（もう陰気な想像からははるかに離れていた → もう暗い想像はしなかった）のように off と of を両方使う表現もある（off は副詞，of は前置詞になる）。

　「会議は9時から始まる」という場合，始まるは一回限りの継続

しない出来事であるから，前置詞は from ではなく at を使い，The meeting begins at nine o'clock. となる。それは「9 時に始まる」という言い方と同じである。at はしばしば行動の起点（原因・きっかけ）を表し，At the news we all wept.（その知らせを聞いて），He visited her at his mother's suggestion.（母の提案で）のように，一つの事柄が発火点になって何かが起こる感じになる。原料から何かを作る場合，英語では，原料が元の形状をとどめているなら，make O of 〜（材料）を用い，目で見てそれと分からなければ，make O from 〜（原料）を用いる。of がそのまま離れる感じ，from が起点から変化する感じ（from A to B）になる。シェイクスピアでマクベスは魔女から「女から生まれた者には殺されない」と言われ，安心するが，結局，言葉に欺かれる。魔女の言った言葉は a man born of a woman だが，マクベスを殺した男は ripped from woman's womb（女の子宮から引き裂かれて）という形で生まれた。つまり of は母体から自然に出る（つまり自然分娩），from は手を加えて出る（つまり帝王切開）という違いがある。be tired も，その後に from the journey とすれば「疲れた」で，journey がその原因だが，それが嫌になっているわけではない（楽しかったかもしれない）。しかし of を使い，of the journey とすれば，もう飽きて嫌になっている。hear も間接的に聞く場合は of と from の前置詞を取るが，from は人を目的語に取り，人から便りがある，of は人や事を目的語に取り，〜のうわさを聞く，と区別する。from は起点で，to 〜 が暗示されるので，〜からの手紙を受け取ることになり，of はその人の内側から何かが外に出るイメージで，こちらには直接届かないので，うわさという形で聞くことになる（歴史的には元は of で後に from）。なお since も「〜から」だが，これは I've been in hospital since last month. のように現在までの継続を表す。

　対立と結び付きを表す前置詞としては against と with がある。be against war（戦争に反対），bang my knee against the chair（膝をイスにがんとぶつける），lean against the wall（壁に寄りかかる）な

どには，対立や圧迫を伴った接触がある。again とは同根で，「向かい合う」が語源になる。だから Are you for or against his plan?（君は彼の計画に賛成か反対か）は，for は「〜の方向へ」，against は「〜の反対の方向へ」の意になる。一方，with は「〜と共に」で結び付きを示す。本来は二つのものが非常に接近している状態で，静的な関係なら「触れ合う」，動的な関係なら「ぶつかる」意になる。go with my brother（兄と共に行く），a girl with a pretty face（かわいい顔の少女），eat with chopsticks（箸で食べる），agree with him（彼と意見が一致），connect A with B（A と B を結び付ける）などは好ましい結び付きを示す。I have something to do with you.（あなたと関係がある），stay with my friend（友人の家に泊まる）にも触れ合いの感覚が感じられる（外から客観的に見た場合は stay at my friend's house となる）。一方，「ぶつかる」意では fight with the enemy（敵と戦う）（fight with him against the enemy の with は「共に」），be angry with children（子供に怒る），part with him（彼と別れる），What's the matter with you?（何かあったのか）などに残る。withstand（抵抗する），withdraw（引っ込める），withhold（差し控える）といった語頭に with- のついた語もその古い意味を宿している。

　移動は across, over, through がある。across の cross は十字の意であり，細長い所を横切ることで，平面的な移動，over は飛び越えることで，空間的な移動になる。橋を渡るというときは go（　　）a bridge でどちらも使う。しかしどちらの前置詞も橋だけを見て捉えると，go across the road のように直角に渡ることになり，変な感覚になる。実際は across も over も川に対して言っており，橋を手段にして川を渡るということになる。go（　　）the river は，across だと泳いだり船に乗ったりして水に接して渡ること，over は水に触れずに飛び越えることになる。through は立体的に通り抜けることで，go through a bridge とは橋の下の筒状の空間を通り抜けることになる（go under a bridge は単に位置を示

しているだけ）。he went through into the garden は部屋などを通り抜けて庭へ入ることで，through は副詞，into は前置詞になる。「門から入る」というときは enter (at, by, through) the gate で，at は地点，by は手段，through は〜を通ってという動きを表す。

　out と in (into) は反対概念になる。しかし He looks out into the garden. の out と into は別々の行為ではなく，家の外を見ることが庭の中を見ることになるので同一の行為を表す。この out は，副詞として使う場合，つく動詞によって一見反対のイメージを作り出し，put out a fire, cross out the words は「消す」こと，bring out a new book, hold out your hand は「現す」ことになる。形容詞にすると，The sun is out. は「日が出ている」，The light is out. は「光は消えている」になる。しかしこの文は，The sun has come out of the darkness., The light has gone out into the darkness (nothingness). の意であり，別の状態からの移動という点では同一である (The sun breaks (through clouds). も太陽が「壊れた」ではなく「現れた」)。turn out だと，炎なら消す，商品なら作り出すの意になる。あるいは burst out laughing と burst into laughter (大笑いする) は同一，fill out the form, fill in the form (書類に記入する) も同一，hand in the paper (提出), hand out the leaflets (配布) も手渡す点では同一である。

　up と down も反対概念を示す。前置詞の場合，He walked down the road to the house. の down は along の意で up でもよい。副詞の場合は，He walked down. は話し手や中心から離れていくさま，up は近づくさまを表す。動詞なら go と come に対応しよう。up は，get up (起きる), sit up (上半身を起こす) のように「上に」の意とともに，give up (あきらめる) のように「すっかり，完全に」の意を持つ (give up は持っているものをすべて差し出して降参するイメージ)。慣用句でも catch up with (追いつく) は完全につかまえること，keep up with (遅れずについていく) は up の状態を保つこと，make up with (for) (仲直りする，埋め合わせる)

は作り上げることである。同じ行為でも副詞によってイメージが変わり，burn down a house は家を燃やしてつぶす（down）こと，burn up a house は家をてっぺんまで（up）燃やすことである。さらに burn out a house とすると燃やして消滅させる（out）ことになる。同様に break down は物をつぶして崩すこと，up だとてっぺんまでバラバラにすること，hunt down ～ は人を追い詰めて倒す（down）こと，hunt up ～ は追い詰め，隠れていたものを引き上げて（up）捉えること，hunt out ～ は外に（out）引っ張り出して捉えるイメージになる。

4. 助詞

　英語では前置詞が発達しているように，日本語では助詞が発達しており，その数も多い。一番重要なものは格助詞で，これは名詞につき，他の語との関係を示して文を構成する。

> （1）　父がわたしに新幹線のチケットをくれた。そのチケットで，わたしは母と二人，東京から京都へ向かった。

　文中，下線を引いた語が格助詞になる。二重線を引いた「わたしは」の「は」は副助詞で，副詞的な役割を果たす。英語と比べた場合，英語では主語と直接目的語には前置詞はつかないから，「が」と「を」に相当する前置詞はない。しかし「～に」は to ～，「～の」は of ～，「～で」「～と」は with ～，「～から」は from ～，「～へ」は to ～ を当てることができる。「～は」は as for ～ になる。

　英語で主語と目的語に前置詞がつかないことは，その二つが文の特権的な要素であることを示している（昔は語尾変化）。「誰が何をどうした」という他動詞の発想が強いことになる。ただし目的語は「自動詞＋前置詞」の形では前置詞の支配を受けるが（I look at the flower.），主語はどういう場合でも前置詞は絶対につかず，かつ動詞を支配してその形を決める。一方，日本語では，主語にも目的語

にも，ほかの品詞と同様，助詞がつく。そのことは，その二つもほかの品詞と同等であることを示している。ただし日本語は本来は主語を示す助詞はなかった（「男あり」）。つまり主語は特権的で，「何がどうした」という自動詞の発想が強かったことを暗示する。今も主語，ついで目的語は助詞の省略がよく起こるから，助詞を義務づけられるほかの語句と比べると特権的である。

　「が」は，もともとは「我が家」「我が祖国」「君が代」のように名詞に付いて連体修飾語として使われていたもので，中世の武士の時代に至って，それまで存在しなかった主格の助詞として使われるようになった。文を書くときは主語を明確にするために「が」が必要だが，話すときは，主語そのものを省いたり，「わたし，します」のように助詞を省くから，特になければいけないものでもない。むしろないほうが本来の形であった。また「が」は「負けるが勝ち」「行くがいい」のように動詞（連体形）を受けることもある。古い文語的な使い方で，慣用句になる（今日では「が」の前に「こと」や「の」や「ほう」をつける）。「が」は，主語を表すほかに，「寒いが気持ちいい」「失礼ですがお名前を」のように接続助詞となったり，「うまくいけばいいが」のように終助詞になったりする。本来は名詞と名詞をつなげたものが，文と文をつなげるものに発展した形である。「しかし」の意の逆接ばかりでなく，「食べてみたが確かにうまかった」のように順接のときもある。終助詞の場合は後に文の省略があり，その不完全さで不安感などの余情を出している。

　「の」は，「右側の本」「東京の街」「雪の朝」など，名詞と名詞をつなげる役目で，所有，所属，時間，場所，同格など，さまざまな関係を表す。英訳では一つの前置詞では間に合わず，家の窓 (the windows of the house)，ブラジルの人 (a man from Brazil)，千葉大学の教授 (a professor at Chiba University)，日本史の本 (a book on Japanese history)，お茶の時間 (time for tea)，東京の夏 (summer in Tokyo)，玄関の鍵 (the key to the front door)，赤毛の少女 (a girl with red hair)，モーツァルトのソナタ (a sonata by

Mozart），海辺の墓地（the graveyard by the sea），母の手紙（a letter from my mother）のように多様に使い分けなければいけない。英語はそれだけ細かく分析的ということになる。「母の手紙」の場合，細かく表せば「母への手紙，母からの手紙」と使い分けるが，文脈で分かる場合はいちいち区別しない。また「雨の降る夜」「絵の好きな人」は，「の」を「が」に換えても言えるが，「が」が主語として動詞で終わることを求めるため，語句が名詞にかかる場合は「の」のほうが落ち着く。ただし，「が」はもともと「我が家」のように「の」と同じ働きをしていたため，「が」であっても違和感はない（かつては「が」は親愛などの感情が伴い，「の」は客観的という使い分けがあったが，「の」が支配的となった）。また「ぼくのはどれ」「会うのはいや」の「の」は「もの」や「こと」の代用あるいは省略で，英語では mine, seeing といった代名詞や動名詞で表すところである。以上のような格助詞のほか，「そうは言ったものの」のように接続助詞になったり，「暑いだの寒いだの言うな」のように副助詞になったり，「学校に行くの」のように終助詞になったりする。この文末の「の」は，語尾を下げれば断定，語尾を上げれば質問，強勢を置けば命令になる。なくてもよいものだが，女性らしさが出る。それぞれ「のさ」「のか」「のだ」と補足の語尾をつけるとはっきりする（ただし女性らしさは消える）（断定は「のよ」も可だが命令にもなる）。また「の」の特徴として，接続助詞の「て」が「〜して〜して〜して」という形で動詞を次々に続けられるのに対して，「〜の〜の〜の」という形で名詞を次々につなげられる。和歌などではそれが心地よいリズムを作る。たとえば「新しき年の始の初春の今日降る雪のいや重け吉事」（大伴家持），「ゆく秋の大和の国の薬師寺の塔の上なる一ひらの雲」（佐々木信綱）。

　「を」は，他動詞の場合，「本を読む」「ドアを開けた」のように，その行為を向ける対象（目的語）を指す。自動詞では，「家を出る」「電車を降りる」の「を」は行動の起点を表すから，「から」（from）と言い換えることができる。しかし「家を出る」が家しか見ていな

いのに対し、「家から出る」は言外に「～へ」の暗示があり，目的地に目を向けている。「道を歩く」の「を」は経路（on, along），「左を向く」は方向（to）で，「を」で示された対象しか見ていないから「から」では言い換えられない。「左を向く」は「左に向く」とも言えるが，「を」に行為者の意志が感じられるのに対して（だから他動詞と結びつく），「に」は自然にそうなるという感じがある。「花子に恋する」「花子を恋する」も，自然に惹かれるか，意志として求めるかの違いがある。一方，「愛する」「慕う」は「を」だけ，「惚れる」は「に」だけを取る。「花子を行かせる／花子に行かせる」だと，「を」は行為の直接の対象，「に」は間接の対象（手段）になる。相手が上だと「を」は使えず，「おじさんに行ってもらう」と間接表現になる。二つの助詞を同時に使い，「花子に幸雄を叩かせる」とした場合，花子は間接的な対象（手段），幸雄は直接的な対象となる。一方，「本を彼に返す」とすると，「を」は動かす対象，「に」はその対象を置く静止した場所になる。だから「花子を恋人にする」だと，「に」は妻，友人，敵などいろいろあるが，その中から一つの置き場所を選ぶ感覚，「恋人を花子にする」だと，友子，愛子，良美，太郎の中から選ぶ感じになる。名詞「もの」に「を」をつけた「ものを」は不満を表し，「謝ればいいものを」のように接続助詞や終助詞（間投助詞）としても使われる。終助詞の場合は後に文の省略があり，余情効果を生む。

　「に」は用法が多様だが，基本は場所の指定で，そこに行為が及んだり，あるいはそこから行為が生じたり，あるいはそこに物事が存在する場合に使われる。「わたしにくれた」「東京に行く」「医者になる」「終わりにする」「食べに行く」「ぼくにできるか」「父に似ている」は行為の及ぶ方向，あるいは着点を表し，英語では to に当たる。「3時に始まる」「先生に教わる」「人に笑われる」は，「から」と言い換えられるように，起点（from）を表す。起点と着点は一見反対の概念を表すが，「3時に始まり，5時に終わる」のように行為の係わる一点を定めている点では同じである。「家にいる」「台

所にある」は場所を示し，「3 月に卒業」は時間を示して，共に in に相当する。「暑さにまいる」「失敗に泣く」は原因であり，そこから物事が生じている。この「に」はほかの助詞と言い換えられることがあるが，微妙な違いが生じる。「東京に行く」と「東京へ行く」は，「に」が帰着点になるのに対して，「へ」は「～に向けて」という移動の方向を示す。英語では to と for の違いになる。だから「東京への旅」の「へ」を「に」に置き換えることはできない（「東京さ行くだ」のように東北方言では「さ」を使う。昔は「京へ筑紫に坂東さ」と言われたように「へ・に・さ」は各地方の方言）。また「母に話す」と「母と話す」，「母に代わる」と「母と代わる」は，「に」が行為の向かう先を指定し，係わりが間接的なのに対して，「と」は「ともに」という対等の感じがあり，係わりが直接的である（英語では talk（to/with）mother の違い）。「春になる」「春となる」も，「に」が自然にその状態になるのなら，「と」はついにこうなったという結果の内容を強調する。「泣きに泣く」「よりによって」「泣くに泣けない」「切るに切れない」のように同じ言葉を重ねて文意を強める用法もある。「に」はさらに，「思うに（彼は天才だ）」「よせばいいのに（する）」のように接続助詞や終助詞としても使われる。

　「と」は行為の付帯状況を表し，花子と歩く，わんわんと泣く，社長となる，のように，「～を伴って」「～という状態で（へ）」といった意を表す。また「A と B」のように二つの名詞をつなげるが，「太郎と良子の友達が来る」という場合，字面だけでは，友達が良子だけの友達なのか，太郎と良子共通の友達なのかはっきりしない。「入院した良雄と太郎は同級生」もあいまいである（英語でも Jim and Henry in hospital とするとあいまい）。「と」は名詞だけでなく，「行くと思う」のように動詞もつなげるが，「行く（こと）と思う」のように「こと」という名詞が省かれている。その省略がない場合は接続助詞となり，「見ると光っていた」「何と言われようと行く」のように動詞をつなげる。また終助詞としても，「何だと」

「もうやめようっと」のように言う。「と」の後ろに「言うのか」「思う」の省略がある。この「と」は口語では「行くって思う」「何だって」のようにしばしば「て」になる。並立の助詞には他に「A や B」「A に B」があり，「と」が限定なら，「や」は例の列挙で「など」をつけられ，「に」は追加を表す。

　「で」は「に」から発展したもので，もともとは「に」に続く動詞は状態でも動作でもよかったが，そこに区別を設け，動作のときは「にて」として，それが「で」になった。だから「で」と一緒に使われる動詞は動きを表すもので，「ペンで書く」は手段（with），「畑で働く」は場所（in），「3 日で完成」は時間（in），「空腹で死にそう」は原因（for），「一人で行く」は基準（by）となる。「ホームシックで病気になる」の「で」は「から」と言い換えられるが，「で」が原因なのに対し，「から」は「A から B」という変化の起点を表す。「仕事は五時（で・に）終わる」の場合，「で」は行為を止めるという人為的な暗示があるが，「に」は客観的な事実を述べている。「おぼれる」場合，「海で」と「女に」で助詞が異なるが，「女に」の場合は比喩で，状態を表すことによる（古くは「海におぼれる」とも言った）。

　一方，接続助詞は，従属節について主節に接続する。まず原因・理由を表すものとして，「ので，から，て」がある。「もう帰りたいので片付けてくれ」は客観的な因果関係を述べ，穏やかな感じがするが，「から」は，「帰りたいから帰るんだ」のように主観的で，語気が強い。この二語は，「もう遅いので」「今，お茶を入れますから」のように終助詞としても使われる（後に省略がある）。「帰りたくて泣いた」は「て」一語なので軽い接続になる。「て」は理由だけではなく，もともとは単純接続なので，「歌って踊って」「朝が来て鳥が鳴く」「笑って許して」のように語句と語句をつなげる。「て」は「泳いで渡った」のように「で」になることもある。また「見てのお楽しみ」「腐っても鯛」「休まれては困る」のように連語も作る。それぞれの助詞からは「なので，だから，よって，そして，こうし

て，したがって，それで（は）」といった接続詞が生まれる。

　順接では，「外を見る<u>と</u>雨／外を見れ<u>ば</u>雨／外を見<u>たら</u>雨」はだいたい似ているが，「と」は単純な接続であり，「ば」は仮定の意味がこもってくる。「たら」は完了の助動詞「た」の仮定形で，「ば」をつけても使い，「〜したところ」という意になる。「たら」に似た表現に「なら」があり，これは文語の断定の助動詞「なり」の未然形だから，「行ったら」の完了した行為に対し，「行くなら」という未然の行為に対して使う。それぞれの助詞からは，「すると，しからば（それならば），そうしたら（そしたら），それなら」という接続詞が派生する。逆接では，「小さい<u>が</u>強い／小さい<u>のに</u>強い／小さく<u>ても</u>強い／小さい<u>ながら</u>強い／小さい<u>ものの</u>強い／小さい<u>けれど</u>強い」，あるいは「話し<u>ても</u>むだ／話し<u>たところ</u>でむだ」といった表現がある。英語では but, though で言える表現だが，日本語には多様性がある。助詞はそれぞれ一字から四字で構成されているが，その長さも表現にリズムを添える。それらの助詞からは「だが，なのに，でも，だけ（れ）ど」といった接続詞が生まれている。「し」は「寒いし暗いしでつらい」のように文を並べ，「たり」も「立ったり座ったりする」で文を並べる。「し」は「暗いし」で切って終助詞にもなる。

　単音節の助詞はほかの語と結び付いて新たな接続（助）詞や副詞をつくりやすい。「〜するとき（時）は（に）」「〜したところ（所）が（で）（どころか）」「〜したせい（所為）で，したため（為）に，したゆえ（故）に」「〜するもの（物）の」などは「連体修飾語（動詞・形容詞・助動詞の連体形）＋名詞＋助詞」という形で連語を作る。古語では「夕暮れの静かなるに」（静かなときに），「〜と申ししを」（と申し上げたところ），「家にありけるが」（家にいたところ）のように助詞一語で接続していたものを，現代語では名詞を添えて補強したものになる（古語の接続助詞「に」「を」は消滅）。英語では at (during) the time that 〜（一語なら when, while），on account of, for the purpose of, in order to といった熟語に相当

する。特に「て」が生産的で、「あえて，改めて，きわめて，決して，せめて」といった副詞，また「助詞＋動詞（連用形）＋て」の組み合わせで，「～について（就く），～において（於く・置く），～にとって（取る），～によって（因る・寄る），～をもって（持つ），～に関して，～に際して，～を通して，～に対して」といった助詞相当語句も生まれている。

　副助詞は文字どおり副詞的な働きをするもので，格助詞が文の骨組みを構成するのに対して，話し手の主観を反映する語になる。「は」は話題を提示するもので，「～に関しては，～について言えば」の意になる。ア段の音なので大きくはっきりと響く。英語では As for ～，As regards ～ で，主語や目的語ではなく，主文を修飾する副詞になり，「～は～だ（である，です）」という形で文の骨組みを作る。「は」は「だ」を導くから，「きょうは雨」のように体言止めにしても「だ」が暗示される。「は」は話題を浮き立たせるから，「太郎は知っている」は，太郎が主語になる場合（目的語は省略）と，太郎が目的語になって，他の人のことは知らないけれど太郎のことは知っているの意になる場合（主語が省略）とがある。この「は」は「すてきだわ」の「わ」という形で終助詞にも使われる。「こんにちは」の「は」も終助詞的なので「わ」と書かれることがある。副助詞は，人につく言い方だと，「は」のほかにも，「君も（こそ，さえ，でも，だって，ったら，しか，まで，だけ，ばかり，なんか）」のように多様な表現がある。ぼかし表現としては，「くらい，ほど，ばかり，など，でも」があり，お茶でも（など，なんか，とか）いかが，三つほど（ぐらい，ばかり）もらえないか，のように使う。使わない場合と比べると，断定感が避けられるので，表現が柔らかになる。わたしなど（なんか）彼の足元にも及ばない，のように価値を低めても言う。限定する言い方としては，「しか，だけ，きり，ばかり，こそ」があり，これしかない，これだけは言いたい，これっきり，そのことばかり，彼こそ，のようになる。「だけ」（語源は「丈」）の場合は，「これだけだ」は少なさを，「これだけある」

は多さを強調する言い方になる。追加の場合は「も，さえ，まで」で，「雨も（さえ，まで）降ってきた」と，どの語も自由に使える。概して単音節よりは多音節の語のほうが強意的である。列挙する場合は，AでもBでも，AやらBやら，AだのBだの，AとかBとか，AなりBなり，などがある。このように，副助詞は話し手の主観の表現だから，同じことを言うにもいろいろな言い方ができ，それだけ文を自由に色づけられる。

特に「も」は「は」と共によく使う副助詞で，「母（は・も）来ます」のように，「は」が対象を他のものから区別して取り立てるのに対し，「も」はその区別をなくし，ほかのものと一緒にする。「空と山と海と川と」（「と」は格助詞）が一つ一つ列挙していくのに対し，「空も山も海も川も」は何でもどんどん取り込んで一つにしていく感覚がある。日本人ははっきりした言い方を避けようとするので，この「も」をよく使う。音声としても鼻音のオ段音（mo）なのでこもる響きになり，開放音の「は」とは逆のイメージを生む。「雨もやんだ」「夏も終わり」「人生もいいものだ」「うれしさもひとしお」「見たこともない」など，何と並べているかはっきりせず，「は」や「が」にしてもいいところだが，そうして特定したり断言したりせず，ぼかすことで，ふくらみを持つ柔らかな語感を作り出している。極端なものを主語にすれば，猿も木から落ちる，鬼の目にも涙，美女もおならをする，のように，〜でさえの意になり，ほかの一般的なものと同じになる。数については，1円もない，10万円もある，のように多さや少なさを強調する。代名詞をつけると，「誰も，何も，いつも，どうも」，「誰でも，何でも，いつでも，どうでも」，「それ（で）も，これ（で）も，あれ（で）も」，形容詞では「遅くても」「少なくとも」，成語では「〜かもしれない，〜までもない，〜してもよい，〜ともなしに」，さらに，「たとえ〜でも」（接続助詞），文末で「いいとも」「もちろんだとも」（終助詞）のようにも言う。

文を締めくくる終助詞は，接続助詞などでその後に文を続けない

形で見てきたが，それ以外にも種類が多い。日本語は余韻・余情を重んじるため，動詞の言い切りは鋭く響き，「ます」という丁寧語も他人行儀に響く。だから文を終えるときの言葉の響きが重要になる。本文で厳しいことを言っても，文末で帳消しにすることさえできる（なんちゃって）。顕著なものとして，性別による表現の違いがある。男性の場合，「行った<u>か</u>」「今に分かる<u>さ</u>」「食べるんだ<u>ぞ</u>」「寒い<u>ぜ</u>」「よくやった<u>な</u>」「行こう<u>や</u>」のような助詞を使うと，ちょっとぶっきらぼうな男性特有の話し方になる。女性の場合は，「分からない<u>わ</u>」「行くの<u>かしら</u>」（「〜か知らん」より）「眠い<u>の</u>」「やめたの<u>よ</u>（んよ）」のように言うと，語尾が柔らかくなって，女性らしい話し方になる（「かしら」は男性も時々使う）。男女ともに使う終助詞としては，「悲しい<u>ね</u>」「もう行く<u>よ</u>」「食べよう<u>かな</u>」「した<u>じゃん</u>」「するんだ<u>っけ</u>」などがある。濁音は「雨だ」「雨だよ」のように男女共通に使うが，「だ」は本来は男性がよく使う断定感の強い語尾で，「雨だぞ」「雨だぜ」のように濁音を重ねるとさらに男性的になり，濁音を抜かし，「雨よ」「雨ね」とすると女性的になる。またつける語尾によって意味合いが違い，たとえば「そうですね」は軽い同意，「そうですよ」は強い同意，「そうですか」は確認，「そうですかな（そうかな）」は問いかけになる。また共通語で一掃されつつあるとはいえ，物語などでは「そうじゃ」「そうだわい」「そうざます」「そうざんす」といった老人や上流婦人特有の言葉もある。方言には「そうやで（やぞ・やん・やが・だべ・だっぺ・ずら）」などの言い方がある。終助詞をつけない場合と比べると，断定感をなくし，柔らかな響きになる。また「ね」は文末だけではなく，文中にも使われ，「あのね，わたしね，きのうね，ママからね…」のようにも言う。リズム感はあるが，感情過多で，甘ったるいものになる。「あのな，おれな」とか，「あのさ，おれさ」，「あのよー，おれよー」「わしのー，今度のー」なども文節ごとに入れてリズムを作る。あるいは文節ごとに違う助詞を入れて，「ごめんね，会えないの，仕事なのよ，残念だわ」とすると女性らしい柔

らかな言い方になり，「寂しかったらな，いつでも来いや，かまわ
んからさ，分かったか，きっとだぞ」とするとざっくばらんな男性
的な言い方になる。

　特に多様な働きをするのは「か」である。「か」は相手への積極的
な働きかけをする語で，「行くのか」（質問）（語尾を上げる必要は
ない），「行かないか」（勧誘）を基本に，「やめないか」（命令），
「そんなことあるものか」（否定），「ああ，君か」（確認）など多様
な意味を担う。「か」は破裂音で強く響くので，「か」を省いて「行
くの？」としたり，語尾を付け足して「〜かな，〜かしら，〜（す
る）かい」とすると柔らかくなる。否定や命令では「か」がつくと
問いの形になるので，「そんなことはない」「やめろ」という断定口
調の表現と比べると柔らかく響く。この「か」は自分に対する問い
かけにもなり，「さて，どうするか」（自問）「よし，行くか」（決
断）「そうか，そうだったのか」（発見）のようになる。また代名詞
をつけ，「いつか，誰か，何か，どうか」という副詞を作り，疑問
の場合は「いつか行かないか」のように文末にさらに「か」をつけ
る（省略可）。あるいは「いつだか，誰だか，何だか，どうだか」
「何とか」といった副詞を作ったり，「AかB（か），AとかBと
か，AだかBだか」という選択や並立の言い方もする。

　「よ」もまた相手への働きかけとして多様に使われる。もともと
は古語の命令形に特有の語尾で，動詞では「見よ」「起きよ」「食べ
よ」「来よ」「せよ」，助動詞では「（ら）る」の命令形「（ら）れよ」，
「つ」の「てよ」，「（さ）す」の「（さ）せよ」のように使われた。今
日では，命令・勧誘では「買ってよ」「食べるのよ」「やめようよ」
のように，「よ」は付け足しだが，強い言葉の響きを柔らかくして
いる。また「もう帰るよ」「すてきよ」「よく似合ってよ」「また雨
かよ」といった叙述，「父よ」「友よ」，あるいは「よ，待ってまし
た」といった呼びかけ，「この寂しさよ」といった詠嘆，「男はよ，
我慢強くなくちゃな」といった強調などにも使われる（「よくって
よ」の「てよ」は「いやだわ」の「だわ」と共に，明治の女学生言葉

から生まれたもの。「てよだわ言葉」として揶揄されたが，その気取った言い方がはやり，お嬢様言葉として定着した）。

　終助詞は，ほかにも「もの（物）」「こと（事）」という名詞派生の言い方がある。「もの」は，「だっていやなんだもの」のように言うが，もともとは「ノコギリは木を切るものだ」のように当たり前のことを言う表現で，そこから，物に限らず，行為なども含め，それを否定しようのない当たり前の事実として強く断言・主張する言い方になる。「謝ればいいものを」だと，謝るのが当然なのにそれをしないとは残念だという気持ちがこもる。「会いたいものだ」（願望）「よく話したものだ」（回想）にも，それが道理だ，それが真実だと断定するような感情が入っている。ただしこれらの例は終助詞ではなく「名詞＋だ」の形になる。「だって〜だもん」とすると子供っぽい甘えた言い方になる。一方，「こと」は，「すてきな花ですこと」（感動）「よろしいこと？」（問いかけ）「よく休むこと」（命令）のように言うが，もとは，「大切なのは〜することだ」のように行為を指定する。「こと」で止めるのは一種の体言止めで，そこから余韻が生じる。主として女性言葉になる。

　英語には終助詞に相当する語はない。人をおもんぱかる日本語と違い，自分の意見をはっきりと述べる断定表現や客観的表現を求めるためである。しかしながら近代英語になって He is wrong, isn't he? のような付加疑問が現れる。叙述文に疑問表現をつけることで断定感をなくす，あるいは相手にストレートに疑問文を突き付けることを避ける効果がある。日本語では「〜です（よ）ね」の「（よ）ね」に相当しよう。この付加疑問文は女性が多く用い，自己主張ではなく，相手の同意や確認を求める心理になる。同じような効果を持つものとして，you know, you see といった間投詞的な表現が，文頭，文中，文末を問わず差しはさまれる。なくてもいい語だが，話し手の主観が入るため，全体の調子を柔らかくする。言葉に詰まったときの穴埋め，あるいは相手に理解や共感を求めたりするようなときにも使われる。文頭だと，あのね，いいかい，という感

じ，文中だと，えーと，ほら，あの，文末だと，〜でしょ，〜だね，といった感じを付与する。you know は相手が知らないことを言う場合でもよく使われるが，接続詞をつけ，as you know とすると，文字どおり「ご存知のように」となる。

参 考 文 献

安藤貞雄（1986）『英語の論理・日本語の論理 ── 対照言語学的研究』大修館書店.

安藤貞雄（2008）『英語の文型 ── 文型がわかれば，英語がわかる』言語・文化選書 5, 開拓社.

安藤貞雄・澤田治美（2001）『英語学入門』開拓社.

安西徹雄（1983）『英語の発想 ── 翻訳の現場から』講談社現代新書.

荒木博之（1985）『やまとことばの人類学：日本語から日本人を考える』朝日選書 293, 朝日新聞社.

Baker, Peter S.（2003）*Introduction to Old English*, Blackwell, Malden, MA.

Barber, Charles, Joan C. Beal and Philip A. Shaw（1993）*The English Language: A Historical Introduction*, Cambridge University Press, New York.

Baugh, Albert C. and Thomas Cable（2002）*A History of the English Language*, 5th ed., Routledge, London.

Biber, Douglas, Susan Conrad and Geoffrey Leach（2002）*Longman Student Grammar of Spoken and Written English*, Longman, London.

ブラッグ，メルヴィン（著），三川基好（訳）（2008）『英語の冒険』講談社学術文庫. ［原著：Melvyn Bragg, *The Adventure of English: The Biography of a Language*, Sceptre, London, 2004］

土井忠生・森田武（1977）『新訂国語史要説』修文館.

土居建郎（1971）『「甘え」の構造』弘文堂.

江川泰一郎（1991）『改訂三版 英文法解説』金子書房.

Freeborn, Dennis（2006）*From Old English to Standard English: a course book in language variation across time*, 3rd ed., Palgrave Macmillan, Basingstoke.

Fromkin, Victoria, Robert Rodman and Nina Hyams（2003）*An Introduction to Language*, 7th ed., Heinle, Thomson, Boston.

藤原保明（2010）『言葉をさかのぼる ── 歴史に閉ざされた英語と日本語の

世界』言語・文化選書 22，開拓社.

橋本功（2005）『英語史入門』慶應義塾大学出版会.

長谷川潔（1974）『日本語と英語——その発想と表現』サイマル出版会.

畠山雄二（編）（2016）『徹底比較日本語文法と英文法』くろしお出版.

樋口昌幸（2009）『英語の冠詞：歴史から探る本質』広島大学出版会.

平出昌嗣（2008）『踊る羊と実る稲——日欧比較文化・日英比較言語への招待』学術出版会.

堀井令以知（1997）『比較言語学を学ぶ人のために』世界思想社.

Huddleton, Rodney and Geoffrey K. Pullum (2002) *The Cambridge Grammar of the English Language*, Cambridge University Press, Cambridge.

家入葉子（2007）『ベーシック英語史』ひつじ書房.

池上嘉彦（1981）『「する」と「なる」の言語学』大修館書店.

池上嘉彦（2006）『英語の感覚・日本語の感覚——「ことばの意味」のしくみ』NHK 出版.

池上嘉彦（2007）『日本語と日本語論』ちくま学芸文庫.

今井隆夫（2010）『イメージで捉える感覚英文法——認知文法を参照した英語学習法』言語・文化選書 20，開拓社.

井上ひさし（1981）『私家版日本語文法』新潮社.

井上和子（1978）『日本語の文法規則——日英対照』大修館書店.

石津ジュディス・星加和美（2001）『冠詞が使えるルールブック』ベレ出版.

城生佰太郎・松崎寛（1994）『日本語「らしさ」の言語学』講談社.

影山太郎（2002）『ケジメのない日本語』岩波書店.

影山太郎（編）（2001）『日英対照　動詞の意味と構文』大修館書店.

金谷武洋（2003）『日本語文法の謎を解く——「ある」日本語と「する」英語』ちくま新書 383.

金田一春彦（1988）『日本語（新版）上・下』岩波新書.

金田一春彦ほか（1981）『変わる日本語——現代語は乱れてきたか』講談社ゼミナール選書.

岸田隆之・早坂信・奥村直史（2002）『歴史から読み解く英語の謎』教育出版.

小池清治（1989）『日本語はいかにつくられたか？』筑摩書房.

庵功雄（2012）『新しい日本語学入門——ことばのしくみを考える』スリーエーネットワーク.

國廣哲彌（編）(1980a)『音声と形態』日英語比較講座 第1巻，大修館書店．

國廣哲彌（編）(1980b)『文法』日英語比較講座 第2巻，大修館書店．

國廣哲彌（編）(1981)『意味と語彙』日英語比較講座 第3巻，大修館書店．

國廣哲彌（編）(1982a)『発想と表現』日英語比較講座 第4巻，大修館書店．

國廣哲彌（編）(1982b)『文化と社会』日英語比較講座 第5巻，大修館書店．

久野暲・高見健一 (2004)『謎解きの英文法：冠詞と名詞』くろしお出版．

リー，デイヴィッド（著），宮浦国江（訳）(2006)『実例で学ぶ認知言語学』大修館書店．［原著：David Lee, *Cognitive Linguistics: An Introduction*, Oxford University Press, New York, 2002］

巻下吉夫・瀬戸賢一 (1997)『文化と発想とレトリック』研究社．

マシューズ，コンスタンス・メアリ (1982)『Words words words（英語物語：地方語から世界語へ）』（小田基・福地肇編注）金星堂．［原著：C. Mary Matthews, *Words Words Words*, Lutterworth Press, Guildford, 1979.］

松浪有（編）(1986)『英語史』大修館書店．

McCully, Chris and Sharon Hilles (2005) *The Earliest English—An Introduction to Old English Language*, Pearson Longman, Harlow.

三上章 (1972)『現代語法序説——シンタクスの試み』くろしお出版．

水谷信子 (1985)『日英比較 話しことばの文法』くろしお出版．

水谷信子 (1989)『日本語教育の内容と方法——構文の日英比較を中心に』アルク．

水谷修 (1987)『話しことばと日本人——日本語の生態』創拓社．

森岡健二ほか (1982)『語彙史』講座日本語学4，明治書院．

森田良行 (1981)『日本語の発想』冬樹社．

森山卓郎 (2002)『表現を味わうための日本語文法』岩波書店．

森山卓郎 (2002)『ここからはじまる日本語文法』ひつじ書房．

Mugglestone, Lynda, ed. (2006) *The Oxford History of English*, Oxford University Press, New York.

村田美穂子（編）(2005)『文法の時間』至文堂．

中川右也 (2010)『教室英文法の謎を探る』開拓社．

中島平三 (2017)『斜めからの学校英文法』言語・文化選書70，開拓社．

中野道雄（1981）『日英語対照研究』神戸市外国語大学外国語学研究所.

中尾俊夫（1979）『英語発達史』篠崎書林.

中尾俊夫・児馬修（1990）『歴史的にさぐる現代の英文法』大修館書店.

中尾俊夫・寺島廸子（1988）『図説英語史入門』大修館書店.

野村益寛（2014）『ファンダメンタル認知言語学』ひつじ書房.

小川浩・松浪有（1995）『英語の歴史』大修館書店.

大野晋（1974）『日本語をさかのぼる』岩波新書.

大野晋（1987）『文法と語彙』岩波書店.

大野晋（2014）『大野晋の日本語相談』河出書房新社.

大野晋・丸谷才一・大岡信・井上ひさし（1989-1992）『日本語相談 1 〜 5』朝日新聞社.

沖森卓也（編）（2010）『日本語概説』朝倉書店.

沖森卓也（編）（2010）『日本語史概説』朝倉書店.

沖森卓也（2010）『はじめて読む日本語の歴史 —— うつりゆく音韻・文字・語彙・文法』ベレ出版.

興津憲作（1992）『外国語から見た日本語』近代文芸社.

ピーターセン, マーク（1988）『日本人の英語』岩波新書.

ピーターセン, マーク（1990）『続日本人の英語』岩波新書.

Pyles, Thomas and John Algeo (1982) *The Origins and Development of the English Language*, 3rd ed., Harcourt Brace Jovanovich, New York.

最所フミ（1975）『英語と日本語：発想と表現の比較』研究社.

阪倉篤義（1973）『改稿 日本文法の話』教育出版.

阪倉篤義（1974）『日本文法の話』教育出版.

阪倉篤義（1993）『日本語表現の流れ』岩波書店.

Samuels, M. L. (1972) *Linguistic Evolution; with Special Reference to English*, Cambridge University Press, Cambridge.

佐藤喜代治（1977）『日本文法要論』朝倉書店.

佐藤武義（編）（1995）『概説日本語の歴史』朝倉書店.

佐藤芳明・田中茂範（2009）『レキシカル・グラマーへの招待 —— 新しい教育英文法の可能性』言語・文化選書 9, 開拓社.

澤田治美・高見健一（2010）『ことばの意味と使用：日英語のダイナミズム』鳳書房.

芦沢栄（1978）『英語の輪郭』開拓社.

瀬田幸人・保阪靖人・外池滋生 (2010)『「入門」ことばの世界』大修館書店.

志子田光雄 (1980)『英詩理解の基礎知識』金星堂.

Singh, Ishtla (2005) *The History of English: A Student's Guide*, Hodder Arnold, London.

Smith, Jeremy (1996) *An Historical Study of English: Function, Form and Change*, Routledge, London.

外間守善・内間直仁 (1986)『日本言語史』法政大学.

菅井三実 (2012)『英語を通して学ぶ日本語のツボ』言語・文化選書 33, 開拓社.

杉本つとむ (1982)『ことばの文化史 ── 日本語の起源から現代語まで』桜楓社.

鈴木寛次 (2000)『英文法の仕組みを解く』NHK ブックス 898, 日本放送出版協会.

鈴木寛次・三木千絵 (2007)『根本理解！ やり直し英文法』大修館書店.

鈴木孝夫 (1973)『ことばと文化』岩波新書.

鈴木孝夫 (1975)『閉された言語・日本語の世界』新潮社.

鈴木孝夫 (1990)『日本語と外国語』岩波新書.

諏訪春雄 (編) (2006)『日本語の現在』勉誠出版.

Sweetser, Eve E. (1990) *From Etymology to Pragmatics: Metaphorical and Cultural Aspects of Semantic Structure*, Cambridge University Press, Cambridge.

高橋太郎 (2005)『日本語の文法』ひつじ書房.

田中みどり (2003)『日本語のなりたち ── 歴史と構造』ミネルヴァ書房.

飛岡健・David Burleigh (1986)『日本人と欧米人』マクミランランゲージハウス.

外山滋比古 (1992)『英語の発想・日本語の発想』NHK ブックス 654, 日本放送出版協会.

津守光太 (2008)『a と the の底力 ── 冠詞で見えるネイティブスピーカーの世界』プレイス.

宇賀治正朋 (2000)『英語史』現代の英語学シリーズ 8, 開拓社.

綿貫陽 (改訂・著) (2000)『徹底例解ロイヤル英文法』旺文社.

山田敏弘 (2013)『国語教師が知っておきたい日本語文法 (改訂版)』くろしお出版.

山口明穂（2004）『日本語の論理 —— 言葉に現れる思想』大修館書店.

山口明穂ほか（1997）『日本語の歴史』東京大学出版会.

山口堯二（2005）『日本語学入門 —— しくみと成り立ち』昭和堂.

柳父章（1982）『翻訳語成立事情』岩波新書.

安井稔（1996）『英文法総覧 ［改訂版］』開拓社.

米山三明（2009）『意味論から見る英語の構造 —— 移動と状態変化の表現を巡って』言語・文化選書 15, 開拓社.

吉川洋・友繁義典（2008）『英語の意味とニュアンス —— 入門講座』大修館書店.

索　引

1. 日本語は五十音順で並べ，英語（で始まるもの）はアルファ
   ベット順で最後に一括した。
2. 数字はページ数を示し，n は脚注を表す。

平出　昌嗣　（ひらいで　しょうじ）

　千葉大学名誉教授。
　主な著書に，『踊る羊と実る稲──日欧比較文化・日英比較言語への招待──』
(学術出版会)，『イギリス・モダニズム小説──個と闇と流動の作家たち──』(彩
流社)，『イギリス文学名作30選』(鷹書房弓プレス)，『名作英米小説の読み方・
楽しみ方』(学術出版会) などがある。

英語と日本語の深層を探る（下）　　　　　　　<開拓社
　──品詞を比較する──　　　　　　　　　　　言語・文化選書 91>

2021 年 6 月 22 日　　第 1 版第 1 刷発行

著作者　　平 出 昌 嗣
発行者　　武 村 哲 司
印刷所　　日之出印刷株式会社

発行所　　株式会社　開 拓 社
〒112-0013　東京都文京区音羽 1-22-16
電話　(03) 5395-7101 (代表)
振替　00160-8-39587
http://www.kaitakusha.co.jp